QINQUAN YU FANZUI
JIAOCHA ANJIAN

SIQUAN JIUJI YOUXIANLUN YANJIU

本书系国家社会科学基金项目《侵权与犯罪交叉案件私权救济优先论研究》（项目编号：15BFX165）研究成果。

# 侵权与犯罪交叉案件

## 私权救济优先论研究

郭佳宁／著

法律出版社
LAW PRESS·CHINA
北京

**图书在版编目（CIP）数据**

侵权与犯罪交叉案件私权救济优先论研究 / 郭佳宁著. -- 北京 : 法律出版社, 2023
ISBN 978-7-5197-7808-8

Ⅰ. ①侵… Ⅱ. ①郭… Ⅲ. ①侵权行为 - 赔偿 - 研究 - 中国②刑事犯罪 - 被害人 - 赔偿 - 研究 - 中国 Ⅳ. ①D923.84②D925.204

中国国家版本馆CIP数据核字（2023）第064747号

**侵权与犯罪交叉案件私权救济优先论研究**

QINQUAN YU FANZUI JIAOCHA ANJIAN SIQUAN JIUJI YOUXIANLUN YANJIU

作　　者：郭佳宁
责任编辑：屈　瑶　刘梦璃
装帧设计：臧晓飞
出版发行：法律出版社
编辑统筹：学术・对外出版分社
责任校对：张翼羽
责任印制：陶　松
经　　销：新华书店
开　　本：710毫米×1000毫米　1/16
印　　张：14.25
字　　数：200千
版　　本：2023年8月第1版
印　　次：2023年8月第1次印刷
印　　刷：北京虎彩文化传播有限公司
书　　号：ISBN 978-7-5197-7808-8
**定　　价：59.00元**



销售电话：010-83938349　客服电话：010-83938350　咨询电话：010-63939796
地　　址：北京市丰台区莲花池西里7号(100073)
网　　址：www.lawpress.com.cn
投稿邮箱：info@lawpress.com.cn
举报盗版邮箱：jbwq@lawpress.com.cn
凡购买本社图书，如有印装错误，我社负责退换。电话：010-83938349

# 目　录

# 绪　论

## 一、侵权与犯罪的"分而不离"

在古代社会,侵权行为与犯罪行为合一,统称为"不法行为"。仔细观察和研究古代法典中的具体条文,我们不难发现:在古代法典中,刑罚和损害赔偿两种责任是并用的,并没有实质性的区分。《汉谟拉比法典》对侵犯人身、财产的加害行为采取同态复仇、刑罚、损害赔偿三位一体,有机结合的制度设计。《摩西五经》规定,杀人、绑架、强奸属于重罪,要处以死刑;而拦路抢劫和盗窃则处以两倍、三倍或四倍的金钱赔偿。

随着国家、社会观念的强化与国家权力的强大,犯罪从不法行为中独立出来,侵权行为与犯罪行为逐渐分离。19 世纪侵权法与刑法实现分立。现如今,法律被划分为各个法律部门。一个国家的全部法律规则,构成一个内部井然有序的法律体系。法律体系划分为若干个重要的构成部分,每一个重要的构成部分都是一个独立的法律部门。① 对违法行为的规范是各部门法的基本任务。有些违法行为存在于民法和刑法两个领域,刑事与

① 参见梁慧星:《民法总论》(第 2 版),法律出版社 2001 年版,第 54 页。

民事相对应,刑事责任与民事责任相对应。

从行为角度观察,犯罪行为和侵权行为的本质都是不法行为。但作为民法的组成部分,侵权法与刑法具有不同的功能,不同的调整对象,不同的制度设计。侵权行为和犯罪行为存在众多区别,两者早已有各自的理论体系和制度框架:首先,法律依据不同。侵权行为由侵权法调整,犯罪行为由刑法调整。其次,责任形式和性质不同。成立侵权行为承担的是侵权责任,主要的责任形式是财产性质的损害赔偿,与侵权责任人的人身自由无关。构成犯罪承担的是刑事责任,刑事处罚主要是对犯罪人人身自由的限制,甚至是生命的剥夺。罚金、没收财产等财产责任只是附加刑。再次,功能不同。损害赔偿的功能在于补偿,而刑罚的功能在于惩罚。最后,对违法行为的社会危害程度要求不同。侵权行为的社会危害程度一般会低于犯罪,轻微的违法行为不构成犯罪。只有超过一定社会危害程度的侵权行为才是犯罪。

而侵权法与刑法最本质的区别在于:侵权法保护的是私人权利,对私权进行救济,填补对权利造成的损害,是侵权法的最终目的。而刑法保护的是公共利益,刑罚的目的是维护正常的社会秩序和经济秩序。

但法律部门的划分、各自制度体系的形成并没有使二者泾渭分明。侵权法是民法中与刑法关系最为紧密的部分,侵权与犯罪从来都不是截然分开的。侵权与犯罪之间没有不可逾越的鸿沟,随着经济社会的发展,众多侵权与犯罪案件交织在一起,引发了实体上和程序上的各种困惑以及问题。刑事附带民事诉讼案件的数量之大,也足以说明二者关系的密切性。而侵权法和刑法理论体系内共同存在的众多相同或相似的诸如过错、违法性、因果关系、损害后果、法益保护等基本概念的事实,更让二者有了相互借鉴和比较的理由。因此,如何从实体上正确区分侵权行为和犯罪行为,如何从程序上处理好私权救济与公力惩罚的利益协调问题,具有重要的理论和现实意义。侵权与犯罪的关系问题是一个古老的命题,也是一个十分具有现实意义的命题。在大数据时代,人工智能、共享经济、个人信息保护等前沿领域仍然有侵权与犯罪的交叉问题需要进行探讨和解决。

需要说明的是，由于侵权与犯罪交叉案件是民刑交叉案件的一个组成部分，因此，书中的论述不可避免地要运用到民刑交叉的称呼、概念以及相关的研究成果。

## 二、侵权与犯罪交叉的研究现状和特点

### （一）域外研究史梳理及研究动态

据英国学者梅因考证，古代社会的刑法不是犯罪法而是“不法行为法”或“侵权行为法”。[①] 因此，从刑法与侵权法分离之始，对二者关系的研究就从未停止过。英国学者边沁耗时 9 年找寻刑法与民法的区别后认为，区分刑法和民法是非常困难的，二者的界限只是相对的，甚至是抽象的。民法典和刑法典必然存在交叉内容。在大陆法系的刑法学界，对刑民关系问题，长期存在刑法补充性和独立性之争；违法性判断一元论与多元论之争。近些年，刑民关系问题在日本形成研究小高潮，日本学者的研究主要针对刑法和民法中的具体理论与制度展开比较和分析。[②] 由于不存在统一的民法概念和制度，加之诉讼程序也各自分离，美国学者只关注侵权行为与犯罪在各自领域内的问题，鲜有人关注刑民关系问题。

### （二）域内研究动态及研究特点

我国研究刑民关系的学者首推张明楷教授，他在 20 世纪 90 年代初期从刑法在现代法律体系中的地位等角度进行了刑民关系的探索，并提出了刑法的补充性、刑法是保障法等观点。另外，我国刑法学者在一些著述中从实体法上对刑民关系进行了界分。[③]

近年来，由于刑事附带民事诉讼引发的一系列问题，从程序上

---

① ［英］梅因：《古代法》，沈景一译，商务印书馆 1996 年版，第 237 页。

② 如日本学者佐伯仁志和道垣内弘人的著作《刑法与民法的对话》。

③ 如 2006 年山东大学于改之博士的博士论文《刑民分界论》中采取以“民事不法与刑事犯罪之理论区分标准”为核心的研究思路，提出了刑民分界的实质标准为“严重脱逸社会相当性标准说”。之后具有代表性的研究成果还包括：周雪梅博士的著作《刑事犯罪与民事侵权比较研究》、陈灿平博士的著作《刑民实体法关系初探》、朱铁军博士的著作《刑民实体关系论》等。

研究民刑关系日益成为热点,学者们和司法实务界人士纷纷提出了各自的解决方案。我国现有的研究成果主要集中于刑民交叉案件处理模式的选择和如何完善刑事附带民事诉讼制度。我国司法实践中对刑民交叉案件普遍采取刑事附带民事诉讼程序,“先刑后民”的案件审理顺序,以及刑事附带民事诉讼程序对刑事被害人权利的限制引发了诸多问题,由此展开论述的期刊论文和学位论文数量非常多,涉及合同诈骗、无权占有、知识产权侵权、环境侵权、人身侵权、无因管理和不当得利等多个领域。

我国的研究特点体现为:第一,我国学者的研究侧重刑民基本理论的界分。与日本学者关注的具体制度不同,我国学者更多地关注诸如行为、违法性、过错这些基本理论和刑民关系的体系化研究,注重运用关联思维研究刑民交叉问题。第二,对刑民关系进行研究的多是刑法学者,民法学者对刑民关系的研究相对滞后。受几千年的“刑主民辅”法律传统的影响,刑民交叉问题研究的另一个突出特点体现在称谓上。如在“中国知网”检索论文,以“刑民交叉”为检索主题共检索出 133 条记录,而以“民刑交叉”为检索主题则只有 36 条记录,这不是简单的数字多寡,而是一种惯性思维方式使然。这种惯性思维已经导致刑民交叉案件“先刑后民”审理原则的滥用、人身损害赔偿范围被不当限缩、民事诉讼处于次要地位、私权救济不及时等一系列问题。第三,对刑民交叉案件缺乏全面、系统性研究。虽然以刑民交叉案件为题目的论文数量不少,但都是零散的、针对某一具体问题的论述,对于刑民交叉案件的概念、类型、处理规则等问题缺乏全面、系统的阐述和研究。尤其是对于刑民交叉案件诉讼模式的选取形成了各种不同的观点,尚未形成统一的意见。

## 三、侵权与犯罪交叉案件的问题域

### (一)侵权与犯罪交叉案件的界定

现行的研究都是对刑民交叉案件的界定,因此,对侵权与犯罪交叉案件的界定,要从刑民交叉说起。刑民交叉是一个不容易说清楚的问题,正如哈罗德·伯曼所言:“人类的深谋远虑程度和文字论理能力不足以替一个广大社会的错综复杂情形作详尽的规定。”①尽管如此,我们依旧希望尽量让它以全面、清晰的形象展示在书中。

就名称而言,对于既涉及刑事又涉及民事的案件应该怎么称呼,其叫法很多,如刑民交错②、刑民交叉、刑民交织、刑民结合、刑民互涉③等。在众多的叫法中,以刑民交叉出现的频率和次数最多,这也是我国理论界和司法实务界比较统一的叫法。④

同一违法行为产生的事实,既可能经民事法律规范评价进入民事诉讼程序,也可能根据刑事法律规范评价而进入刑事诉讼程序,进而产生刑民的交叉点。对于什么样的案件是刑民交叉案件,学者们以不同的角度切入来定义刑民交叉案件。

其一,从法律关系的角度定义刑民交叉案件。“从实体法的角度观察,刑事法律关系是指刑事犯罪,而民事法律关系是指民事不法,应当以此为内容对刑民交叉案件进行界定。”⑤“所谓刑民交叉案件,又称刑民交织、刑民互涉案件,是指既涉及刑事法律关系,又涉及民事法律关系,且相互之间存在交叉、牵连、影响的案件。”⑥

其二,从法律事实的角度定义刑民交叉案件,即“在法律事实上存在交叉的刑事、民事案件”⑦。“专指同一案件中当事人的某一部分或全部行为同时符合刑事犯罪构成要件与民事关系构成要素的客观现象。”⑧

其三,从法律关系和法律事实两个角度定义刑民交叉案件。“司法实践中发生的因特定事实要素的关联而出现的刑事法律关系

---

① [美]哈罗德·伯曼编:《美国法律讲话》,陈若桓译,生活·读书·新知三联书店1988年版,第20页。

② 参见童可兴:《刑民交错案件的司法界定》,载《人民检察》2004年第6期。

③ 参见何帆:《刑民交叉案件审理的基本思路》,中国法制出版社2007年版,第26页。

④ 统一称“刑民交叉”而非“民刑交叉”,体现了刑法在前民法在后的思维习惯。

⑤ 陈兴良:《刑民交叉案件的刑法适用》,载《法律科学(西北政法大学学报)》2019年第2期。

⑥ 何帆:《刑民交叉案件审理的基本思路》,中国法制出版社2007年版,第26页。

⑦ 毛立新:《刑民交叉案件的概念、类型及处理原则》,载《北京人民警察学院学报》2010年第5期。

⑧ 童可兴:《刑民交错案件的司法界定》,载《人民检察》2004年第6期。

和民事法律关系相互交叉、彼此竞合甚至水乳融合的案件。”①

其四，从法律责任的角度定义刑民交叉案件。有以下三种观点：

第一种观点认为，刑民交叉案件是需要在刑事责任和民事责任之中选择其一的案件。“因同一法律事实涉及的法律关系一时难以确定是刑事法律关系还是民事法律关系而造成的刑民交叉案件。”②

第二种观点认为，刑民交叉案件是指那些刑事责任和民事责任竞合的案件。“刑民交叉是指一个或若干自然事实在同时接受刑法和民法评价之后，导致刑事法律责任和民事法律责任出现竞合的现象。”③“刑民交叉案件是指刑事犯罪与民事不法存在竞合的案件。在刑民交叉案件中，既存在刑事犯罪，又存在民事不法，并且两者之间具有某种重合性。”④

第三种观点认为，刑民交叉案件既包括第一种观点所阐述的两种责任择一的疑难型案件，也包括第二种观点所阐述的两种责任竞合的案件。刑民交叉案件是指：“同一案件同时涉及民商事或刑事法律关系，难以确定适用法律予以评价，或可以同时适用民事或刑事法律进行双重评价。”⑤

民商事法律各有相对独立的部分，就学界研究来看，刑民交叉的下位问题主要包括侵权领域的刑民交叉问题、合同领域的刑民交叉问题、知识产权领域的刑民交叉问题、商事领域的刑民交叉问题等。侵权与犯罪交叉案件是刑民交叉案件的组成部分，二者是种属关系。侵权领域的刑民交叉是刑民交叉的次级标题，选取这个刑民

---

①　杨兴培：《刑民交叉案件的类型分析和破解方法》，载《东方法学》2014年第4期。

②　江伟、范跃如：《刑民交叉案件处理机制研究》，载《法商研究》2005年第4期。

③　李全锁、杜博：《刑民交叉案件法律规制路径之反思与重构——以涉嫌刑事犯罪的民间借贷案件为例》，载《法律适用》2013年第7期。

④　陈兴良：《刑民交叉案件的刑法适用》，载《法律科学（西北政法大学学报）》2019年第2期。

⑤　廖钰、张璇：《民刑交叉案件处理机制之探索——以统一法秩序的司法立场为视角》，载《法律适用》2015年第1期。

交叉的次级标题进行研究是因为:侵权与犯罪的关系是刑民关系中最古老、联系最为紧密的一个领域。我国现行的研究涉及物权、占有、合同、侵权、无因管理和不当得利等多个领域的刑民交叉,专门从侵权法角度阐述刑民关系的研究成果尚待丰富和深入。

在多数情况下,侵权与犯罪交叉案件是指一个违法行为同时满足某一犯罪构成要件和侵权行为构成要件,行为人既要承担侵权损害赔偿责任又要接受刑事处罚的客观现象,即侵权责任和刑事责任重合或聚合的案件。具体来说,是法律性质完全不同的一个民事案件和一个刑事案件中行为事实相同的客观现象,并由此产生了无法回避的侵权与犯罪的关系问题。而关系问题,无非联系和区别两个方面。刑民互涉和刑民界分是研究侵权与犯罪交叉问题的两个路径。

就问题而言,侵权与犯罪交叉案件包括两个方面的问题:一是侵权与犯罪在实体上的交叉;二是侵权与犯罪在程序上的交叉。实体上的侵权与犯罪交叉和程序上的侵权与犯罪交叉这两个方面又是相互影响的。根据实体法决定程序法的原则,侵权与犯罪实体法律关系的联系与区别,决定了侵权与犯罪交叉案件审理模式和程序的选择。而侵权与犯罪交叉案件的程序设计是否合理也会反过来影响责任的正确认定和案件的合理解决。总之,侵权与犯罪交叉问题是侵权责任和刑事责任交织在一起的,既涉及民事实体法、刑事实体法,也涉及民事诉讼法、刑事诉讼法的一个错综复杂的问题。

### (二)侵权与犯罪交叉案件的实体问题

侵权与犯罪交叉案件的本质是一个行为事实同时被侵权法和刑法予以评价,并产生相应的法律后果。对于同一个行为事实,侵权法和刑法关注的问题点不同。侵权法关注的是侵权责任是否成立以及侵权责任的范围(主要是损害赔偿范围和损害赔偿数额)问题。刑法关注的是罪与非罪、此罪与彼罪、重罪与轻罪的问题。

由于侵权法与刑法都是建构在违法行为基础上的,违法性是一般侵权行为和犯罪行为的本质特征。因此,在侵权与犯罪交叉案件的实体问题上,我国刑法学者对刑民关系的关注点集中于,刑事违法的违法性判断与民事不法的违法性判断是否必须保持一致,违法性究竟应在整个法领域内统一判断,还是可以在不同的法领域内分别加以判断。具体到刑法领域和民法领域,刑事违法与民事不法的关系问题是一个极具争议的理论问题。违法性判断是统一的还是相对独立的?围绕这一问题,一直存在违法性判断一元论与多元论两种不同观点之间的争论。持违法性判断一元论观点的学者认为,违法性的判断是统一的,应在法秩序整体中统一理解违法性。理由是:"犯罪与民事不法行为不是非此即彼的关系。在对于侵犯个体性权益的危害行为是否犯罪的判断过程中,考虑到维护法制统一、刑罚的辅助性等原因,刑事违法性的判断对民事不法的判断结论应具有依赖的关系,即实质的从属性。刑事违法性的判断以民事不法的成立为必要条件。"①与此相反,持违法性判断多元论观点的学者认为,刑法中的违法性不同于民法、行政法中的违法性,不同部门法中违法性的判断是相对独立的。② 理由是:"法秩序统一性的真义是价值评判上、公理上的一致性。不同法领域立法旨趣的差异与作为评判对象行为的多面性,共同决定了对刑法违法性可以作相对判断。"③例如,"刑法介入财产权的保护与否无须完全依赖于民法的判断,因为民法和刑法的评价存在不同"④。

当然,除违法性问题外,侵权与犯罪的其他实体范畴内的问题,如过错在侵权法和刑法上的不同作用、因果关系的判断理论、对损害后果的要求、侵权法和刑法的法益保护范围、侵权法和刑法的规范特点和功能、不作为侵权和不作为犯罪、数人侵权和共同犯罪的比较等也是非常值得探讨的问题。

### (三)侵权与犯罪交叉案件的程序问题

我国采取的附带民事诉讼制度将民事诉讼和刑事诉讼两种不

---

①　时延安:《论刑事违法性判断与民事不法判断的关系》,载《法学杂志》2010年第1期。

②　参见郑泽善:《法秩序的统一性与违法的相对性》,载《甘肃政法学院学报》2011年第4期。

③　王骏:《违法性判断必须一元吗?——以刑民实体关系为视角》,载《法学家》2013年第5期。

④　付立庆:《论刑法介入财产权保护时的考量要点》,载《中国法学》2011年第6期。

同性质的诉讼合并审理,在一定程度上会引发刑事诉讼与民事诉讼程序的先后,刑事裁判结果与民事裁判结果的协调问题,进而又会产生案件管辖、刑事退赔和民事赔偿衔接等一系列的问题。因此,程序上的侵权与犯罪的交叉问题,首先是诉讼模式的选择问题。换言之,在诉讼模式的选取上,民事侵权案件和刑事案件应该合并审理还是分开审理,即保持现有的附带民事诉讼模式还是采取分离诉讼模式。在此基础上,是采取强制型的诉讼模式还是选择型的诉讼模式,即涉及刑事犯罪的侵权损害赔偿必须在刑事审判程序中一并解决还是允许当事人自己选择一种诉讼程序是一个被集中关注的问题。其次是案件的审理顺序问题。在侵权与犯罪交叉案件的审理顺序上,究竟是先刑后民,先民后刑,还是刑民并行,也是一个争议比较集中的问题。对于一个刑民交叉案件,是先进行刑事审判后进行民事审判,即先刑后民,还是先进行民事审判后进行刑事审判,即先民后刑,还是刑事审判和民事审判顺序不受彼此的影响,即刑民并行,学者们提出了各自不同的解决方案。有学者支持以先刑后民为原则的解决方案,有学者支持以先民后刑为原则的解决方案,也有学者支持以刑民并行为原则的解决方案。理由为:“在没有先决关系时,审理结果不会引起矛盾冲突时,则适用刑民并行。当刑民审判存在先决关系时,作为交叉案件审理例外模式的先刑后民和先民后刑具有一定妥当性。”①还有学者提出了以具体情况具体分析为原则的解决方案。是先刑后民,还是先民后刑,还是同时进行,应当具体问题具体分析。人民法院应当对案情认真审查、分别处理。

由于我国现行的刑事附带民事诉讼制度、刑民交叉案件合并审理模式和先刑后民的审判顺序已经暴露出了种种缺陷,引发了各种问题,实际上已经达到了必须进行变革的程度。因此,应当采取刑事部分和民事部分分开审理的诉讼模式,如果必须保留刑事附带民事诉讼制度,也应当赋予民事当事人以程序选择权,即私人在自己

---

① 简爱:《从刑民实体判断看交叉案件的诉讼处理机制》,载《法学家》2020 年第 1 期。

的合法权益受到犯罪行为的侵害时,有权选择是适用附带民事诉讼还是单独的民事诉讼来维护自己的合法权益。如果采取刑事和民事分离的诉讼模式,则在审理顺序上必然会采取以刑民并行为原则的解决方案。刑事审判和民事审判不必刻意地互相等待。刑事诉讼和民事诉讼二者具有独立的证明标准和判决依据,有各自独立的诉讼原则和诉讼规律,二者不存在一方必然依附于另一方的关系。在尊重刑事审判和民事审判各自具有的独立性和专业性的基础上,"先刑后民"和"先民后刑"都不是绝对的,"并行审理"才是基本原则。因为,刑民并行模式既尊重了审判的独立性,也有助于避免案件受理顺序的不同而导致的裁判结果不同,是更为合理、高效的诉讼处理机制。①

与诉讼模式和审理顺序相关联的侵权与犯罪交叉的程序问题还包括刑事犯罪人在附带民事诉讼中的缺席判决问题,刑事判决对民事判决的既判力问题,以及刑事诉讼和民事诉讼程序的衔接问题,如追赃、责令退赔等刑事强制措施与强制执行程序的衔接问题。

---

① 参见纪格非:《论刑民交叉案件的审理顺序》,载《法学家》2018 年第 6 期。

# 第一章　侵权与犯罪交叉案件的类型化

## 第一节　类型化的必要性及分类标准的选取

### 一、侵权与犯罪交叉案件类型化的必要性

鉴于侵权法与刑法理论上的交织缠绕，实践中侵权与犯罪交叉案件的具体情形异常复杂。侵权行为与犯罪行为既有质的界分也有量的差别，抽象的定义和概念无法清晰地界定其内涵和外延，从而无法充分展示侵权与犯罪交叉案件的问题域。因此，需要借助类型学的研究方法对各种侵权与犯罪案件进行类型化梳理。

当抽象、一般概念及其逻辑体系不足以掌握某一生活现象或意义脉络的多种表现形态时，首先应当运用的补助思考形式是“类型”。[①] 类型学是指运用类型的要素去掌握某一特定对象的科学研究方法。在方法论上，类型学是法学的一种研究方法，其旨在便于对研究对象的分析和把握，进而对该对象进行建构性分析，以探知其法律上的意义。类型

---

① 参见[德]卡尔·拉伦茨:《法学方法论》，陈爱娥译，商务印书馆2003年版，第337页。

思维是一种中度抽象的思考方法，类型思维的中度抽象性克服了传统抽象思维的单一和僵化，打破了抽象与具体在方法论上的二元对立。它比抽象的概念思维更加具体，又比具体事物更具有体系性和归纳性。简言之，类型化会让我们对侵权与犯罪交叉案件有更加直观的认识。

## 二、侵权与犯罪交叉案件分类标准的选取

类型化具有多角度的特点，类型划分的标准不是唯一的。类型或多或少是一种分类或归类思维，分类和归类可以依不同的标准进行划分，侵权与犯罪交叉案件的分类标准也不是唯一的。从不同的角度出发，侵权与犯罪交叉案件可以分为各种各样的类型，在选择标准时，始终取决于建构类型的主导观点。因为本书是以私权救济为中心研究侵权与犯罪交叉案件的，也就是说以侵权法为主，以刑法为辅。侵权行为是侵权法的核心概念，侵权行为的本质是一种民事不法行为①，侵权责任是对民事不法行为的否定性评价后果。因此，首先，以侵权行为作为中心对侵权与犯罪交叉案件进行分类。每一种类型划分都是为了实现一定的规范。侵权行为本身就是类型化的产物，侵权法中的侵权行为被划分为各种类型予以规范。所以，第一个分类标准以侵权行为类型作为侵权与犯罪交叉案件类型划分的中心依据，并结合刑法分则中的具体种类的罪名（具体的犯罪行为）展开。其次，以行为事实对侵权与犯罪交叉案件进行分类。行为事实是认定侵权行为和犯罪行为的客观基础，在具体案件中，客观行为事实的不同情况主要有同一主体的同一行为、同一主体的

---

①　中文的“侵权行为”是一个外来语，是清末传入中国的诸多民法概念中的一个。侵权行为的英文表述为“tort”，源于拉丁文“*tortus*”，“*tortus*”的原意是“扭曲”或者“弯曲”的意思，后来逐渐演变为“错误”的意思。侵权行为在法语中对应的单词为“delict”，可以译为“不法行为”。在德国，与侵权行为相对应的词是“Delikt”或者“Unerlaubte Handlung”，前者是“过错行为”或者“不法行为”，后者是“不许行为”，在司法实践和理论研究中，这两个词表达了完全相同的意思。在日本民法中，侵权行为一词用汉字“不法行为”来表示。尽管不同的语言对应的表达不同，但这些不同的表达传递了一个相同的观念，即侵权行为按照人类社会通常的理解和判断，是一种不被社会道德所容许的错误行为和违法行为。侵权行为是一种违法行为，违法性是侵权行为的本质。

不同行为、不同主体的行为三种，侵权与犯罪交叉案件可以分为同一型行为事实的侵权与犯罪交叉案件、牵连型行为事实的侵权与犯罪交叉案件和择一型行为事实的侵权与犯罪交叉案件。最后，以法律评价为标准对侵权与犯罪交叉案件进行分类。客观的行为事实只有经过法律规范的评价才能成为法律事实，据以形成法律关系，进而让行为人承担侵权责任和刑事责任。经法律评价后，侵权与犯罪交叉案件可分为定性上不存在争议的侵权与犯罪交叉案件和定性上存在争议的疑难型侵权与犯罪交叉案件。

## 第二节　以侵权行为为中心的类型划分

侵权行为的最基本分类是按照归责原则的不同，将侵权行为分为一般侵权行为和特殊侵权行为。一般侵权行为适用过错责任原则，而特殊侵权行为适用过错推定责任原则或无过错责任原则。犯罪本质上是一种刑事违法行为，截至《刑法修正案（九）》和《关于执行〈中华人民共和国刑法〉确定罪名的补充规定（六）》公布时，我国刑法现有罪名共469个。刑法分则将这469个罪名划分为十大类犯罪，这十大类犯罪分别是：第一类，危害国家安全罪；第二类，危害公共安全罪；第三类，破坏社会主义市场经济秩序罪；第四类，侵犯公民人身权利、民主权利罪；第五类，侵犯财产罪；第六类，妨害社会管理秩序罪；第七类，危害国防利益罪；第八类，贪污贿赂罪；第九类，渎职罪；第十类，军人违反职责罪。侵权与犯罪发生交叉的案件主要集中在第四类和第五类侵犯公民人身权利、民主权利罪和侵犯财产罪中。但是在其他种类的犯罪中，如第二类危害公共安全罪、第三类破坏社会主义市场经济秩序罪和第六类妨害社会管理秩序罪中的一些犯罪行为也会侵害到私人的人身和财产权益，从而发生侵权与犯罪案件交叉的情形。

### 一、一般侵权行为下的侵权与犯罪交叉案件

民事主体的民事权利受到侵害，产生损害后果的，侵权法要对

被侵害的权利予以救济。对于权利，侵权法保护的对象限于绝对权，如人身权、物权、知识产权。对合同债权的侵害一般不构成侵权行为，不归侵权法调整。①

### （一）侵害人身权益的侵权与犯罪交叉案件

#### 1. 侵害物质性人格权的侵权与犯罪交叉案件

自然人的人身权利分为人格权和身份权，人格权是以自然人的固有人格利益为客体的权利，是“人之为人”的最基本权利。我国民法中规定的自然人的人格权主要包括生命权、身体权、健康权、姓名权、肖像权、名誉权、隐私权、人格尊严权、人身自由权等。

其中，生命权、身体权、健康权属于物质性人格权。侵害他人生命是最严重的侵权行为，且通常会构成犯罪。刑法上与侵害生命权相对应的罪名很多，在司法实践中与侵权案件发生交叉的主要是侵犯公民人身权利、民主权利类犯罪中的故意杀人、过失致人死亡和故意伤害致人死亡。在危害公共安全类犯罪中，以危险方法实施危害公共安全的犯罪行为造成死亡的损害后果成立的虽然是放火罪、投放危险物质罪，但也会与致人死亡的侵权案件发生交叉。犯罪行为人实施放火、投放危险物质行为造成他人死亡的是放火罪、投放危险物质罪的结果加重犯。② 类似的罪名还有劫持航空器罪等。另外的一些罪名如组织、领导、参加恐怖组织罪等则与故意杀人罪实行数罪并罚。③

严重的侵害他人身体、健康的侵权行为才会与犯罪行为发生交叉，如故意伤害致人残疾、重伤或轻伤，对应的罪名是故意伤害罪。过失致人重伤罪要求造成受害人重伤的结果，轻伤则不构成该罪。

---

① 财产权按其效力所及的范围，分为绝对权与相对权。物权是典型的绝对权，债权是典型的相对权。因相对权的效力仅局限于特定的双方当事人之间，债务人以外的其他人不负有保护债权的义务。因此，债权一般不是侵权法的保护对象，除第三人故意侵害债权的特殊情形外，在绝大多数情况下，债权不属于侵权法的保护范围。

② 如《刑法》第115条第1款规定：“放火、决水、爆炸以及投放毒害性、放射性、传染病病原体等物质或者以其他危险方法致人重伤、死亡或者使公私财产遭受重大损失的，处十年以上有期徒刑、无期徒刑或者死刑。”

③ 《刑法》第120条第2款规定：“犯前款罪并实施杀人、爆炸、绑架等犯罪的，依照数罪并罚的规定处罚。”

组织出卖人体器官罪侵害了他人的身体健康权,但未经本人同意摘取其器官,或者摘取不满18周岁的人的器官,或者强迫、欺骗他人捐献器官的,按照故意伤害罪、故意杀人罪进行定罪量刑。虐待被监管人致人伤残、死亡的,也是按照故意伤害罪、故意杀人罪从重处罚。

2. 侵害精神性人格权的侵权与犯罪交叉案件

姓名权、肖像权、名誉权、隐私权属于精神性人格权。单纯侵害他人姓名权、肖像权、隐私权的行为只能构成侵权行为,不涉及犯罪。侵害他人精神性人格权同时能构成犯罪的只有情节严重的名誉权侵权行为,构成《刑法》第246条规定的侮辱罪、诽谤罪。

3. 侵害一般人格权的侵权与犯罪交叉案件

一般人格权包括人格平等、人格独立、人格尊严和人格自由四个方面。

在刑法上与侵害人身自由权的侵权行为相对应的罪名是非法拘禁罪、绑架罪。如果在拘禁过程中实施暴力,故意造成被害人死亡、伤残的,则按照故意伤害罪或故意杀人罪定罪处罚。在绑架过程中故意杀害或者伤害被绑架人的,则以绑架罪判处无期徒刑或者死刑,并处没收财产。自然人享有婚姻自主权,婚姻自主权是人身自由权的一个方面。法律禁止买卖、包办婚姻和其他干涉婚姻自由的行为,以暴力手段干涉他人婚姻自由的行为,情节严重的可构成《刑法》第257条规定的暴力干涉婚姻自由罪。组织残疾人、儿童乞讨的犯罪行为同时侵害了残疾人、儿童的人身自由权和人格尊严权。

4. 侵害身份权的侵权与犯罪交叉案件

民法上的身份权是基于特定的身份关系而产生的,主要有亲子权、配偶权和亲属权。

拐卖儿童的犯罪行为在侵害未成年人合法权益的同时,也侵害了未成年人父母的亲子权和监护权。拐卖儿童的刑事犯罪,使受害人家庭支离破碎。因此,在对犯罪人进行刑事严惩的同时,也应让犯罪人承担民事侵权损害赔偿责任,最高人民法院《关于确定民事侵权精神损害赔偿责任若干问题的解释》(以下简称《精神损害赔偿司法解释》)对此也做出了明确的规定。①

配偶权是因合法有效的婚姻关系而产生的身份权。在刑法上,明知他人有配偶而与之结婚的行为构成重婚罪,犯罪人的行为同时也侵害了他人的配偶权。我国民法没有明确规定配偶权,侵害配偶权的行为仅在具有配偶关系的双方当事人之间会产生一定的以损害赔偿为内容的法律后果。② 以"第三者"侵害配偶权为由起诉,要求其承担精神损害赔偿责任的,不会获得支持。③ 配偶权是一种绝对权,第三人明知他人有配偶而与之同居甚至结婚的行为,已经侵害了配偶权,应承担侵权责任。我国《民法典》应明确规定配偶权及其权利内容,有效制止肆意破坏合法婚姻关系的不道德行为。

5. 侵害人格利益的侵权与犯罪交叉案件

我国民事司法实践中虽然也有以性权利受到侵害为由起诉获得精神损害赔偿的案例,但性权利在民法中并不是法定的具体人格权,而属于一般人格利益。在刑法上,侵犯妇女性权利的行为应成立强奸罪。④ 强制猥亵、侮辱罪的犯罪行为也是侵害女性的性权利的犯罪行为。一般情况下,轻微的性骚扰行为是一种单纯的侵权行为,尚不构成犯罪。但严重的性骚扰行为也可能构成强制猥亵、侮辱罪。胎儿利益是侵权法保护的人格利益,但我国《刑法》并没有以胎儿利益为犯罪对象的罪名。死者的人格利益也受到侵权法的保护,与盗窃、侮辱尸体的侵权行为相对应的犯罪是盗窃、侮辱、故意毁坏尸体、尸骨、骨灰罪。

---

① 最高人民法院《关于确定民事侵权精神损害赔偿责任若干问题的解释》第2条规定:"非法使被监护人脱离监护,导致亲子关系或者近亲属间的亲属关系遭受严重损害,监护人向人民法院起诉请求赔偿精神损害的,人民法院应当依法予以受理。"

② 根据《民法典》第1091条的规定,重婚或者有配偶者与他人同居导致离婚的,无过错方有权向有过错方请求损害赔偿。

③ 最高人民法院《关于适用〈中华人民共和国民法典〉婚姻家庭编的解释(一)》第87条第1款规定:"承担民法典第一千零九十一条规定的损害赔偿责任的主体,为离婚诉讼当事人中无过错方的配偶。"排除了第三人侵害配偶权应负损害赔偿责任的适用。

④ 也有观点认为强奸侵害的是妇女的人格尊严和身心健康权利。参见赵秉志:《刑法分则问题专论》,法律出版社2004年版,第349页。

## (二)侵害财产权益的侵权与犯罪交叉案件

根据《民法典》总则编和侵权责任编的相关规定,民事主体依法享有的,并受侵权法保护的财产权利主要包括所有权、用益物权、担保物权、知识产权、股权和其他投资性权利、继承权等。数据、网络虚拟财产等新兴财产也受到侵权法的保护。严重的人身侵权行为会构成犯罪,严重的财产侵权行为也会构成犯罪。

1. 侵害物权的侵权与犯罪交叉案件

公民个人所有的财产是财产类犯罪行为侵犯的对象之一。《刑法》第 92 条列举了个人财产的具体形式,即作为物权客体的动产、不动产和有价证券等有形财产。①

侵害物权的行为包括侵害所有权的行为、侵害担保物权的行为、侵害用益物权的行为、侵害占有的行为等。按照《刑法》的规定,抢劫罪、抢夺罪、盗窃罪、诈骗罪、敲诈勒索罪、侵占罪、职务侵占罪、挪用资金罪、故意毁坏财物罪、破坏生产经营罪的犯罪对象都可以是私人财物。这些犯罪行为都可能与侵害物权的侵权行为发生交叉。侵犯财产罪的刑事受害人不仅包括所有权人,也包括合法占有财产的他物权人和占有人。

2. 侵害知识产权的侵权与犯罪交叉案件

知识产权的客体——智力成果,是一种无形财产。根据《民法典》第 123 条的规定,侵权法保护的智力成果包括但不限于:作品;发明、实用新型、外观设计;商标;地理标志;商业秘密;集成电路布图设计;植物新品种等。侵害知识产权的犯罪规定在“破坏社会主义市场经济秩序罪”中。我国《刑法》对侵犯注册商标、专利、著作权、商业秘密的犯罪行为规定了 7 个罪名,分别是:假冒注册商标罪;销售假冒注册商标的商品罪;非法制造、销售非法制造的注册商标标识罪;假冒专利罪;侵犯著作权罪;销售侵权复制品罪;侵犯商业秘密罪。侵权法保护的知识产权种类和范围要大于刑法保护的

---

① 根据《刑法》第 92 条,公民个人所有的财产,包括公民的合法收入、储蓄、房屋和其他生活资料,依法归个人、家庭所有的生产资料,个体户和私营企业的合法财产,依法归个人所有的股份、股票、债券和其他财产。

知识产权种类和范围。

由于知识产权的技术性和专业性极强，我国对于知识产权的侵权与犯罪交叉案件，现在实行的是“三审合一”的处理模式，涉及知识产权案件的刑事部分的审理、民事部分的审理和行政部分的审理都一同归于具有知识产权案件管辖权的人民法院的知识产权审判庭进行。这是因为，此前知识产权的侵权与犯罪交叉案件存在管辖权冲突的问题。按照刑事审判管辖权的有关规定，一审刑事案件大多由基层人民法院管辖和审理。而按照《民事诉讼法》的规定，涉及知识产权的侵权案件，中级以上的人民法院才享有管辖权。在我国，涉及刑事的知识产权侵权案件原来也采取先刑后民的刑事附带民事诉讼程序。审级低的刑事管辖法院往往要审理知识产权民事侵权案件，由于其审理经验和专业知识的限制，可能会出现刑事审判庭做出的判决与知识产权审判庭做出的判决相矛盾和冲突的现象。再加上知识产权犯罪的违法行为范围远远小于知识产权侵权行为的范围，刑事法庭主要是对刑事犯罪的审理，如果判决不构成犯罪，就很难认定为侵权。实践中也出现了当事人将民事案件伪装成刑事案件躲避管辖的情形。因此，我国对知识产权的侵权与犯罪交叉案件的审理模式和程序进行了改革。

3. 侵害网络虚拟财产的侵权与犯罪交叉案件

随着网络信息时代的来临，数据财产、网络虚拟财产等具有财产价值的新型权益受到侵犯的现象增多，侵权法和刑法都对其予以了回应和规范。网络虚拟财产一般是指网民、游戏玩家在网络游戏账号中积累的货币、装备、宠物等“财产”，属于计算机信息系统中存储、处理或者传输的电子数据。网络虚拟财产具有占有可能性、转移可能性等交换价值属性，但是不具备稀缺性。与传统的财产物不同，网络虚拟财产既不属于有形的动产和不动产，也不属于电力、燃气等无形有体物，尤其对于盗窃数额的认定，缺少通行的计算方式。因此，进入计算机信息系统非法获取他人游戏装备、游戏币等虚拟财产并出售牟利的行为，不能以盗窃罪定罪量刑，应认定为非法获取计算机信息系统数据罪[①]。

股权及其他投资性权利的侵权与犯罪交叉案件，主要是与证券市场虚假陈述民事赔偿责任对应的欺诈发行证券罪，违规披露、不披露重要信息罪等。《刑法》中没有规定以继承权为犯罪对象的罪名。而继承权作为合法的民事权利，属于侵权法的保护范围。

## 二、特殊侵权行为下的侵权与犯罪交叉案件

特殊侵权行为是指法律有特别规定，在归责原则、构成要件、免责事由、举证责任的分配、责任承担主体、责任形态等方面不同于一般侵权行为，应适用特别条款的侵权行为。在归责原则上，特殊侵权行为适用无过错责任原则或过错推定责任原则。在构成要件上，特殊侵权行为的构成要件由法律特别规定，不按四要件进行检验。在免责事由上，特殊侵权行为的免责事由应限于法律的明确列举，很多特殊侵权责任的免责事由规定在单行法中，如环境污染责任的免责事由见于《水污染防治法》《大气污染防治法》等单行法律中。不能扩大适用和类推适用《民法典》关于侵权责任免责事由的一般规定。在举证证明方面，法律规定了某些特殊侵权行为采取举证责任倒置的规则，如环境污染责任中因果关系的证明由侵权人承担实质上的举证责任。

### （一）责任主体特殊的侵权与犯罪交叉案件

《民法典》侵权责任编第三章“责任主体的特殊规定”共有 8 种类型的侵权责任，[②]其中的一些侵权行为如果涉及犯罪，在侵权责任与刑事责任两种法律责任聚合的情况下，会发生侵权责任承担人与犯罪行为人不是同一主体的情形。民事法律关系部分相对会比较

---

① 参见北京法院参阅案例第 36 号［2018 年 9 月 10 日北京市高级人民法院审判委员会第 15 次（总第 449 次）会议通过］。最高人民法院在《关于办理盗窃刑事案件适用法律若干问题的解释》起草过程中也否定了将盗窃游戏币等虚拟财产的行为以盗窃罪定罪处罚的意见。

② 分别是监护人责任、完全民事行为人暂时失去意识的责任、用人单位责任、个人之间形成劳务关系的责任、承揽关系中的侵权责任、网络侵权责任、违反安全保障义务的责任、教育机构的责任。

复杂。

第一,转承责任下的侵权与犯罪交叉案件。转承责任人是为他人的行为而不是为自己的行为负责的人。监护人责任和雇主责任是典型的转承责任。大部分的侵权行为都是自己责任,侵权行为实施人与侵权责任承担人是同一个民事主体。在转承责任与犯罪案件发生交叉时,由于侵权行为实施人与侵权责任承担人是两个不同的民事主体,因此,侵权责任人与犯罪人是不同的,即民事责任人和刑事责任人是分离的。如未满 14 周岁的未成年人在犯特定之罪时,也需要承担刑事责任,但无须承担民事赔偿责任,应由其监护人承担民事赔偿责任。在雇员执行职务时造成他人损害构成犯罪的,刑事被害人也可以要求雇主承担民事赔偿责任。

第二,网络服务提供者责任的侵权与犯罪交叉案件。当网络用户利用网络实施侵权行为甚至是犯罪行为时,网络服务提供者在接到被害人的通知时,应采取必要措施,否则应与侵权人承担连带的侵权责任。此时,网络服务提供者只承担民事责任。如果网络服务提供者拒不履行网络安全管理义务,经监管部门责令改正后仍拒不改正的,构成拒不履行信息网络安全管理义务罪。

第三,群众活动的组织者未尽到安全保障义务,造成损害后果的,应当承担侵权损害赔偿责任。如果是在组织大型群众活动时没有尽到安全保障措施造成严重后果的,组织者可能构成大型群众性活动重大安全事故罪。如果是第三人的犯罪行为造成损害的,如在银行的营业场所抢劫取款人的刑事案件,银行等公共场所的管理人没有尽到安全保障义务的,应承担补充的赔偿责任。教育机构没有尽到教育管理职责,造成学生人身损害的,应当承担赔偿责任。如果学生的人身伤亡是因为教育机构的教育设施存在安全隐患,可能与重大安全事故罪发生交叉重合。若损害是由第三人的犯罪行为造成的,如为报复社会,冲进幼儿园乱砍乱杀的犯罪案件,教育机构未尽到管理职责的,应承担补充赔偿责任。

### (二)《民法典》中具体类型无过错责任的侵权与犯罪交叉案件

《民法典》侵权责任编第四章至第十章中规定了 7 种类型的特

殊侵权责任。这些特殊的侵权责任大部分适用的是无过错责任原则,无过错责任不考虑行为人的主观过错,无过错责任原则下的特殊侵权行为与《刑法》规定的犯罪行为在性质上具有根本区别。因为无过错侵权责任的归责的基础由主观过错变为了风险承担,和刑罚的归责基础相去甚远。但是因为客观事实同一,实践中仍会发生很多无过错的特殊侵权行为与犯罪交叉的案件。

第一,与第四章产品责任相对应的犯罪案件。产品存在缺陷造成严重损害后果的,产品生产者、销售者除承担产品责任外,也可能构成犯罪。与产品责任相对应的犯罪是"生产、销售伪劣商品罪",①具体的罪名分别是:生产、销售伪劣产品罪;生产、销售、提供假药罪;生产、销售、提供劣药罪;生产、销售不符合安全标准的食品罪;生产、销售有毒、有害食品罪;生产、销售不符合标准的医用器材罪;生产、销售不符合安全标准的产品罪;生产、销售不符合卫生标准的化妆品罪。

第二,与第五章机动车交通事故责任相对应的犯罪案件。与机动车交通事故责任相对应的犯罪主要是交通肇事罪和危险驾驶罪。其中,交通肇事罪也是侵权与犯罪交叉比较集中的案件类型。在这类案件中,刑事责任的承担人即犯罪人和民事责任的承担人通常相分离,刑事受害人的人身损害和财产损失的民事赔偿责任通常会由保险公司、肇事司机的雇主或机动车的所有人来承担。

第三,与第七章环境污染责任相对应的犯罪案件。与环境污染责任对应的犯罪是污染环境罪。环境污染的侵权行为造成公私财物重大损失或者人身伤亡的严重后果时,可成立污染环境罪。具体的罪名有非法处置进口的固体废物罪、擅自进口固体废物罪等。在污染环境罪案件中,除了私人利益的赔偿,还有很多案件涉及民事公益诉讼。犯罪人要承担环境修复的损害赔偿责任。

第四,与其他特殊无过错侵权责任相对应的犯罪案件。与高度危险责任相对应的犯罪有危险物品肇事罪、重大飞行事故罪、铁路

---

①　这里所使用的"商品"一词与《产品质量法》和《民法典》侵权责任编中的"产品"一词在内涵和外延上应是一致的。

运营安全事故罪等。根据《民法典》第1247条的规定，禁止饲养的烈性犬造成他人人身损害的，饲养人和管理人承担绝对责任，没有免责事由。值得探讨的是，大量饲养禁止饲养的烈性犬不加以防护，或者明知自己饲养的烈性犬会攻击他人而放任不管，造成严重的人身伤亡时（如已经发生多起的藏獒咬死人案），是否成立以危险方法危害公共安全罪或故意杀人罪。本书认为，如果饲养人严重不负责任，放任烈性犬造成严重的损害后果，情节特别恶劣的，应当让饲养人承担刑事责任。在物件损害责任中，建筑物倒塌造成他人损害的，建设单位和施工单位除承担赔偿责任外，相关的责任人也可能构成工程重大安全事故罪。

## 第三节　以行为事实和法律评价为依据的类型划分

### 一、以行为事实为依据的类型划分

与自然事实相比，人的行为是引起民事法律关系发生、变更和终止最常见的民事法律事实。侵权行为属于民事行为中的事实行为和不法行为，因此与违法的犯罪行为之间的关联性更为紧密。

#### （一）同一型行为事实的侵权与犯罪交叉案件

同一型行为事实的侵权与犯罪交叉案件是指当同一行为主体的同一行为形成的法律事实分别符合侵权责任构成要件和刑事责任构成要件时，同时成立侵权和犯罪，既要承担侵权责任也要承担刑事责任的情形。在现实生活中，相当一部分的侵权行为与犯罪行为是重叠在一起的，一个行为导致了侵权责任和刑事责任两种责任的聚合。责任聚合源于法规竞合，法规竞合作为法律专门术语，是指“同一事实符合数个法律规范之要件，致该数个规范皆得适用的现象”①。

责任聚合不同于责任竞合，责任竞合是同一法律部门内部多种

① 王利明：《论责任聚合》，载《判解研究》2003年第2辑。

责任并存,但只能择一行使的情况,如违约责任和侵权责任竞合时,权利人有权选择让责任人承担其中的一种责任,权利人行使一种请求权后,另一种责任的请求权消灭。责任竞合是承担民事责任中的一种责任,而责任聚合是同时承担两种或两种以上不同性质的责任,是全部承担。

法律部门间的责任聚合主要有两个特征:第一,同一法律事实侵害了不同的法律部门所保护的对象。如果是多个法律事实或法律行为侵害了不同法律部门所保护的对象,此时不成立责任聚合,而应当分别承担责任。第二,违反了不同的法律部门规定的义务,符合两个或两个以上的责任构成要件。①

责任聚合下的侵权与犯罪交叉是责任主体与行为主体一致的情况。如甲为了报复乙,故意将乙打成重伤,在刑法上,甲伤害乙的行为成立故意伤害罪,甲要被处以刑罚,在侵权法上,甲伤害乙的行为成立一般侵权行为,甲要对乙的人身伤害承担损害赔偿责任。传统的人身伤害类侵权与犯罪交叉案件,是侵权与犯罪交叉案件的最常见类型。侵权与犯罪交叉的这类案件在定性上一般不存在问题,有争议的主要是刑事附带民事诉讼中人身损害赔偿的范围和数额问题。

### (二)牵连型行为事实的侵权与犯罪交叉案件

牵连型行为事实的侵权与犯罪交叉案件指同一主体的不同行为或不同主体的行为(行为人与责任人不同),这些不同的法律事实形成不同的刑事法律关系和民事法律关系,在行为和事实之间存在前后相继或牵连关系。

牵连型行为事实的侵权与犯罪交叉案件又可以具体分为两种:一种是同一主体的不同行为之间存在牵连关系的案件。例如,犯罪人开着盗窃来的车,仓皇之中撞到了路边的行人。盗窃本身应承担刑事责任和民事责任,交通事故造成他人损害也要承担民事责任。盗窃人前后相继的两个行为之间存在一定的牵连关系。又如,发生

① 参见肖建国、宋春龙:《责任聚合下民刑交叉案件的诉讼程序——对“先刑后民”的反思》,载《法学杂志》2017 年第 3 期。

交通事故造成他人损害后又逃逸的案件，前一个行为须承担的交通事故责任属于侵权责任，后一个逃逸行为则可能成立交通肇事罪，因而发生侵权与犯罪案件的交叉。

另一种是责任主体与行为主体不同导致的牵连型的侵权与犯罪交叉案件，在这种类型的案件中，往往会涉及至少三方当事人形成的法律关系，其中一个法律关系仅是单纯的民事法律关系，另一个法律关系是单纯的刑事法律关系或者刑事法律关系和民事法律关系并存的情形。如侵权行为人涉及刑事犯罪时，被保险人、受益人或者其他赔偿权利人请求保险人支付保险金的情形；法人的工作人员的职务行为涉及犯罪时，受害人请求该法人承担民事责任的情形；其他的受害人请求涉及刑事犯罪的行为人之外的其他主体承担民事责任的情形。如第三人是犯罪行为人时，未尽到安全保障义务的公共场所管理人和教育机构承担补充责任的情形，网络服务提供者承担连带责任的情形等。

### （三）择一型行为事实的侵权与犯罪交叉案件

择一型行为事实的侵权与犯罪交叉案件是指一种行为虽然既成立侵权行为，也成立犯罪行为，但行为人只需要承担侵权责任和刑事责任中的一种，不发生责任聚合的情形，是一种形式上的侵权与犯罪交叉案件。

虽然构成犯罪基本上会成立侵权，但也会出现成立犯罪却不需要承担侵权损害赔偿责任的情形，如杀人未遂。在我国现行的侵权与犯罪交叉案件处理模式下，由于对一些损害赔偿的限制，也会发生按照刑法与侵权法分别评价的方式，既成立犯罪又成立侵权损害赔偿，但是行为人只需要承担刑事责任，不需要承担民事责任的现象，如强奸罪案件、拐卖儿童罪案件、侮辱尸体罪案件等。强奸妇女、拐卖儿童等犯罪行为虽然会给受害人及其家属造成严重的精神痛苦，但由于《刑事诉讼法》及其司法解释对涉及刑事犯罪案件中精神损害赔偿的排除，按照民事法律规范虽然成立侵权，但在涉及刑事犯罪的案件中只需要承担刑事责任一种。

当侵权行为的社会危害性小于犯罪行为时，通常情况下，不成立侵权的行为当然不成立犯罪，但由于法律漏洞的存在，或者司法解释的排除适用,也会出现不成立侵权但构成犯罪的情形。如前文列举的明知他人有配偶而与之结婚的行为,行为人可构成重婚罪,但是由于民法没有明确规定配偶权,相关解释又排除了第三者应承担侵害配偶权的侵权责任的可能,因此,此时只有刑事责任没有侵权责任。

## 二、以法律评价为依据的类型划分

### (一)定性上不存在争议的侵权与犯罪交叉案件

对同一个违法行为,刑法有自己的评价标准、评价体系和评价范围。侵权法也有自己的评价标准、评价体系和评价范围。

刑法和侵权法评价一致的侵权与犯罪交叉案件表现为犯罪行为造成受害人的物质损失和人身伤害,需要进行民事赔偿,确定性地既应承担损害赔偿责任又要接受刑事处罚,即侵权责任与刑事责任聚合的情形,这一情形的侵权与犯罪交叉案件在定性上争议不大,且一般情况下,刑罚的严重程度与民事责任严重程度相一致,如犯故意杀人罪的犯罪人同时要对被害人的家属进行死亡赔偿。

还有一些案件在定性上虽然争议不大,但是在定量上会出现刑事责任重、民事责任轻或者刑事责任轻、民事责任重的特殊情形。例如,甲用绳子死死勒住乙的脖子,将乙的脖子勒出了一道血印。在刑事责任上,对甲要以故意杀人罪未遂来定罪量刑,而乙并未遭受严重的人身伤害,因此甲要承担的侵权责任很轻,赔偿的数额也非常少。反之,在一起故意伤害罪案件中,[①]法院经审理认定犯罪行为人在刑事上仅成立故意伤害致人轻伤的责任,但是在民事责任

---

① 具体案情是:受害人叶某在地下赌场向王某等人借了高利贷,因无法归还,王某就纠集同伙找叶某还钱,王某等人将叶某带到郊外树林里逼债,对叶某拳打脚踢,直到叶某答应第二天还钱为止。第二天早上,叶某被发现时已经吊死在赌场,经法医鉴定,叶某是刺伤腹部后自杀身亡,肋骨多处骨折,全身的软组织挫伤为他人所伤,但损伤程度仅是轻伤。在刑事上,王某等人不需要对叶某的死亡后果承担责任。但在民事责任问题上,王某等人应对叶某的轻伤(一般伤害)承担赔偿责任还是应对叶某的死亡承担赔偿责任存在争议。

上,一审法院判令犯罪行为人应对被害人的死亡后果承担责任,损害赔偿数额按照致人死亡的损害结果予以认定并对被害人家属进行死亡赔偿,二审法院维持原判。[①] 这是因为刑事审判与民事审判对同一个行为事实关注的方向和范围不同,刑事责任和侵权责任对行为人主观过错的要求不同,刑法和侵权法在行为和损害结果之间是否存在因果关系上的判断规则也各不相同,因此在各自的法域内,责任的轻重各不相同。

### (二)定性上存在争议的侵权与犯罪交叉案件

定性上存在争议的侵权与犯罪交叉案件也就是疑难型的侵权与犯罪交叉案件,即某种行为难以界定是民事侵权行为还是刑事犯罪行为的案件。定性上存在争议和困难的原因主要有两个。

一是案件事实本身导致的定性困难。这类案件是客观的行为事实本身比较难以判断而导致的实体判断上的侵权与犯罪交叉问题。例如,在"许某案"中,许某在发现银行的自动取款机出现故障后疯狂取钱的行为究竟是民事上的不当得利(或侵权行为)还是刑事上的盗窃行为引发了民法学界和刑法学界的广泛争议。又如,在"高尔夫球案"中,对于捞出高尔夫球并变卖的行为人是成立民事先占行为还是刑事盗窃行为也争论不休。[②]

二是法律对民事侵权与刑事犯罪的规定过于雷同而导致的定性困难。由侵权法规制的民事侵权行为与刑法规制的犯罪行为,在民事责任和刑事责任的构成要件上往往难以明确区分,罪与非罪、出罪与入罪的界限和标准模糊不清,具体案件难以界定

---

① 参见广东省遂溪县人民法院刑事判决书,(2009)遂刑初字第49号。

② 具体案情是:B市高尔夫球场边有一个人工湖,每年有大量高尔夫球被打入人工湖中。甲是高尔夫球场管理员。某日深夜,甲带老乡乙进入球场,从人工湖中捞出大量高尔夫球并变卖。之后球场报案,公安机关立案后,检察院对甲、乙以盗窃罪提起公诉。法院内部出现不同的审判意见,民事审判庭的法官认为,高尔夫球属于抛弃物,无明确所有权人,甲、乙无罪,应告知高尔夫球场提起财产侵权民事诉讼。刑事审判庭的法官则认为,高尔夫球实际上处于球场占有之中,甲、乙在深夜无人时非法进入球场,以秘密窃取和非法占有为目的取得了高尔夫球并变卖,应成立盗窃罪。参见廖钰、张璇:《民刑交叉案件处理机制之探索——以统一法秩序的司法立场为视角》,载《法律适用》2015年第1期。

是民事侵权案件还是刑事犯罪案件。如在侵犯知识产权的案件中,一个突出的问题就是侵权行为与犯罪行为的界限并不是十分清晰。我国《刑法》第219条规定的侵犯商业秘密罪的具体行为方式与《反不正当竞争法》规定的侵犯商业秘密的四种侵权行为方式几乎完全一致,原因是《刑法》直接借用了《反不正当竞争法》中的商业秘密概念和侵权行为方式。区别商业秘密民事侵权行为与刑事犯罪行为唯一可以援引的标准就是50万元的犯罪数额,只要侵权人获利或者商业秘密权利人的损失超过50万元,就可成立侵犯商业秘密罪,这导致在司法实践中,商业秘密的侵权行为与犯罪行为几乎如影随形。一方面,有的行为已构成犯罪但被放纵了;另一方面,只属于一般民事侵权的行为也被当作犯罪打击了。[①]

同样存在这种情况的还有医疗损害责任和医疗事故罪的区分。与医疗损害侵权相对应的犯罪为医疗事故罪。医疗事故侵权行为在什么条件下会与医疗事故罪发生交叉重合,什么是一般的医疗事故,什么又是医疗事故罪呢?医疗事故罪是指医务人员严重不负责任,在医疗过程中导致患者死亡或严重损害患者身体健康的行为。一般医疗事故,刑法学者认为,是指医务人员虽有严重不负责任的行为,也造成了一定的结果,但没有造成刑法所规定的致人死亡或严重损害就诊人身体健康的情况。一般医疗事故因不符合医疗事故罪的结果要件,故不成立犯罪。[②] 但是很多的司法案例表明,医护人员在严重不负责任,造成患者严重的人身伤害甚至死亡的情况下,很多也按照一般医疗事故进行处理,仅成立侵权责任,并没有追究医护人员的刑事责任。

这类案件有一个显著的特点,并不像典型的刑事犯罪那样,罪与非罪显而易见,泾渭分明。而是介于"可刑可民"之间。这类案件要注意避免先刑观念,避免以刑法规范作为处理案件的主要依据

---

① 参见高晓莹:《论商业秘密保护中的刑民分野与协调》,载《北京交通大学学报(社会科学版)》2010年第4期。

② 参见张明楷:《刑法学》(第4版),法律出版社2011年版,第990页。

甚至唯一依据，避免以刑事思维为先、以刑法规范为先、以刑事处理为先，对可罪可不罪的案件以犯罪论处，对可罚可不罚的案件以刑罚处置的做法。[①]

① 参见杨兴培：《犯罪的二次性违法理论与实践——兼以刑民交叉类案例为实践对象》，北京大学出版社2018年版，第119页。

# 第二章　侵权与犯罪实体范畴的比较

古代法中侵权与犯罪合一,常常无法区分。而侵权与犯罪分离后,侵权法与刑法形成了各自不同的价值功能、理论构造和制度设计。侵权与犯罪既有宏观价值取向上和功能上的区别,又有微观制度设计上的不同,侵权行为损害的是私人权利,在价值衡量上倾向于受害人,同时要保证行为的自由度。民法与刑法各自的不同功能决定了侵权与犯罪在诸多方面存在差异。但是侵权法和刑法中众多的相同或类似概念、制度之间也存在关联和融合。

## 第一节　侵权法上的过错和刑法上的过错

### 一、对主观归责的关注与评价不同

无论是在侵权法上还是在刑法上,过错都是核心的基本概念。行为人的主观过错在刑事责任和侵权责任的判断上,体现出的作用不同。刑罚的目的在于对犯罪人的主观心理进行矫治,刑事制裁着重考虑犯罪人的主观恶性。而侵权法的首要功能是填补损害，以恢复原状为目的的侵权责任将责任的重心放在客观的损害后果上，归责原则的多元化，无过错责任类型的增加都是这种发展趋势的体现。为了更好地保护受害人，扩大赔偿范围，在过错责任之外，侵权法上还有各种类型的无过错责任。无过错责任不是说侵权责任人主观上没有过错，而是在认定侵权责任时无须考虑行为人的主观心理状态。如按照国家规定合法排污的行为人给他人造成损害的，也要承担环境污染侵权责任。

而刑法上全部的犯罪行为都以主观过错为要素，没有主观过错，就不可能成立犯罪。犯罪人的主观心理状态在犯罪构成中处于绝对的核心地位。犯罪人的主观心理状态是衡量罪与非罪、此罪与彼罪，重罪与轻罪的第一因素，并且大多数的过失行为被排除在刑法的界限之外。除刑法明确规定的少数过失犯罪外，绝大多数的犯罪必须是故意行为。毫无疑问，侵权人的主观心理状态在侵权法中的地位要弱于犯罪人的主观心理状态在刑法中的地位。

过错是近代侵权法的基石，近代侵权法是建立在"过错"这一概念基础上的，过错的有无最终决定了侵权行为的成立和侵权责任的有无，"无过错即无责任"。关于过错的本质，主要有三种不同的学说主张：一是主观过错说；二是客观过错说；三是主观与客观结合的过错说。大多数大陆法系国家的侵权法理论采用主观过错说。主观过错说源于耶林对客观的违法和主观的违法的划分。主观的违法即为过错，指行为人故意或过失致人损害的心理态度。客观过错说认为过错的概念和过错的判断标准都是客观的。"客观过错是行为人未尽到一般人能尽到的注意义务，也即违背了社会秩序要求的注意。"①主观与客观结合的过错说认为："过错实际上是对行为人在进行这种行为时所具有的主观心理状态以及行为本身的社会评价和价值评价。"②

过错责任肯定了人的自由，承认了个人选择和区分是非的能力。过错作为一个法律概念兼具道德上的应受谴责性。个人基于

① 孔祥俊、杨丽：《侵权责任要件研究》（下），载《政法论坛》1993 年第 2 期。

② 王利明主编：《人格权法新论》，吉林人民出版社 1994 年版，第 96 页。

自由意志实施了某种行为,造成了他人的人身利益或财产利益损失,就要对自己的行为负责,这体现了对个人尊严和自由意志的尊重。侵权法之所以关注过错,是因为侵权责任是建立在自由意志理论基础上的,过错是对人们滥用其自由意志的否定性评价。从这个角度观察,过错的本质是人们在自由意志支配下的一种心理状态。人的心理状态作为一种思维和情感的复杂活动过程在外化之前无法被外界感知,只有借助对外部行为的分析来具体判断。这只是说过错的判断是客观的,而其本质属性仍然是对人性的关注,并以此划分出合理的行为自由与行为限制之间的边界。因此,过错本身是一个主观的概念。过错的产生要经历一个认识、思考与抉择的心理过程。在侵权责任的认定上,行为人的主观过错只有通过客观行为表现出来才具有法律上的意义,过错的判断以是否违反了一般注意义务为标准,以抽象的理性为行为准则。各国侵权法在过失的判断标准上普遍采取了客观化的方法,但对于故意和重大过失还是采取个别判断的方法进行认定。

而刑法的主流观点一致认可过错是犯罪的主观构成要件,而非客观要件,不承认客观的过错理论。大多数的犯罪行为要求行为人主观上具有故意,而过失成立犯罪限于法律的明确规定。与过失不同,故意是一种希望损害结果发生的主观心理状态,即行为人在主观上已经认识到自己的行为会产生一定的损害结果。在此情况下,行为人主观上是否需要有违法性的认识,是有争议的。在刑法上,行为人需要认识到该事实的违法性是众所周知的议论对象。但民法学者则认为,行为人只需要认识到损害结果的发生即可,不需要有违法性的认识。

侵权法上虽然也将行为按主观状态区分为故意侵权行为和过失侵权行为,但二者在法律评价的结果上,即在损害赔偿的范围和数额上,区别不大。日本侵权法通说甚至没有区别故意侵权行为和过失侵权行为。“在民事责任上,故意和过失之间虽然有区别,但这并不是特别认为故意和过失之间在质的方面存在差异,在过失中也有像重过失和轻过失那样因程度的差异产生不同的,因此,故意和过失之间尽管说有差异,但不是质上的差异,而是责难程度上的差异。比如，首先关于损害赔偿范围，即使不谈故意，存在特别情形的预见即可；其次，关于损害赔偿额的算定上，即使没有故意，有极重大的过失时，则产生相同的结果。”①

因为故意在刑罚中的重要地位，刑法理论对故意的研究显然更为详细和深入。故意在我国刑法（《刑法》第 14 条第 1 款）上被区分为直接故意和间接故意两种类型。民法教科书中直接援用刑法的规定，对故意的划分也基本是这两个类型。刑法理论上对故意的区分则不限于此。如德国刑法学者将故意分为三种类型，在直接故意和间接故意之外，还有蓄意的划分，作为犯罪人主观心理状态的一种类型。蓄意是：“如果行为人追求构成要件情状的实现，并且希望通过他的举止引发这种实现，那么，他就是蓄意的行事。”②

以行为人对于犯罪构成要件的事实认识是否清晰为标准，刑法理论还将故意划分为确定的故意和不确定的故意两种类型。确定的故意是行为人对犯罪构成要件的事实认识比较清晰的故意形态。不确定的故意是行为人对于犯罪对象、犯罪结果等构成要件缺乏具体、清晰的认识。不确定的故意又包括三种情形：第一种是对犯罪结果的不确定，行为人主观上不能确定损害结果是否会发生。第二种是对犯罪对象的不确定，行为人知道自己的行为一定会造成损害结果，但是对谁是最终的受害人是不确定的。例如，甲对准并排站立的乙和丙开枪，甲知道会射中乙和丙其中一人，此时甲的主观心理状态也叫作择一的故意。第三种是概括的故意，行为人对于结果的大小只有大致的预见，而没有明确的预见。例如，甲为报复社会在上班时间纵火烧毁一栋写字楼，甲知道会有很多人被烧死，但对究竟有多少人或究竟谁会被烧死缺乏明确的预见。③

犯罪人主观方面的犯罪目的和犯罪动机是定罪和量刑的关键。只有具备一定的犯罪目的，才能构成犯罪。例如，只有具备“非法销

① ［日］圆谷峻：《判例形成的日本新侵权行为法》，赵莉译，法律出版社 2008 年版，第 49 页。

② ［德］乌尔斯·金德霍伊泽尔：《刑法总论教科书》（第 6 版），蔡桂生译，北京大学出版社 2015 年版，第 140 页。

③ 参见周光权：《刑法总论》（第 3 版），中国人民大学出版社 2016 年版，第 155 页。

售的目的”，才能构成《刑法》第126条规定的违规制造、销售枪支罪。只有具备“牟利或者传播的目的”才能构成《刑法》第152条规定的走私淫秽物品罪。犯罪动机是犯罪人进行犯罪行为的内心起因，可能起因于嫉妒、报复、谋财等各种各样的心理活动，犯罪动机虽然不是犯罪的构成要件，但不同的犯罪动机“却可以反映出行为人主观恶性程度的差别，对于准确量刑具有重要意义”①。

## 二、受害人过错的侵权和犯罪意义对比

除了行为人的过错，侵权法和刑法上都有受害人的过错。在侵权法上，受害人过错是一般侵权责任减轻和不承担责任的事由。当受害人的过错是损害结果发生或扩大的原因时，可以减轻侵权人的赔偿责任或被告人不承担侵权责任。侵权人的过错分为故意和过失两种状态，受害人的过错也分为故意和过失两种状态。受害人故意导致损害发生的，行为人不承担责任。受害人过失导致损害发生的，则适用过失相抵。过失相抵是侵权损害赔偿额的具体计算规则。过失相抵，不是侵权人与受害人的过错互相抵销，而是通过比较侵权人和受害人双方的过失在整个损害后果中所占的比例来分配损失。过失相抵的具体计算方法主要有两种：其一，纯粹按照双方的过错比例来确定赔偿数额。比如，受害人的过错对损害结果有30%的原因力，他能获得的赔偿数额就是全部损失的70%。其二，以一个比例数为基准，超过了这个基准，受害人将不能获得任何赔偿。典型的做法是以50%为分界点，如果受害人过失导致损害结果发生的比例超过了50%，受害人将不能获得任何赔偿；反之，如果受害人过失导致损害结果发生的比例低于50%，受害人将获得全额赔偿。我国立法没有确定过失相抵的具体计算方法，二者相比较，前一种计算方法更为公平，也比较符合中国人的思维习惯，是我国司法实践中普遍采用的计算方法。

在刑法领域，受害人的主观过错会对刑事责任产生怎样的影响，在某些情况下，是否会如侵权法减轻或免除侵权人的损害赔偿

---

① 赵秉志：《刑法总论》（第3版），中国人民大学出版社2016年版，第159页。

责任一样,减轻或免除犯罪人的刑事责任呢?在刑法理论中,受害人过错是指受害人实施的诱发被告人犯罪意识或激化被告人犯罪行为的先前不当行为。刑事受害人实施的先前不当行为往往与犯罪行为的发生存在引起与被引起的或紧密或疏松的因果联系。受害人过错在刑法总则和刑法分则中都有规定。刑法总则中对受害人过错的规定,典型的如正当防卫制度,在受害人先行实施违法行为时,实施正当防卫的行为人免于承担刑事责任。在刑法分则中,受害人过错不属于犯罪构成的判断因素,它的作用主要体现在刑罚的裁量上,并且只是酌定量刑情节而非法定量刑情节。典型的例子是故意杀人罪中的激情杀人。刑法中的激情杀人是指犯罪行为人本来没有杀人的故意,但在被害人的刺激、挑逗下,因愤怒失去理智而将受害人杀死的情况。

另外,刑法和侵权法对受害人的过错程度要求不同。在刑法中,受害人的过错须是重大过失甚至是故意,才能对犯罪行为人造成强烈的精神刺激,以致其失去理智而实施犯罪行为。如果刑事受害人在主观上仅是一般过失,则一般不会影响定罪量刑,不会对犯罪行为人予以从轻处罚。而在侵权法上,减轻侵权人的责任通常只要求受害人主观上具有一般过失。对受害人重大过失的要求限于法律的特殊规定。①

## 三、侵权责任能力和刑事责任能力的比较

在民法上,实施法律行为需要行为人具有行为能力,承担侵权责任也要求侵权行为人具有侵权责任能力。大陆法系侵权法中除过错的概念外,还有过错能力的概念。例如,《德国民法典》规定,行为人需要具有过错能力才能承担侵权损害赔偿责任。② 判断行为

---

① 在一些特殊侵权责任中,只有受害人有重大过失时,才能减轻侵权人的侵权责任。如《民法典》第1245条规定:"饲养的动物造成他人损害的,动物饲养人或者管理人应当承担侵权责任;但是,能够证明损害是因被侵权人故意或者重大过失造成的,可以不承担或者减轻责任。"

② 《德国民法典》第828条规定:"未满七周岁的人,对施加于他人的损害不负赔偿责任。已满七周岁但未满十八周岁,如果在采取加害行为时还不具有认识其责任所必要的理解力时,对其施加于他人的损害不负责任。聋哑人,亦同。"

人是否具有侵权责任能力以年龄、精神、智力状况为基础。德国学者指出:“这种加害人的可谴责性以其具有一定程度的精神、智力能力为前提,并从这种能力中,我们能够推导出加害人的个人责任。我们将加害人的这种特质称为过错能力或者侵权行为能力。”①《德国民法典》主要根据行为人的年龄来判断其是否具有过错能力,7周岁以下的未成年人不具有过错能力,7周岁以上18周岁以下的行为人要根据实际情况,通过个案判断的方法来认定过错能力。而《奥地利民法典》第153条规定,年满14周岁的行为人才具有过错责任能力。

根据《德国民法典》第832条的规定,未成年人的监护人承担的是监督责任,因此如果监护人已经尽了监督义务,或者监护人已经尽了必要的注意义务,但仍然没有避免损害结果的发生,监护人不承担赔偿责任。

我国《民法通则》(已失效)没有规定民事责任能力,《侵权责任法》(已失效)的立法者也没有采纳过错能力这一概念。②《民法典》延续了《侵权责任法》(已失效)的规定,《民法典》第1188条第1款只是规定无民事行为能力人或限制民事行为能力人给他人造成损害的,由监护人承担侵权责任,即未成年人或精神病人不承担侵权责任。其原因应该与未成年人或精神病人的行为能力有关,就是他们没有判断自己行为后果的能力,这与过错能力的存在基础非常相似。但是《民法典》并没有从正面规定未成年人或精神病人不承担侵权责任的原因。并且《民法典》第1188条第2款又规定在无民事行为能力人、限制民事行为能力人有财产的情况下,先用自己的财

---

① [德]马克西米利安·福克斯:《侵权行为法》,齐晓琨译,法律出版社2006年版,第87页。

② 早在我国《侵权责任法》(已失效)的起草过程中,就有学者主张《侵权责任法》(已失效)中应增加过错能力的规定,并根据过错能力的有无来判断无民事行为能力人或限制民事行为能力人造成他人损害时是否承担侵权责任。但这一意见没有被立法者采纳。因为立法者认为,如果规定过错能力,就不可避免地涉及没有过错能力的行为人造成他人损害的监护人是否需要承担责任的问题。如果监护人不承担责任,被侵权人的损失得不到弥补,有悖于我国的国情和现实的做法。参见王胜明主编:《中华人民共和国侵权责任法解读》,中国法制出版社2010年版,第152页。

产进行赔偿,赔偿不足时,再由监护人补充赔偿。对于这一规定的合理性一直存在争议,非常容易让人理解为:以有无财产作为承担侵权责任的前提条件,有财产的承担侵权责任,无财产的不承担侵权责任。这样的规定本身是不尽合理的,过错能力应与行为人的认识和控制能力有关,与行为人有无财产没有关系,不应以行为人有无财产作为是否承担侵权责任的标准。而且,过错能力与行为能力虽然都与行为人的年龄、智力、精神状态有关,但并非完全同一的。过错能力对行为人辨识能力的要求要低于行为能力。

在刑法中,与过错能力相类似的概念为刑事责任能力,是刑法意义上的能够辨认和控制自己行为和法律后果的能力。行为人虽然实施了违法犯罪行为,但没有刑事责任能力的,不承担刑事责任。各国刑事立法都以年龄为标准,同时对精神病患者和其他特殊人群的刑事责任能力作出了专门的规定。我国《刑法》上的刑事责任能力分为四种情况:有刑事责任能力、完全无刑事责任能力、相对无刑事责任能力和刑事责任能力减弱。12 周岁以下的未成年人没有刑事责任能力,已满 12 周岁不满 16 周岁的未成年人,在犯特定的罪时才承担刑事责任。已满 75 周岁的人、又聋又哑的人、盲人属于刑事责任能力减弱者。

### 四、共同过错在侵权法和刑法上的不同含义

从广义上理解,侵权法上的共同过错包括两个方面的含义:一方面是在存在多个侵权人的情况下,各个侵权人之间主观上的共同故意或共同过失;另一方面是在受害人对于损害的发生或者扩大也有过错的情形下,受害人与侵权人之间的共同过错。后一种情况已经在前文的受害人过错中予以论述。这里的共同过错仅指前一种情况。

共同故意在侵权法上和刑法上的作用都比较明确。“侵权法上特别设立共同故意为构成要件的共同加害行为制度,将这些具有共同故意的数个加害人实施的行为评价为一个侵权行为,使各个加害人承担连带责任。”①两个或两个以上侵权人共同故意实施侵权行

---

① 程啸:《侵权责任法教程》,中国人民大学出版社 2011 年版,第 125 页。

为造成他人损害的,成立共同加害行为,对损害承担连带赔偿责任。因为所有侵权人的行为从整体上被看作一个行为,所以加害人只需要证明其中一个人的行为与损害后果之间的因果关系,从这个意义上说,共同加害行为的因果关系是"一因一果"的单一因果关系形态。在刑法上,与共同加害行为相对应的制度是共同犯罪。两人以上共同故意实施同一犯罪行为成立共同犯罪。刑法上还根据犯罪行为人的数量将共同犯罪分为一般共同犯罪和集团犯罪。两人以上共同故意实施犯罪行为成立一般共同犯罪,三人以上共同故意实施犯罪行为成立集团犯罪。各犯罪人按照其在共同犯罪中的分工和所起的作用进行量刑。

对于共同过失,侵权法和刑法的态度则不同。刑法历来不承认共同过失构成共同犯罪。我国《刑法》第25条第2款规定:"二人以上共同过失犯罪,不以共同犯罪论处。"

有争议的是,侵权人之间的共同过失是否构成一般共同侵权即共同加害行为。对于共同侵权行为中"共同"的理解,历来有两种学说主张。一种是主观共同说,主观共同说认为,共同侵权行为的本质在于多个行为人主观上"过错的共同性"。另一种是客观共同说,客观共同说认为,数个侵权人客观上"行为的共同性"是共同侵权的本质。2003年最高人民法院《关于审理人身损害赔偿案件适用法律若干问题的解释》(以下简称《人身损害赔偿司法解释》)曾采取客观说,规定如果数个行为直接结合,虽没有共同故意也成立共同侵权。

主观共同说内部又分为意思联络说和共同过错说两种不同的主张。意思联络说是大陆法系传统的关于共同加害行为本质的学说。德国民法采用意思联络说,认为共同加害行为的成立必须基于加害人之间的共同故意,即存在对行为的共同作用的意识和愿望,加害人之间必须有"意思联络"或"共谋",[①]是比较严格的主观共同理论。我国一部分学者支持共同过错说,如王利明教授认为,加害

---

① 参见[德]马克西米利安·福克斯:《侵权行为法》,齐晓琨译,法律出版社2006年版,第233页。

人共同故意当然构成共同侵权,加害人共同过失也构成共同侵权。王利明教授将共同过失分为两种情况:一是行为人对其行为所造成的共同损害后果应当能够预见或认识,但疏忽大意和不注意致使损害后果发生。二是数人共同实施某种行为造成他人损害,不能确定行为人对损害结果的发生具有共同故意,但可根据案件的情况认定行为人具有共同的过失。①

与共同故意相比,共同过失一般是侵权人主观上消极的意志状态。"共同过失,无论是共同的疏忽还是共同的懈怠,都属于消极的意志状态,由这种消极的共同意志状态,产生出不作为或错误作为的共同行为状态,从而由这种共同行为状态造成损害后果,这就是基于共同过失的侵权行为。"②

共同过失的成立条件是:第一,每个侵权行为人明知其他行为人的存在。第二,每个侵权行为人都意识到自己的行为有引起损害结果的可能性。第三,每个侵权行为人知道自己与他人之间存在互动、协作、监督关系。③ 构成共同过失的各方主体之间存在共同的注意义务,共同注意义务的各方主体应该彼此知道对方的存在,并且知道自己与他人对某一件事情负有共同的责任时,才能成立共同过失。

人们在共同的生产、生活和其他社会活动中会有大量共同的行为,并产生共同的注意义务,共同过失就是基于共同的注意义务而产生的。侵权法上共同注意义务的来源主要有:第一,源于法律的规定。如依据《民法典》第 1252 条,建筑物等设施倒塌造成他人损害时,建设单位和施工单位应承担连带赔偿责任。一般来说,建筑物等设施倒塌并不是建筑单位和施工单位故意为之。之所以要二者承担连带责任,是因为他们对于保证建筑物等设施的安全具有共同的协助和监督的注意义务。建筑物倒塌虽然是一方的过失行为所致,但是另一方在监督上的疏忽和懈怠也是损害结果发生的原

---

① 参见王利明主编:《民法·侵权行为法》,中国人民大学出版社 1993 年版,第 357 页。

② 马俊驹、余延满:《民法原论》(上、下),法律出版社 1998 年版,第 1053 页。

③ 参见包俊:《论〈侵权责任法〉上的共同过失》,载《江海学刊》2013 年第 3 期。

因,应基于对共同注意义务的违反应承担连带责任。第二,源于共同的职责要求。如两个保安在仓库执勤时,一起商量点燃蜡烛取暖,违反了单位安全规范中不能有明火的规定,导致仓库失火,构成共同过失。因为按工作职责的要求,两人都应遵守单位安全规范的要求,共同违反这一规定就是违反了共同的注意义务,两人应承担连带责任。第三,源于共同的先行行为。例如,甲、乙两人一起从山上往下运木材,走到半路,为图省事,甲将木材从山上直接扔下,而乙没有阻止,导致路过的丙受伤。乙与甲一起运送木头的行为使乙有监督其他与自己有关的人防止发生损害的义务,因其违反了共同的注意义务,乙应与甲承担连带责任。

另外,共同过错也可以是故意行为和过失行为的结合。如网络用户故意利用网络实施侵权行为,网络服务提供者因过失没有采取必要的措施,就扩大的损害部分应与网络用户承担连带责任的情形,就是网络用户的故意侵权行为和网络服务提供者的过失侵权行为的结合。

我国立法对于共同加害行为采取了主观说,但没有明确共同加害人主观上必须是共同故意,还是也包括共同过失。我国民法理论界和实务界也一直在争论共同加害行为的主观要件究竟是限于共同故意还是也包括共同过失。[①] 共同加害行为如采用共同过错说,共同过错既可以是共同故意、共同过失,也可以是故意与过失的结合,则成立共同侵权的情形要远大于成立共同犯罪的情形。这样在很多的侵权与犯罪交叉案件中就会出现许多不成立共同犯罪但可以成立共同加害行为的情况。

## 第二节　违法性的侵权法与刑法判断

### 一、三阶层犯罪构成要件理论的侵权法意义

违法性也是侵权法和刑法的基本概念。在我国侵权法理论中,

① 对于这两种不同观点的支持者及各自理由的详细介绍,参见李中原:《多数人侵权责任分担机制研究》,北京大学出版社2014年版。

违法性问题首先体现为一般侵权行为构成要件的三要件说和四要件说之争。对于一般侵权行为的构成要件,我国民法学界之通说为四要件说,但近年来有学者提出了不同的看法,主张以三要件说取代四要件说,具体地说,就是取消违法性要件,扩大过错的含义,用过错吸收违法性。①

在大陆法系其他国家,同样存在违法性与过错的关系之争。以法国的三要件和德国的四要件为代表。法国一般侵权行为的构成要件包括过错、因果关系、损害事实三个。德国一般侵权行为的构成要件多了违法性这个要件,因此是四要件。对违法性与过错的区分,可以追溯至德国法学家耶林。在《罗马私法中的责任要素》一书中,耶林提出了主观的违法与客观的违法,将客观违法和主观违法分离,从而区分了违法性与过错的概念。客观的违法就是违法性,即违反法律规范且无法律认可的事由,主观的违法就是过错,即行为人故意或过失致人损害的态度。② 该理论被《德国民法典》的制定者所采纳,形成了《德国民法典》第 823 条第 1 款。③

在刑法领域,大陆法系犯罪构成理论主要是四要件说和三阶层说。四要件是指犯罪客体、犯罪客观方面、犯罪主体、犯罪主观方面四个要件,在认定犯罪行为是否成立时,这四个要件彼此之间是平行的,没有顺序上的先后关系。三阶层犯罪构成理论将犯罪构成要件分为三个部分,分别为构成要件的该当性、构成要件的违法性和构成要件的有责性。这三个部分是前后递进关系,即首先考察是否符合构成要件的该当性(犯罪行为、损害后果和因果关系),其次再考察行为的违法性,最后考察构成要件的有责性(过错和刑事责任能力)。如果前一个要件不满足,则不用对后面的要件进行考察。

之所以将犯罪行为放在最先进行考察,是因为:“德国早期的刑

① 参见刘心稳主编:《中国民法学研究述评》,中国政法大学出版社 1996 年版,第 631 页。

② 参见黄海峰:《违法性、过错与侵权责任的成立》,载梁慧星主编:《民商法论丛》总第 17 卷,金桥文化出版(香港)有限公司 2000 年版,第 14 页。

③ 《德国民法典》第 823 条第 1 款规定:“因故意或者过失不法侵害他人生命、身体、健康、自由、所有权或者其他权利者,对他人因此而产生的损害负赔偿义务。”

事古典学者们在开始建立的犯罪构成结构中,就坚决地把犯罪行为作为犯罪构成的基本内容而提高到首要的位置。”①德国民法学者也认为:“如果没有行为作为基础,立即就不需要考虑违法性和过失。”②由于这三个要件之间具有递进式的逻辑结构,因此是递进式的犯罪构成体系。③

大陆法系国家普遍采用的是三阶层犯罪构成理论。④ 而我国传统的犯罪构成理论是四要件理论,这种理论是在20世纪50年代初从苏联引入我国的。随着我国刑法学理论研究的深入,很多的刑法学者都赞成采用这种三阶层式的犯罪构成理论。

侵权责任与刑事责任分立,是完全不同的法律责任形式,二者存在本质上的区别。但侵权行为与犯罪行为历史上的同源性,以及现实生活中的重合交叉性,使各国侵权法理论不可避免地、或多或少地要受到刑法理论的影响。刑法的犯罪构成理论无疑影响了侵权法的一般侵权行为构成要件理论。例如,德国的一般侵权行为构成要件理论和犯罪构成理论是一致的,过错、违法性、损害后果、因果关系四个要件处于侵权责任认定的不同阶段和层次,呈现递进式的逻辑结构,首先判断是否存在侵害行为、损害后果,以及行为与损害后果之间是否存在因果关系,在这些条件都满足的情况下,其次判断是否存在客观的违法性,最后才是过错。如果第一个层次不满足,就没必要进行违法性的判断,同理,只有在前两个层次都满足的情况下,才有必要判断行为人的故意和过失。德国这种三阶层递进式的侵权责任构成要件理论正是源于《德国刑法典》的三阶层犯罪构成要件理论。在大陆法系,犯罪构成的研究乃至整个刑法理论的研究,并不是在资产阶级革命最早取得胜利的法国,而是在德国形

---

① 杨兴培:《犯罪构成原论》,中国检察出版社2004年版,第4页。

② 尹志强:《侵权行为概念分析》,载《比较法研究》2005年第4期。

③ 童伟华:《犯罪构成原理》,知识产权出版社2006年版,第1页。

④ 大陆法系国家和地区的犯罪构成理论并不完全相同,有以德国、日本为代表的德日体系,有以法国为代表的法国体系,还有北欧诸国刑法理论。但迄今为止,影响最大的还是德国学者麦耶、麦兹格提出的理论体系。该体系不仅是德日犯罪构成理论的通说,而且对其他国家和地区产生了深远的影响。参见王政勋:《正当行为论》,法律出版社2000年版,第19~20页。

成高潮。《德国刑法典》的犯罪构成理论和思想,被德国侵权法理论所吸收,在认定侵权责任时也应分别按照构成要件的该当性、违法性与有责性依次进行,德国民法学说将此称为侵权行为的三层结构。①

与我国的犯罪构成理论相一致,我国的一般侵权行为构成要件理论也是平面型的。所谓平面型是指各构成要件处于平行位置,同时进行考察,没有先后顺序之分。

相对于平面型的一般侵权行为构成要件理论,这种递进式的一般侵权行为构成要件理论的优点之一就在于给予违法性一个独立判断的地位。由于过错和违法处于不同的位置和考察顺序,违法性先考察,过错后考察。对违法的考察体现了对客观行为的评价,对过错的考察体现了对主观心理的评价,也体现了在过错归责原则下,过错是责任有无的决定性因素。

违法性是对行为的评价,表现为行为对法律禁止性规范的违反,属于客观归责。过错是对人的主观心理状态的评价,属于主观归责。取消违法性在一般侵权行为构成要件中的独立地位,以过错吸收违法性的观点的缺陷在于:第一,混淆了主观归责和客观归责的界限。"不法判断是一种立足于客观事实以及法律规范的判断,必须基于客观标准的价值判断,而不能是个人标准的价值判断。违法和责任必须明确分开。而主观违法性理论使得行为无价值论与人格责任论之间的关系纠缠不清。"②第二,混淆了违法性和过错各自要解决的问题域。"违法性与过失是否可以或应当合一,关键要看各自拟解决的问题属性。问题域的不同,是区分二者的基础。"③第三,混淆了违法性和过错二者所具有的不同功能。"前者从社会法律秩序角度设定一个行为的容许限度,后者则依据一般人的行为状态决定是否具备可责性。认为过错包括不法的观点,无异于将创

---

① 参见程啸:《侵权行为法中的过错与违法性问题之梳理》,载《中外法学》2004 年第 2 期。

② 周光权:《行为无价值与结果无价值的关系》,载《政治与法律》2015 年第 1 期。

③ 叶金强:《侵权构成中违法性要件的定位》,载《法律科学(西北政法学院学报)》2007 年第 1 期。

建社会法律秩序的任务委身于当事人的过错之中,实为过错概念所难以承受之重。”[①]正如王泽鉴先生所指出的:“在侵权行为体系构造上将违法性予以独立化,层次分明,有助于法律解释适用,自有其意义及功能,应予维持。”[②]

## 二、违法性阻却事由的民刑互动

### (一)违法性阻却事由的作用

违法性是对行为的客观性判断,但与其他构成要件不同的是,违法性采取消极判断的方法。因此,在我国平面型的一般侵权行为构成要件理论中,不易察觉违法性的规范意义和作用。违法性作为侵权责任的成立条件是建立在结果不法说基础上的。结果不法说认为,只要是导致损害结果发生的加害行为,就要被推定为具有违法性,即侵害法律保护的权利和利益的结果昭示不法,“学说称之为因符合构成要件而徽引为违法性”[③]。一般情况下,违法性的判断并不是什么疑难问题,因为对违法性采取消极判断的方法,一个行为只要导致了损害事实的发生即指示出违法性,也就是说,“只要没有特殊的排除违法性的理由,对法益的损害总是违法的,这就是所谓结果违法学说的内容”[④]。侵害他人权利的行为,以违法为原则,只有在行为人以存在违法性阻却事由进行抗辩,在认定违法性阻却事由是否成立时,才需要积极地去考察行为违法性。“如果加害人可以援用一项排除违法性的理由,则应当否定其行为的违法性。”[⑤]一般认为,凡是侵害他人权利或者受法律保护的利益的行为都成立违法性,除非有违法性阻却事由,如成立正当防卫的行为就不具有违法性。

---

① 廖焕国:《论我国侵权责任构成中违法性要件之取舍》,载《求索》2006 年第 5 期。

② 王泽鉴:《侵权行为法》(第 1 册),中国政法大学出版社 2001 年版,第 231 页。

③ 王泽鉴:《侵权行为法》(第 1 册),中国政法大学出版社 2001 年版,第 229 页。

④ [德]马克西米利安·福克斯:《侵权行为法》,齐晓琨译,法律出版社 2006 年版,第 85 页。

⑤ [德]马克西米利安·福克斯:《侵权行为法》,齐晓琨译,法律出版社 2006 年版,第 85 页。

违法性阻却事由在我国刑法理论中通常被称为正当化事由。正当防卫、紧急避险、依法执行职务、被害人允诺、自力救济等都属于刑法中的正当化事由。违法性阻却事由在我国侵权法理论中通常被称为免责事由[①],除正当防卫、紧急避险外,还包括依法执行职务的行为、受害人同意、自助行为和自愿承担风险等。其中的受害人同意相当于刑法中的被害人允诺,自助行为相当于刑法中的自力救济。

(二)侵权法上违法性阻却事由的定位

违法性阻却事由是包含在违法性理论之中的,是违法性理论的重要内容。实际上,违法性应否作为一般侵权责任的独立构成要件,不仅涉及主观过错能否吸收客观违法的问题,还涉及违法性阻却事由的正确定位问题。在违法性是否为独立构成要件的背后,是侵权责任判断依据这样一个更为深层次的问题,涉及侵权行为法的体系思考。单纯争论违法性和过错究竟是一个什么关系,不足以说明违法性在侵权法中的地位和作用,我们可以从侵权法的其他制度中获得思路和判断。事实上,违法性在侵权行为构成要件中的独立地位与免责事由的定位密切相关,相当一部分的免责事由是作为否定违法性的事由出现在侵权责任认定体系之中的。“之所以违法性应当并且能够在侵权民事责任的构成要件中具有相对独立的地位,就是因为违法性阻却事由的存在。”[②]违法性可以用来帮助表达“欠缺正当性”的观念,即缺乏某些诸如正当防卫或紧急避险等违法性阻却事由。[③] 因此,违法性要件的存废与否定违法性事由的准确定

---

① 对于违法性阻却事由,我国侵权法理论通常称为免责事由,这种叫法在逻辑上是不准确的。免责事由从字面意思上很容易让人误解免责事由的作用机制是在侵权责任已经成立的情况下,免除行为人本应承担的损害赔偿责任。而事实上,免责事由是通过对抗侵权责任的构成要件而达到了阻止责任成立的法律效果。也就是说,免责事由要解决的依然是侵权责任是否成立层面上的问题。因此,对免责事由更恰当的称呼应该是“无责事由”或“侵权责任的阻却事由”。

② 阳平:《论侵害知识产权的民事责任——从知识产权特征出发的研究》,中国人民大学出版社 2005 年版,第 117 ~ 118 页。

③ 参见程啸:《侵权行为法中的过错与违法性问题之梳理》,载《中外法学》2004 年第 2 期。

位密切相关。如果取消违法性在一般侵权行为构成要件中的地位，违法性阻却事由只能作为否定和对抗过错的事由。

去掉违法性要件，将违法性阻却事由作为过错阻却事由存在一定的缺陷，因为侵权责任免责事由中的一些类型，如受害人同意、自愿承担风险等，并不具有否定过错的功能。在受害人同意的情况下，行为人造成对方损害的主观意图非常明确，甚至是故意的行为，行为人希望或放任了损害结果的发生。而在自愿承担风险中，行为人也可以预见行为会造成损害结果的发生，并通过终止危险行为而避免损害的发生。行为人不承担侵权责任并不是通过否定其无法预见和无法避免损害的发生来实现的。又如，正当防卫、紧急避险的行为人在施行行为时也已经预见到甚至希望或放任损害结果的发生，因此很难说行为人没有主观上的过错。正当防卫、紧急避险行为是法律允许的正当性行为，根据法律的评判缺乏客观上的违法性。这些正当行为不是因为阻却过错不成立侵权行为，而是因为行为缺乏违法性。

对这些免责事由从否定违法性的层面加以理解显然更为合理，体现了法律对某些行为给予的客观性评价。侵害他人权利，造成他人损害的行为，原则上若不违法，应当承担损害赔偿责任。只有在存在免责事由的情况下，才例外地不承担责任。这是因为这类行为并没有违反法律的整体精神和整体的法律秩序。造成损害事实的行为人不承担责任是因为行为不具有实质违法性。作为违法性本质的实质违法性为一部分侵权责任免责事由提供了理论基础和存在根据。“实质违法的概念对于正当化事由理论的形成与发展起着决定性的作用。”①

### （三）正当防卫、紧急避险的民刑一致与偏离

在侵权法和刑法中，最常见的免责事由和正当性行为都是正当防卫和紧急避险。其中，尤以正当防卫最为重要，是大陆法系各国民法典与刑法典中重复出现的制度。

---

① 黄海峰：《违法性、过错与侵权责任的成立》，载梁慧星主编：《民商法论丛》总第17卷，金桥文化出版（香港）有限公司2000年版，第12页。

刑法理论对于正当防卫、紧急避险的研究成果异常丰富。相较于刑法理论,侵权法理论关于正当防卫、紧急避险的研究成果则比较少,几乎没有专门的著作进行论述。这主要是因为刑法的理论研究比民法更为成熟,在一般情况下,民法直接借用刑法的理论研究成果即可。对于具体类型的违法性阻却事由的成立要件,民法与刑法的要求是基本一致的。《德国民法典》第904条规定了民法上的紧急避险,《德国刑法典》第34条规定了刑法上的紧急避险。[①] 德国刑法学者乌尔斯认为:"《德国民法典》第904条的优先适用只是纯粹形式上的,如果物的损害正当化时,直接适用《德国刑法典》第34条而非《德国民法典》第904条,也没有实质上的错误。"[②]《德国民法典》第904条对紧急避险的规定,无论是客观要素还是主观要素都可以参照《德国刑法典》第34条进行同样的解释。因为无论是在民法上,还是在刑法上,"两害相权取其轻,两利相权取其重"都是成立紧急避险的必要条件。法律规定紧急避险不违法的目的是以较小的损害来避免较大的损害,"利益衡量或法益衡量原则,对所有阻却违法事由均具有重要性,只不过以不同的方式表现而已"[③]。在人身利益和财产利益之间衡量,人身利益永远高于财产利益,在财产利益和财产利益之间衡量,则价值较大的财产利益优先。并且在保护一种较为优越的利益时,要尽量采取最轻微的损害方法。在牺牲他人利益必须是唯一且不得已的方法时,超过必要限度的不合理方法不具有阻却违法的效果。

我国民法中的正当防卫和紧急避险最早规定在《民法通则》

---

① 《德国民法典》第904条规定:"如果他人的干涉是为了防止当前的危险所必要,而且其所面临的紧急损害远较于因干涉对所有权人造成的损害大时,物的所有权人无权禁止他人对物的干涉。物的所有权人可以要求对其所造成的损害进行赔偿。"《德国刑法典》第34条规定:"为使自己或他人的生命、身体、自由、名誉、财产或其他法益免受正在发生的危险,不得已而采取的紧急避险行为不违法,但所要保护的利益应明显大于所造成危害的法益。仅在行为属于避免该危险的适当的措施的情况下,方可适用本条的规定。"

② [德]乌尔斯·金德霍伊泽尔:《刑法总论教科书》(第6版),蔡桂生译,北京大学出版社2015年版,第189页。

③ 高金桂:《利益衡量与刑法之犯罪判断》,台北,元照出版有限公司2003年版,第119页。

(已失效)第128条和第129条。《侵权责任法》(已失效)第30、31条与《民法通则》(已失效)的规定基本相同,没有变动,至《民法典》也没有变化。民事法律中没有给出正当防卫、紧急避险的概念,在民法教科书中,正当防卫、紧急避险的概念与《刑法》第20、21条中正当防卫、紧急避险的概念基本相同,如民法教科书中正当防卫的概念即源于《刑法》第20条之规定。

当然,民法上的正当防卫、紧急避险与刑法上的正当防卫、紧急避险也存在区别,主要体现为法律后果的偏离和范围的偏离。例如,我国《刑法》第20条规定,在防卫过当的情况下,可以根据情节免除刑事处罚。但民法规定,防卫过当不能免除民事责任而应承担适当的民事责任。又如,《日本民法典》用两个条款将正当防卫和紧急避险合并规定在第720条之中。[①]《日本刑法典》则用第36条和第37条分别规定了正当防卫、紧急避险。[②] 对比《日本刑法典》和《日本民法典》的相关规定,不难发现,日本刑法上的正当防卫、紧急避险与日本民法上的正当防卫、紧急避险存在以下区别:第一,刑法上的正当防卫限于行为人为了保护自己或他人权利而对加害人进行反击,为避免侵害者的伤害而侵害他人利益,如躲避追杀仓皇逃到邻居家里毁坏了其家具被视作紧急避险。第二,在刑法上,为了保护自己或者第三人的利益免受他人之物产生的危险,在侵害他人利益的场合也成立紧急避险,但是在民法上则规定只有通过破坏该物品的方法躲避危险的行为才能成立紧急避险。[③] 日本民法学者道垣内弘人也指出:"民法上正当防卫、紧急避险的范围与刑法上

---

① 《日本民法典》第720条规定:"(一)为防止自己或他人的权利遭受损害,不得已而对他人的侵权行为实施加害行为者,不负损害赔偿责任。但是,不妨碍受害人对实施侵权行为者请求损害赔偿。(二)前款规定,准用于为避免他人之物产生的紧急危险而毁损其物情形。"

② 《日本刑法典》第36条规定:"为了防卫自己或者他人的权利遭受损害,对于急迫的不正当侵害不得已所实施的行为,不处罚。超出防卫限度的行为,可以根据情节减轻或者免除处罚。"《日本刑法典》第37条规定:"为了避免对自己或者他人的生命、身体、自由或者财产的现实危难,而不得已实施的行为,如果所造成的损害不超过其所欲避免的损害限度时,不处罚;超过这种限度的行为,可以根据情节减轻或者免除处罚。"

③ 参见[日]吉村良一:《日本侵权行为法》(第4版),张挺译,中国人民大学出版社2013年版,第44页。

正当防卫、紧急避险的范围偏离的结果是，符合刑法紧急避险的行为却不符合《民法》第720条的规定，随之产生对被害人承担损害赔偿责任的情形。”[①]

有疑问的是，在行为人因防卫过当承担刑事责任的侵权与犯罪交叉案件中，“适当的”民事赔偿责任应如何体现。近年来，我国相继出现了广受社会关注的正当防卫侵权与犯罪交叉案例，如“于某案”“昆山反杀案”等。正当防卫再次成为广受关注的话题。在“于某案”的审理过程中，一审法院认定被告人于某不构成正当防卫，以故意伤害罪判处于某无期徒刑。[②] 二审法院认定，被告人于某的行为构成正当防卫，但属于防卫过当，应当减轻刑罚，改判有期徒刑5年，对于附带民事部分则维持原判。[③]

按照民法的规定，正当防卫同样适用于民事侵权，防卫过当应减轻民事责任，即承担适当的民事责任而不是全部的损害赔偿责任。因此，法院在判决书中的刑事附带民事部分，应论述防卫过当是否要减轻于某的民事赔偿责任及理由。但是二审法院只是维持了一审的民事判决，并没有说明在防卫过当的情形下民事赔偿责任是不是应该相应地减轻。在刑事附带民事诉讼中，因为民事诉讼的附带性质，决定了刑事审判的主导地位和民事审判的次要地位。在提起上诉的刑事附带民事案件中，法院对于民事部分的判决基本是维持原判。法院的判决着力探究了刑事责任的判决理由而忽略了民事判决部分，是较为普遍而“无奈”的司法现象。

### （四）侵权法上免责事由的适用规则相对复杂

《刑法》的正当化事由规定在总则部分，对一切犯罪行为都适用。而侵权法的免责事由的适用规则相对要复杂一些。

一般侵权责任和特殊侵权责任的免责事由适用规则不同。具体类型无过错责任的严格程度不同决定了免责事由也各不相同，没

---

① ［日］佐伯仁志、［日］道垣内弘人：《刑法与民法的对话》，于改之、张小宁译，北京大学出版社2012年版，第290页。

② 参见山东省聊城市中级人民法院刑事附带民事判决书，(2016)鲁15刑初33号。

③ 参见山东省高级人民法院刑事附带民事判决书，(2017)鲁终字151号。

有统一适用于所有无过错责任的免责事由。必须针对具体的无过错责任类型规定可以适用的免责事由。无过错侵权责任的免责事由必须由法条进行明确和单独列举,并在责任的认定中予以严格遵守。对于法律没有明确列举的免责事由,在无过错特殊侵权责任中不能进行扩大解释。对于特殊侵权责任,一般只有受害人故意或不可抗力能够作为免责事由,但受害人故意或不可抗力也没有普遍的适用性。若《民法典》侵权责任编中没有规定环境污染责任的免责事由,相关的环境保护单行法中也没有规定免责事由,则该种类型的环境污染责任为绝对责任,即不存在可以减轻或免除责任的情况。

### (五)侵权法可以借鉴刑法上超法规违法性阻却事由理论

将违法性阻却事由分为法定的违法性阻却事由和超法规的违法性阻却事由,是大陆法系刑法理论对违法性阻却事由的基本分类方法之一。法定的违法性阻却事由是由法律明文规定的,能够找到规范依据的违法性阻却事由。超法规的违法性阻却事由是指虽然没有法律的明确规定,但由于行为本质上的正当性,根据法律秩序的整体精神,应当被承认和适用的违法性阻却事由。

之所以出现超法规的违法性阻却事由的概念,是因为德国旧刑法没有规定紧急避险,紧急避险阻却违法性只是刑法学者的主张,所以称为超法规的紧急避险。直到 1952 年德国制定《秩序违反法》,才将超法规的紧急避险法定化,1969 年《德国刑法典》第 34 条才正式规定紧急避险,超法规的违法性阻却事由这一概念被保留了下来,至今仍在使用。因为刑法不可能将阻却违法性的所有事由都规定下来,在刑法规定之外必然存在事实上被公认的违法性阻却事由。①

刑法上这种违法性阻却事由的分类方法,可以用来解决我国侵权法中免责事由类型不完善的问题。我国侵权法采取了保守的立法政策,对一些理论中普遍认可,司法实践中也普遍适用的免责事由,没有予以法定化。可以借鉴刑法理论,将这些免责事由称为"超

---

① 参见田宏杰:《刑法中的正当化行为》,中国检察出版社 2004 年版,第 68 页。

法规的免责事由”。

原则上,侵权责任法上的免责事由应当由法律明确规定和列举。但是社会伦理、法律价值观念会随着社会经济生活的变迁不断地发生变化。新的法律制度会产生,过时的法律制度会被废止。侵权责任免责事由制度也是如此。法律的滞后性决定了再高明的立法者都无法在法典中把现在和将来所有的免责事由一一列举出来。一劳永逸、静止不变的免责事由类型体系是不存在的。侵权责任的免责事由需要依靠理论、立法和司法实践的全部资源和力量进行修正、加以补充,这也是侵权责任免责事由应保持开放性思维的缘由。

### 三、犯罪行为的违法性要建立在侵权行为的违法性判断基础之上

如前所述,在探讨刑民交叉案件的过程中,我国许多学者论述了违法性判断的问题。本书认为,违法性判断在整个法域内应是统一的,且具有先后性。在侵权与犯罪交叉案件中,应先判断行为事实的民事违法性,后判断行为事实的刑事违法性。如果行为人的行为不具有民事违法性,则无须再进行刑事违法性的判断,即行为事实的民事违法性是刑事违法性的前提,如果民事不违法或者合法,就应中断或停止对行为违法性的判断。只有在民事违法的前提下,才需要进一步判断行为是否具有刑事违法性。

违法性判断必须建立在法秩序统一原理的基础之上。法秩序统一原理,是指某种行为如果不违反民法和行政法律法规,就不应被判断为具有刑法上的违法性。刑法上关于违法性的判断,以民法上成立侵权行为或行政法上违反行政管理法规为前提。这样的违法性判断规则也很好地回应了刑事法律的补充性和保障性。刑法在根本上与其说是一种特别法,还不如说是其他一切法律的制裁力量。①刑法与民法处于不同的违法性评价阶段,刑法与其他部门法之间是普遍实施与最后保障的关系,刑法是补充法和保障法。只有在行为的违法性已经超出了民法的评价范围,违法行为不仅侵害了私人权

① 参见[法]卢梭:《社会契约论》,何兆武译,商务印书馆 1962 年版,第 63 页。

益而且给社会共同利益造成严重损害时，才需要刑法的评价，构成犯罪必须具有社会危害性。

任何一个侵犯公民人身权利和财产权利的犯罪都首先是一个侵权行为。在认定违法性时，要将所有法律制度和法律规范连接成为一个统一体，运用体系解释的方法进行解释，个别的法领域之间不应作出相互矛盾、冲突的解释。[①] 例如，在前述“高尔夫球案”中，应先借助民法上的先占制度对捞球行为的性质进行认定，进而解释捞球的人是否成立盗窃罪。民法上的先占是一种事实行为，是先占人以取得物的所有权为目的，先于他人占有无主的动产的法律制度，先占是所有权的原始取得方式之一。在“高尔夫球案”中，作为行为人之一的高尔夫球场管理员，明知高尔夫球场是高尔夫球的主人，且高尔夫球场并没有抛弃所有物的意思表示，高尔夫球事实上也在高尔夫球场的可控制范围内，只是等待集中收集。因此行为人捞的球是有主物，不是无主物，捞球的行为并不成立物权法上的先占，不能排除违法性，应成立盗窃罪。

又如，盗窃罪保护的法益是所有还是占有这一问题是刑法中的争议问题，众说纷纭。[②] 但归纳起来无外乎所有权说和占有说两种观点。所有权说认为盗窃侵犯的客体是财产的所有权。根据该说，行为人仅从所有权人处窃取财物时才成立盗窃罪。但是随着社会的发展，所有与占有分离成为常态，如保管人、仓储人依合同而占有他人之物，质权人因享有他物权而占有他人之物，留置权人因法律规定而占有他人之物，都是有权占有，日本学者将之概括为“平稳的占有”。如果行为人从这些有权占有人处窃取财物按照所有权说不构成盗窃罪，显然会放纵很多的犯罪行为。把盗窃罪侵犯的客体从所有扩展为占有具有其合理性，也更符合现实的情况。从这个角度出发，盗窃罪的客体应扩展为所有权和占有。这里的占有应采用民法上的概念。占有在民法上，是占有人

---

① 参见[日]松宫孝明：《刑法总论讲义》（第4版补正版），钱叶六译，中国人民大学出版社2013年版，第81页。

② 参见王君远：《论盗窃罪的犯罪构成》，山东大学2009年硕士学位论文，第25页。

对动产或不动产的实际控制,受法律保护的正是这种实际控制的事实状态。只要占有人实际控制的财产被侵害,就产生占有保护请求权。民法上的占有是对事实状态的承认而不是对占有进行法律后果的评价。如果占有人是无权占有、非法占有,则由其他法律制度如物权制度、侵权制度去调整占有人与权利人之间的法律关系。占有仅指一种事实状态,占有的具体情形是合法还是非法在占有的分类中体现,民法对占有的分类是多种多样的,不同性质的占有可以作为刑法认定盗窃罪的参考。例如,盗窃罪中的盗窃人对财物的占有应是非法占有和自主占有,两种类型加起来即刑法上的非法据为己有。与民法的有权占有与无权占有、合法占有与非法占有的分类相互契合。

民法上的占有不是一种财产权利而是一种财产利益,这种财产利益与刑法盗窃罪的客体相对应。而占有的分类即非法占有和自主占有相加才与刑法盗窃罪的认定相对应,因为此时,法律已经添加了对占有人主观心理状态的考虑和对其客观行为违法性的判断。可以通过两个问题来进一步解释,第一个问题是:A偷了一个金镯子,之后这个金镯子又被B偷走,A和B谁构成盗窃罪?第二个问题是:甲的金镯子被乙偷走,甲发现后又从乙处偷回,甲是否构成盗窃罪?在第一个问题里面,A偷了一个金镯子,又被B偷走,A应构成盗窃罪,B也应构成盗窃罪。因为B明知金镯子是他人之物却想据为己有,A只是金镯子的非法占有人而不是合法的所有人,所以并不影响B的行为成立盗窃罪。在第二个问题里面,甲的金镯子被乙偷走,甲发现后又从乙处偷回,甲不构成盗窃罪。因为甲知道金镯子是自己的,没有将他人之物据为己有的犯罪故意和动机。

从根本上来说,盗窃罪是对秘密窃取他人财物,非法据为己有这一破坏社会财产秩序行为的否定。在“许某案”中,许某在发现自动取款机故障后,继续从自动取款机中取钱的行为究竟是民事不当得利行为还是刑事盗窃行为曾在民法学者和刑法学者之间引起过激烈的争论,最后法院还是判处许某构成盗窃罪。也正是基于此种原因,许某明知不是自己的财产,却想要据为己有,显然属于对他人财产的非法占有和自主占有,符合盗窃罪的主观恶性和数额巨大的入罪标准。虽然银行在自动取款机的管理上存在过失,但这不能成为许某非法获得财产的正当理由,许某的行为破坏了社会财产秩序,因此刑法对其行为作出了否定性评价,符合犯罪构成要件和入罪标准,成立盗窃罪。

刑法有自己解决问题的逻辑,民法也有自己解决问题的逻辑。刑法和刑罚就是要惩罚犯罪,维护合法状态的财产秩序,财产犯罪解决的并非私人财产权利的救济,而是对公共性质的财产秩序的维护。私人财产权利的救济要交由民法,尤其是侵权法去解决。如果盗窃行为人是从所有权人处秘密窃取财物,所有权人有权要求返还或赔偿。如果盗窃行为人是从他物权人处秘密窃取财物,则所有权人和他物权人都有权要求其返还或请求损害赔偿。即使所有权人和他物权人同时主张权利,发生权利冲突时,民法也有相应的处理规则。占有人如果是因合同(如保管、运输)占有被盗窃的物,也可以行使占有返还请求权。刑法上的侵占罪,应以侵犯物权为基础。例如,欠债不还就不构成侵占,因为欠债不还是侵犯债权的行为,债务人应承担违约责任,不属于侵权法的调整范围。欠债不还,债务人是基于债权人的给付而有权占有,侵占是侵犯物权的行为,非基于所有人的意思而发生的无权占有。另外,民法上的金钱是一种特殊的物,采取占有即所有的规则,债务人返还的不再是原物的所有权。

在界定疑难案件的罪与非罪时,应以法秩序统一原理为基础,在具体刑事案件中运用民法的基本概念和制度来进行体系性解释,避免矛盾和冲突。"对于侵害财产罪的构成要件的解释,不可能完全脱离民法的相关规定。倘若某种利益在民法上并没有予以保护,就不宜作为刑法上的法益予以保护。"①例如,嫖客欺骗卖淫女说发生性交后给钱,但发生性交后没给钱就溜走了。性交本身不是财物,卖淫产生的"债权"并不是民法保护的债权。因此,无法认定嫖客的赖账行为构成诈骗罪。

---

① 张明楷:《刑法分则的解释原理》,中国人民大学出版社2011年版,第71页。

值得指出的是,民事法律行为的效力不涉及违法性问题。民事法律行为(主要是合同行为)是有效还是无效是法律对行为的价值评判和利益衡量的结果。一个民事主体的意思表示能否发生其预期的法律效果,是综合考量行为主体的行为能力、意思表示的健全(无瑕疵)、善意相对人的保护、交易安全和效率等因素的结果。效力问题是一个全局性利益衡量的问题。有学者指出,法律行为的合法与否和有效与否是两个不同视角的评价,在民法法律行为制度理论中,评价的是法律行为的效力问题,并没有对行为的合法与否作出评价。有效并不代表合法,无效并不代表违法。民法上的效力性评价因其本身评价要素的选择范围的狭窄性以及评价阶段的前置性,当然不能等同于违法性评价。①

这样就能合理地解释集资诈骗罪、合同诈骗罪中民事合同的效力问题。利用合同进行诈骗的行为虽然涉及犯罪,但是如果合同本身符合民事法律行为的有效要件,或者刑事受害人不行使合同撤销权撤销合同,根据《合同法》(已失效)的规定,合同应是有效的,犯罪行为人违反有效合同既要承担违约责任又要被判处诈骗罪。犯罪人行为的违法性判断不影响民事法律行为的有效性。

当然也有违法影响合同效力的情况存在。违反法律、行政法规中的强制性和禁止性规定的民事法律行为会因“违法”而当然、确定无效,但是无效的民事法律行为不影响违法行为人承担相应的法律后果,即民事法律行为虽然无效但是也会产生相应的法律后果。

我国对涉众型经济犯罪案件的处理,如非法集资、非法吸收公众存款罪等案件,涉案的民事借款合同和担保合同一律被认定为无效。这样做实际上是让刑事犯罪行为的违法性影响和决定民事法律行为的效力,混淆了事实行为的违法性评价和民事法律行为的效力性评价。

---

① 参见刘伟:《民刑交叉案件中表见代理行为的刑事法律判断》,载《中国刑事法杂志》2014 年第 1 期。

## 第三节 其他若干问题的比较

### 一、损害后果在侵权法和刑法上的不同地位

侵权法的基本功能是填补损害，因此，损害后果是侵权法的基本概念之一，是成立损害赔偿责任的必备要件。侵权责任的成立以客观的损害为事实基础和逻辑起点。无损害即无责任。侵权法上的损害，不仅包括侵权行为对人身、财产造成的物质损害，也包括精神损害。损害后果的实际发生，决定着侵权行为的成立和赔偿责任的承担。

损害赔偿制度是侵权法的核心制度，损害赔偿是最为重要的侵权责任承担方式，没有之一。虽然我国侵权责任法规定了一些非财产性责任，如停止侵害、排除妨碍、消除危险，这些责任在损害后果尚未实际发生时，也可以适用，但它们的请求权基础是基于物权而产生的物权请求权，而非基于债权产生的侵权之债请求权。侵权损害赔偿责任的成立以被害人的实际损害为前提，按照人身损害的程度、财产损失的数量获得赔偿是侵权法对私人权利进行救济的最终落脚点。

反之，刑法上犯罪的成立并不必然要求损害后果的发生。“危害结果并不是所有犯罪成立的必要条件，不是犯罪构成的共同要素，其仅是过失犯罪、间接故意犯罪成立的必要条件，是大多直接故意犯罪完成形态的重要标志。”①因为“侵权法不同于刑法的主要特点在于，刑法主要为了制裁犯罪，而侵权法着眼于补偿受害人的损失”②。刑法更关注行为人的主观罪过，而侵权法更关注行为造成的客观结果。以损害后果为视角，将刑法与侵权法进行对比，可以看出刑罚是主观的，损害赔偿是客观的。所谓刑罚是主观的，就是行为人的主观恶性是影响定罪量刑的关键因素，所谓损害赔偿是客

① 赵秉志：《刑法总论》（第3版），中国人民大学出版社2016年版，第187页。

② 王利明：《侵权行为法研究》（上卷），中国人民大学出版社2004年版，第86页。

观的,就是侵权行为人的主观心理态度一般情况下并不会影响损害赔偿责任的轻重。侵权损害赔偿请求权以受害人遭受了实际的人身损害和财产损害为基础,以全面赔偿为原则,实际损害大则赔偿数额多、实际损害小则赔偿数额少。这与前文论述的侵权人和犯罪人的主观过错在侵权法和刑法中的不同作用是一致的。

刑法很多罪名下的犯罪属于行为犯,行为犯是指只要实施了犯罪行为,即使没有损害后果发生,也成立犯罪的情形。“并非所有的犯罪构成要件都需要考虑结果……在有的情况下,危害结果是否发生以及轻重如何,并不影响犯罪成立。”[①]例如,以危险方法危害公共安全的犯罪,虽然没有造成任何损害后果,但行为人仍构成犯罪。类似的还有故意杀人未遂的案件,只要实施了故意杀人的行为,就构成犯罪。有的刑法还会根据罪行的轻重来决定是否对犯罪未遂进行处罚。例如,根据《德国刑法典》的规定,重罪的未遂一律处罚,对轻罪的处罚以法律明文规定为限,未遂比照既遂减轻处罚。

刑法中还有很多罪名是情节罪,以“情节严重”为入罪的标准。对“情节严重”的考量因素不限于犯罪行为导致的实际损害后果,也可能是一定的数量或者犯罪分子的违法所得(而不是刑事受害人的损害后果)。例如,利用网络发布信息诽谤他人,“同一诽谤信息实际被点击、浏览次数达到五千次以上,或者被转发的次数达到五百次以上的”,就构成《刑法》第 246 条第 1 款规定的“情节严重”,故意发布诽谤信息的行为人成立诽谤罪。

## 二、因果关系判断理论的侵权法与刑法比较

事务或现象之间存在的引起与被引起的关系,就是因果关系。法律上的因果关系理论是为了探究损害结果与违法行为之间的关联性。因果关系自身的复杂性导致迄今为止还没有一种能够全面解决因果关系问题的理论和判断规则,法律上的因果关系理论一直处在创新和丰富之中。

侵害行为与损害后果之间存在因果关系,是侵权责任成立的必

---

① 周光权:《刑法总论》(第 3 版),中国人民大学出版社 2016 年版,第 120 页。

备要件。大陆法系关于侵权法因果关系的认定和判断理论主要有条件说、原因说、相当因果关系说和法规目的说等。其中,占主导地位的因果关系判断理论是相当因果关系说。相当因果关系说由德国弗赖堡大学冯·克里斯(Von Kries)教授于1888年提出。克里斯教授认为,判断某个行为是引起损害发生的原因必须符合以下两个条件:第一,该事件为损害发生之不可欠缺的条件。第二,该事件实质上增加了损害发生的客观可能性。[①] 德国联邦最高法院认为:"若某一事件以一种并非无足轻重的方式一般性地提高了某一结果发生的客观可能性,该事件就是此结果的相当条件。如果一个事实一般地,且不是在异乎寻常、十分不可能的,并且根据事物的通常进程应不予考虑的情况下,适宜引发一定的结果,则具备相当性。"[②]可见,相当性是以社会生活常识为基础的判断方法。以事务的通常发展进程为标准来判断行为与损害后果之间是否存在因果关系,其核心内容为:"无此行为虽不必生此损害,有此行为通常即足生此种损害者,是为有因果关系。无此行为,必不生此种损害,有此行为,通常亦不生此种损害,即无因果关系。"[③]

如前所述,危害结果不是成立犯罪的必备要件,因此,因果关系也并非犯罪构成的必备要件。但是在结果犯和实害犯中,因果关系仍具有重要作用。在大陆法系刑法中占主导地位的因果关系判断理论是条件说。"何种关系和事实能够成为刑法上的因果关系,最根本的依据是条件说。"[④]条件说认为,在行为与结果之间,如果存在"无A即无B"的关系,则存在刑法上的因果关系。[⑤] 条件说是奥地利刑法学家格拉塞于1858年提出的一种因果关系理论。"条件说是哲学上以因果关系为基石以推断引发损害之原因。就横断面而言,一个损害可由数因素所共同或同时造成。该数因素,依条件

---

① 陈聪富:《因果关系与损害赔偿》,北京大学出版社2006年版,第5页。
② 叶金强:《相当因果关系理论的展开》,载《中国法学》2008年第1期。
③ 王泽鉴:《侵权行为法》(第1册),中国政法大学出版社2001年版,第191页。
④ 周光权:《刑法总论》(第3版),中国人民大学出版社2016年版,第122页。
⑤ 周光权:《刑法总论》(第3版),中国人民大学出版社2016年版,第122页。

说，通称之为条件。”[①]可见，条件说认为，所有对结果有影响的条件都是原因，且具有同等的价值。因为任何导致后果发生的条件都不能被排除掉，故称之为“等值”。[②] 因此无法区分主要原因和次要原因，直接原因和间接原因。条件说因扩大了因果关系的链条而受到批评，因为每个损害结果都和很多因素有关，可以被称为条件的行为会因事务之间存在普遍联系而“漫无边际”。例如，甲抢劫了乙，乙因想不开而自杀，乙的母亲丙因乙的死亡而精神失常。依条件说，甲的抢劫行为与乙的自杀和丙的精神失常都存在因果关系。条件说采用排除法来判断因果关系的有无，这种判断方法也受到了质疑，如意大利学者杜里奥指出：“条件理论的真正缺陷不在于它扩大了原因的范围，而是深藏于其运作机制的本身。‘运用思维排除’的前提，是人们必须事先就已经知道究竟条件具备何等的原因力，即知道这些条件是如何作为原因而发挥作用的，否则条件说根本无法运作。”[③]例如，甲往乙的咖啡里加入了一种粉末，乙饮用后当场死亡，如果无法证明这种粉末究竟是什么，则显然无法运用“无 A 即无 B”的思维排除法认定甲的行为是乙死亡的原因。

虽然条件说存在一定的缺陷，但仍是当今德国、日本等国家刑法因果关系理论的通说。本书认为，这是因为与相当因果关系说相比，条件说认为凡是引起损害发生的条件都是损害结果的原因的观点更接近于哲学意义上的因果关系。将事物之间普遍、复杂的因果联系和因果规律看作具有法律意义的因果关系，更接近对客观真实的反映。而罪刑法定、疑罪从无等刑法基本原则，以及对犯罪行为人主观故意的要求，实质上起到了防止因果关系链条扩大的“阀门作用”。在不要求损害后果的行为犯中，犯罪的成立更是无须去考察行为和损害后果之间的因果关系。侵权法中没有刑法中这些责任限制的“阀门”，因果关系是侵权责任成立的必备要件之一，尤其

---

① 曾世雄：《损害赔偿法原理》，中国政法大学出版社 2001 年版，第 96 页。

② 参见朱晓喆：《第三人惊吓损害的法教义学分析——基于德国民法理论与实务的比较法考察》，载《华东政法大学学报》2012 年第 3 期。

③ ［意］杜里奥·帕多瓦尼：《意大利刑法学原理》（注评版），陈忠林译评，中国人民大学出版社 2004 年版，第 118 页。

在无过错责任中，更是起到了限制责任的关键作用。换句话说，因果关系在侵权法上就是用来限制责任的工具，侵权法上的因果关系不能是无限的、漫无边际的，必须在众多的因果链条之中截取一个或者几个，从而限制责任，避免人们因一次事故或者过失而倾家荡产。侵权法上的因果关系并不是纯粹的事实判断，它既是一个事实判断问题，也是一个价值判断问题。与哲学上的因果关系是为了努力发现事物的真相和客观规律不同，侵权法上的因果关系是作为责任的构成要件存在的，其目的是解决责任归属和责任范围问题。侵权法上的因果关系加入了人的主观意志和价值判断，具有更多的主观倾向性，侵权法上的因果关系要求的是一种法律上的真实，这与客观上的真实是不同的。侵权法上的因果关系虽然也需要尽可能地探究客观真实，但是在无法了解客观真实的情况下，也并非不能确定因果关系。"不是不允许任何疑点的自然科学的证明，而是对照经验法则综合审查全部证据，证明特定的事实在导致特定结果发生的关系上存在高度盖然性，该判断达到一般人不会质疑的程度，具有确定的真实性，则足矣。"①因此，加入了人的主观常识判断的相当因果关系理论更适合侵权法的要求。

传统的因果关系判断理论和学说，如条件说和相当因果关系说同样存在于侵权法和刑法的理论与司法实践中，而当代侵权法理论和司法实践中发展出来的一些新的因果关系判断方法则为侵权法所独有，不能运用于刑法上的因果关系判断方法。现代侵权法上因果关系的理论创新，集中体现在特殊侵权责任领域。随着工业的扩张、科技的发展，为了保护产品责任、食品安全、环境污染等公害事件中处于弱势地位的受害者，司法实践中发展出了许多新的因果关系判断理论，以减轻受害人的举证证明责任。这些新的因果关系判断理论主要有病疫学因果关系理论、间接反证法因果关系理论和盖然性因果关系理论。

病疫学因果关系理论是通过流行病学（不限于传染病）的方法

① ［日］圆谷峻：《判例形成的日本新侵权行为法》，赵莉译，法律出版社2008年版，第112页。

来对侵害行为与损害结果之间是否存在因果关系进行判断的一种新型因果关系判断理论。“日本四日市事件”是世界上著名的公害案件。在这一案件中,法院就是在医师会的帮助下经过医学观察和多年的数据对比,运用病疫学因果关系理论认定工厂的排污行为与当地支气管哮喘病等呼吸系统疾病的发生和加重存在因果关系。病疫学因果关系理论可以通过数据进行统计,只要作出合理的、不违背医学原理的证明即可,不需要经过严密的科学实验。对于病疫学因果关系理论是否能够适用于刑事案件,我国学者指出:“流行病学的因果关系受到的最大批评是,行为和结果之间的因果联系,在自然科学上不能查明,仅根据统计方法推定因果关系存在,违反不能证明就不能裁判的诉讼原则。”①

间接反证法因果关系理论就是先根据经验法则推定因果关系存在,然后让被告反证因果关系不存在。最早运用间接反证法因果关系理论证明因果关系的司法案例是“日本的新潟水俣病案”。在该案判决中,法院认为,因果关系的证明需要探明受害人疾病的特质及其原因物质;原因物质到达受害人的路径、加害企业排出了该物质三个要素。本来原告应该证明全部三个要素,但是如果原告能够证明其中的第一点要素和第二点要素,即导致人患水俣病的原因物质是甲基汞,甲基汞通过污染海里的鱼虾而到达了受害人体内,追究污染源到达了企业的大门前,那么只要企业不能证明自己的工厂并不是污染源,就可以从事实上推定企业一方存在第三点的要素。企业一方只有证明自己的工厂不是污染源,方可证明不存在因果关系。② 因为从公平的角度而言,让个人受害者去证明企业是怎么排放出该污染物质的是强人所难的要求。

盖然性因果关系理论认为,原告对于被告的行为与损害后果之间的因果关系存在与否的举证和证明,只要达到某种程度的盖然性

---

① 周光权:《刑法总论》(第3版),中国人民大学出版社2016年版,第123页。

② 参见[日]吉村良一:《日本侵权行为法》(第4版),张挺译,中国人民大学出版社2013年版,第75页。

即可。[①] 原告只是承担形式上的因果关系证明责任，实质上的因果关系证明责任则转由被告来承担。如日本学者德本教授提出："由受害者负担因果关系的证明，只要在因果关系的存在上具有相当程度的盖然性则足够。有关实质上因果关系的证明责任则实行倒置。"[②]在环境侵权因果关系的证明上，我国实行的是"附条件"的推定因果关系判断规则，与上述盖然性因果关系理论相类似。被侵权人的证明责任较轻，遵循较低的证明标准，对因果关系的证明只需要达到盖然性或者说关联性即可。[③]

因对客观真实和证明标准的严格要求，我国刑法上的因果关系证明显然不能运用病疫学方法、间接反证法和推定因果关系的判断方法。上述这些减轻受害人举证责任的因果关系理论和判断方法，使侵权法与刑法在因果关系的判断问题上渐行渐远。

## 三、侵权法规范与刑法规范在特点和功能上的比较

### （一）侵权法规范的开放性与刑法规范的封闭性

侵权法规范是开放性的，以一般条款和具体列举相结合的立法形式存在。侵权法的一般条款使侵权行为的保护范围不断扩大，以适应社会生活的变动不居。在《侵权责任法》（已失效）的制定过程中，我国学者对何为侵权法的一般条款形成了两种不同的意见。一种意见认为，侵权法的一般条款仅适用于一般侵权行为，能够概括一般过错侵权行为的特点和构成要件，是作为一般过错侵权责任请

---

① 参见［日］圆谷峻：《判例形成的日本新侵权行为法》，赵莉译，法律出版社 2008 年版，第 126 页。

② 于敏：《日本侵权行为法》（第 2 版），法律出版社 2006 年版，第 192 页。

③ 《民事诉讼法》规定，环境侵权因果关系实行举证责任倒置，由排污者承担行为与损害后果之间是否存在因果关系的证明责任。最高人民法院《关于审理环境侵权责任纠纷案件适用法律若干问题的解释》第 6 条规定，被侵权人提起环境污染侵权责任诉讼请求赔偿的，需证明以下三个事实：第一，污染者排放了污染物或者破坏了生态；第二，被侵权人的损害；第三，污染者排放的污染物或者次生污染物、破坏生态行为与损害之间具有关联性。根据最高人民法院《关于审理环境侵权责任纠纷案件适用法律若干问题的解释》的规定，环境侵权因果关系举证责任倒置有适用的前提，即被侵权人需要证明初步的因果关系，不同于完全无条件的因果关系推定和举证责任倒置。

求权基础的条款。另一种意见认为,侵权法的一般条款应涵盖所有的侵权行为,是可以作为所有侵权责任请求权基础的条款。这两种意见分别对应小的侵权法的一般条款和大的侵权法的一般条款两种立法例。《法国民法典》开启了一般条款的先河,规定了小的一般条款。《法国民法典》对过错侵权行为的共同要件进行了抽象规定,不再对各种具体的过错侵权行为进行列举性规定。以过错为归责原则的侵权行为统一适用《法国民法典》第 1382 条和第 1383 条这两个一般条款的规定。《埃塞俄比亚民法典》采用的是大的一般条款立法模式,一般条款涵盖了全部侵权责任的请求权基础。① 大小两种一般条款反映了侵权法从过错责任盛行到多元归责的发展趋势,是不同历史时期的产物。我国《侵权责任法》(已失效)引入了大的一般条款立法模式。《侵权责任法》(已失效)第 2 条第 1 款规定,凡是侵犯民事权益的行为都受到侵权法的调整,即使没有法律的明确列举,也可成立侵权行为。此条为《民法典》所延续。

刑法规范则是相对封闭的,何种行为是犯罪行为限于法律的明确规定。刑法中没有关于犯罪行为的一般条款,必须在刑法分则中明确规定各种罪名和相应的刑罚,如果刑法没有明确规定某种行为成立犯罪,则不能以犯罪论处,即"法无明文规定不为罪,法无明文规定不处罚"。

在罪刑法定原则下的一系列的具体规则,包括禁止习惯法规则、禁止类推适用规则、禁止法律解释规则等,也都体现了刑法规范的封闭性特点。而这些规则在民法上都是经常被适用的。例如,习惯一直是民法的法律渊源,《民法典》第 10 条更是从立法的层面肯定了习惯的法源性,在具体的司法判例中,在没有明确的法条对相关事项做出规定时,法院的判决中也会援引习惯作为裁判的依据。类推适用规则是民法中填补法律漏洞的重要方法之一,但类推适用与罪刑法定原则是冲突的、矛盾的。要补充法律漏洞,只能通过制

① 《埃塞俄比亚民法典》第 2027 条规定:"(1)任何人应对因过错给他人造成的损害承担责任,而不论他为自己设定的责任如何。(2)在法律有规定的情形下,一个人应对其从事的活动或所占有的物给他人造成的损害承担责任。(3)如果某人根据法律应对第三人负责,他应对第三人因过错或法律规定发生的责任负责。"

定刑法修正案增加新的罪名的方式。扩张解释在刑法上也是禁止的。刑法当然禁止法官的法外科刑，与刑法不同的是，侵权法允许法官对一切新型侵权行为判处侵权责任。

### （二）侵权法规范与刑法规范兼具行为规范和裁判规范

以调整对象指向的人为标准，可以将法律规范分为行为规范和裁判规范。行为规范指向受规范的人，要求受法律规范调整的人即全体公民和自然人，按照行为规范的指引为或不为一定行为。裁判规范指向裁判纠纷的人即法官，要求他们根据裁判规范审理案件。一般的法律规范兼具指引行为和进行裁判的双重功能。

侵权法是法院或仲裁机构裁判民事侵权案件的准则，也是指引民事主体的行为规范。侵权法通过对侵权行为的类型、归责和责任承担方式的规定，让民事主体对自己的行为产生明确的预期，从而对侵权行为产生预防和制止的作用。

刑法规范也兼有裁判规范和行为规范的功能。刑法将严重危害社会公共利益的违法行为确定为犯罪，并规定刑罚对其予以制裁和惩罚，这样就可以使普通社会大众形成对犯罪行为的初步认知，并指引人们作出不实施犯罪行为的决定，从而避免犯罪。这就是刑法的行为规范功能。刑法当然具有裁判规范的功能，在刑事司法裁判活动中，法官对犯罪嫌疑人的定罪和量刑都必须依据刑法的明确规定。

### （三）刑法规范不具有权利救济功能

民法是权利法，以意思自治为私权治理工具。民法的基本任务是赋予民事主体以各种民事权利并在民事权利受到侵害时予以救济。因此，民事规范以授权性规范和救济性规范为主。侵权法即是权利受到侵害时的救济法，即使出现法律漏洞或者出现新型权利没有来得及立法的情况，侵权法也可以予以救济。

侵权法律规范不具有授权功能，因此属于法律中的义务性规范。法律中的义务性规范又可分为三类：效力性规范、救济性规范、制裁性规范。效力性规范多针对民事法律行为而设置，因侵权行为是一种事实行为，所以侵权法中只有救济性规范和制裁性规范。侵权法以私人权利的救济为主要功能，以救济性规范为主。制裁性规范，如关于惩罚性赔偿的规定，仅是侵权法规范的特例。而刑法规范只对犯罪人进行公法性质的制裁，并不对私人遭受的人身损害和财产损失予以救济。因此，刑法规范是制裁性规范而非救济性规范，私人权益的救济只能通过侵权法规范来完成，不能以刑罚代替赔偿，"只罚不赔"不能达到私权救济的目的和效果。

## 四、法益保护的侵权法与刑法比较

### （一）民事法益的含义

凡是民事主体的合法利益都应受到侵权法的保护。合法利益也称为法益，这一概念源于德国。"只有基于一项侵害法益所造成的损失后果，才可以提起侵权行为法上的赔偿损失之诉。"①

法益在民法上具有两层含义：民事法益的第一层含义，是民事权利的具体内容。例如，生命法益是生命权的具体内容，财产法益是物权的具体内容。《德国民法典》第 823 条第 1 款明确列举的各项权利即为德国侵权法所保护的法益。民事法益的第二层含义，是法定权利之外应受到保护的各种合法利益，这些合法的利益不具有法定权利的外观但是具有实质上的利益属性。法定权利是类型化和有名化的合法利益，与法定权利相比，对合法利益保护的稳定性和保护力度都相对较弱。民事利益可以上升和转化为民事权利，民事法律中的许多权利最初都只是受侵权法保护的利益，如隐私权，尔后才被法律正式规定为一种具体的权利。虽然部分法益可能演变为法定权利，但相当一部分只能以合法利益的形态存在，如死者的人格利益。

为防止"权利的泛化"，侵权法要对利益的保护进行限制。一直以来，侵权法的主要任务是平衡利益保护与行为自由之间的矛盾关系。它既是一部关于有责任的法律也是一部关于无责任的法律。侵权法只有在避免了过于严苛的责任时，才能是有效的、有意义的

---

①　[德]马克西米利安·福克斯：《侵权行为法》，齐晓琨译，法律出版社 2006 年版，第 3 页。

和公正的赔偿体系。[①] 因此,要对法定权利之外的合法利益的保护予以必要的限制。各种性质的民事法益并不是处于平行的位置,而是具有位阶性。根据性质的不同,与人身利益相关的人的尊严和自由法益应受到最全面和最完整的保护。与道德伦理的密切联系使人身利益附加了一些无法用金钱加以衡量的其他价值。[②] 与财产利益相关的纯粹经济损失和契约关系的保护则应受到更多的限制。合法利益的保护程度也受到行为人主观心理状态的影响,在故意侵害他人合法利益的场合下,行为人无论侵害的是什么性质的利益,都更容易被认定为成立侵权行为并需要承担侵权损害赔偿责任。

(二)作为犯罪客体的刑事法益

在我国传统的刑法理论中,犯罪客体是指由刑法保护的,被犯罪行为侵犯的社会关系。除社会关系说外,关于犯罪客体究竟是什么还有很多不同的学说主张,其中"法益说"与侵权法上的法益保护非常相近,使犯罪客体与侵权法保护范围有了共同的概念和比较的基础。法益说认为,犯罪客体实质上就是刑法上的法益,犯罪客体的内容是刑法保护的利益。[③] 法益说比社会关系说更为准确地界定了犯罪的客观效果,又很好地解释了在侵权与犯罪交叉案件中,犯罪行为既侵犯了刑法保护的利益,也侵犯了侵权法保护的私人民事法益。根据法益说,侮辱尸体罪的犯罪行为显然侵犯了死者近亲属对于尸体的照护权和死者的人格利益,而社会关系说则只能解释为侮辱尸体罪违反了社会公共秩序和管理关系。正如有学者指出:"法益概念,有极强的针对性并且具有非常宽泛的涵盖力,可兼容社会关系等不同犯罪所侵犯的内容,既能包容不同犯罪场合对犯罪客

---

① 参见[德]克雷斯蒂安·冯·巴尔:《欧洲比较侵权行为法》(下卷),焦美华译,法律出版社2001年版,第1页。

② 如意大利民法的"生物学上的损害赔偿"制度。这一制度不再要求受害人损害发生前后财产状况的不同,而是将身体或心理健康的损害本身看作一种可赔偿性损害。即使受害人不能依据《意大利民法典》第2043条提起财产损失赔偿诉讼,也不能根据《意大利民法典》第2053条要求非财产性的精神损害赔偿,但可以根据"生物学上的损害"获得赔偿。"生物学上的损害赔偿"是继侵权法上精神损害赔偿之后的第三种损害赔偿类型。它保护的利益是生理——心理的完整性,即一个人病理学意义上的健康。

③ 参见张明楷:《法益初论》,中国政法大学出版社2000年版,第181页。

体的不同表述,又使分析思路始终定格于某种实在的生活现象。"①

(三)刑事法益比民事法益更为广泛

虽然当代侵权法的保护范围不断扩大,但侵权法对法益的保护界限不会超出私权的范围即民事主体的人身法益和财产法益,而刑法保护的法益除人身权利和财产权利等私人法益外,还包括社会秩序、经济秩序等公共法益。与民事法益相比,刑法保护的利益范围更为广泛。

侵权法保护的是特定的民事主体的具体利益,刑法保护的是宏观而抽象的国家利益和社会利益。各国刑法都予以保护的利益包括:"国家存续和发展的利益(国家利益),社会生活的静谧与和谐利益(社会利益),个人的生命、健康、自由、财产(个人法益)。"②刑事法益的范围大大超出了侵权法的利益保护范围,不仅体现为刑法对于国家和社会公共利益的保护,还体现为刑法对于私人利益的保护。刑法除了保护私人的人身权利和财产权利,还保护民主权利,民主权利主要包括选举权、被选举权、宗教信仰自由权、少数民族风俗习惯、通信自由权等。可见,刑法保护的利益并不以这种利益在民法上同样受到保护为前提。

(四)侵权法对私人利益的保护比刑法更为周全

尽管在宏观上,刑事法益比民事法益更具有广泛性,但是在具体领域的微观保护上,侵权法为民事主体提供了更为周全的保护。

1. 对延伸性人身法益的保护更为全面

除具体的人格权利外,一般的人格利益也受到侵权法的保护,如胎儿的人格利益、死者的人格利益。自然人人身利益的完整性决定了法律对于自然人的保护必须以人身权利的保护为中心,并向前延伸和向后延伸。只有全面保护人身权利和人身利益,才能够维护自然人人格的完整性和统一性。③

---

① 冯亚东:《犯罪概念与犯罪客体之功能辨析 以司法客观过程为视角的分析》,载《中外法学》2008 年第 4 期。

② 赵秉志:《刑法总论》(第 3 版),中国人民大学出版社 2016 年版,第 24 页。

③ 参见杨立新:《人身权法论》(第 3 版),人民法院出版社 2006 年版,第 282 页。

对胎儿利益的保护是自然人人格的向前延伸,民法对胎儿利益的保护由来已久。古罗马法学家保罗已经指出,当涉及胎儿利益时,在母体中的胎儿应像活人一样被对待,尽管在他出生以前这对他毫无裨益。①

对胎儿利益进行保护的民事立法模式有三:第一种立法模式认为胎儿与已经出生的自然人一样具有民事权利能力。此种立法模式以《瑞士民法典》为代表。② 第二种立法模式虽然没有全面承认胎儿具有自然人才能享有的民事权利能力,但在胎儿受到侵害时,承认胎儿具有侵权损害赔偿请求权。采用这种模式的有《德国民法典》和《日本民法典》。③ 第三种立法模式是在一些有利于胎儿的纯获利事项上,其被视为具有民事权利能力。我国采取第三种立法模式。④ 在刑法上,有的国家确立了堕胎罪对胎儿利益进行保护,但我国《刑法》没有规定堕胎罪。

对死者利益的保护是自然人人格的向后延伸。侵权法对死者的人格利益提供了比较全面的保护。侵权法对死者人格利益的保护既包括死者的姓名、肖像、名誉、荣誉、隐私等精神性人格利益,也包括死者的遗体、遗骨、骨灰等物质性遗存。对侵害死者人格利益的侵权行为人,死者近亲属有权要求其承担精神损害赔偿责任。

在刑法上,盗窃、买卖、侮辱死者的遗体、遗骨、骨灰的行为成立犯罪。对死者的姓名、肖像、名誉、荣誉、隐私等精神性人格利益的侵害行为则不成立犯罪,不属于刑法的保护范围。

2. 侵权损害赔偿范围的广泛性

财产损失和非财产损害是侵权法对损害的基本分类。财产损

---

① 参见[意]彼得罗·彭梵得:《罗马法教科书》,黄风译,中国政法大学出版社2005年版,第30页。

② 《瑞士民法典》第31条规定:“胎儿只要其出生时尚生存,出生前即具有权利能力的条件。”

③ 《德国民法典》第884条规定:“在受害人被害时第三人虽为尚未出生的胎儿,亦发生损害赔偿义务。”《日本民法典》第721条规定:“胎儿,就损害赔偿请求权,视为已出生。”

④ 《民法典》第16条规定:“涉及遗产继承、接受赠与等胎儿利益保护的,胎儿视为具有民事权利能力。但是,胎儿娩出时为死体的,其民事权利能力自始不存在。”

失分为现有财产的减少和可得利益的丧失。现有财产的减少称为直接损失,是因侵权行为直接减损的财产;可得利益的丧失称为间接损失,是因侵权行为的发生使被侵权人本来能够获得的财产没有获得的损失。例如,造成他人人身伤害应赔偿的误工损失、残疾赔偿金和死亡赔偿金都是对可得利益丧失给予的赔偿。财产毁损引起的间接损失主要是经营利益的损失,例如,侵权人的行为导致被侵权人用于运营的车辆毁损,被侵权人无法使用车辆运营所导致的财产损失。这些物质损失有时是单一民事主体遭受的单一损失,有时是众多民事主体遭受的多种性质不同的损失。这些财产损失有的是侵权行为直接造成的,有的是侵权行为间接造成的。按照我国《刑事诉讼法》和相关司法解释的规定,在刑事附带民事诉讼程序中解决的民事侵权纠纷,被侵权人能够获得的赔偿限于直接的经济损失,不包括间接的经济损失。另外,侵权损害赔偿采取多样化的赔偿方式,如定额赔偿、比例赔偿、惩罚性赔偿、按侵权人所获利益进行赔偿等,但这些多样化的赔偿方式在刑事附带民事诉讼程序中基本无法实现。

侵权法予以救济的损害不仅包括被侵权人因人身或者财产被侵害而遭受的物质损失,被侵权人如果因侵权人的违法行为遭受严重的精神痛苦,还有权要求获得精神损害赔偿。精神损害赔偿制度已经成为侵权法的一项基本制度,获得了世界范围内的普遍认可。我国民法学界从20世纪80年代开始展开关于精神损害赔偿的研究,在《侵权责任法》(已失效)的制定过程中,学者也多次强调必须处理好精神损害赔偿的范围问题。但是无论侵权法上的精神损害赔偿制度如何完善,在涉及刑事犯罪的侵权与犯罪交叉案件中也只能是“一切归零”。如果刑事受害人在刑事附带民事诉讼程序中提起精神损害赔偿请求,法院不予支持。如果刑事受害人在单独的民事诉讼程序中另行提起精神损害赔偿请求,法院也不予受理。精神损害赔偿被完全排除在涉及犯罪的侵权案件之外。

## 五、不作为侵权和不作为犯罪的比较

### (一)特定的作为义务是成立不作为侵权和不作为犯罪的共同要件

根据行为的形式和样态,侵权行为可以分为积极的作为和消极的不作为。一般情况下,侵权行为都是侵权人以积极的方式实施的行为,作为是侵权行为的常态,而不作为是侵权行为的特殊情形。不作为侵权的成立以侵权人负有特定的作为义务为前提,否则,不能成立不作为侵权。简单地说,不作为侵权就是“当为而不为”。特定的作为义务本质上是一种救助义务,且仅存在于具有特殊关系的民事主体之间。特定的救助义务通常分为四种情况:一是法律的明文规定,如父母对未成年子女的救助义务是来自监护制度。二是职务上或者业务上的要求,如医生对病人的救助义务、救生员对落水者的救助义务。三是基于双方当事人的约定。四是由行为人的先前行为所引起的,对因其行为处于危险状态的人所产生的救助义务。例如,带朋友家的小孩去游泳,就对小孩产生了特定的救助义务;小孩落水时不予救助,就成立不作为侵权行为。又如,把绳子借给钥匙落在家里的邻居让其翻越阳台回家,把绳子借给邻居的人就产生了特定的救助义务。再如,当亲朋好友聚会一起饮酒时,同桌饮酒的人对醉酒的人就产生了救助义务。近年来,我国司法实践中这类案件很多,法院通常会判决具有救助义务的人承担相应的不作为侵权损害赔偿责任。

与作为侵权和不作为侵权相对应,犯罪行为也分为作为和不作为两种形式。当然,积极的作为是犯罪行为的常态,而消极的不作为是犯罪行为的补充。刑法上的不作为犯罪,是指行为人负有特定救助义务而拒绝履行,情节严重或情节恶劣的行为。《德国刑法典》第 13 条对不作为的表述是:“只有当其有依法必须保证该结果不发生的义务,且当其不作为与因作为而使法定构成要件的实现相当时,才依法受处罚。”我国在刑事司法实践中关于不作为犯罪的认定,也都限于负有特定作为义务的人之间。例如,在夫妻争吵引发妻子自杀、丈夫放任不管的案件中,丈夫被法院以故意杀人罪判处有期徒刑4年。[①] 在另一起案件中，债权人为追债对债务人围追堵截，在债务人落水后不予施救，法院以故意杀人罪判处债权人有期徒刑14年。[②] 根据上面两个案例，不作为成立犯罪须满足以下三个条件：第一，犯罪行为人负有实施积极救助行为的义务。这种救助义务产生的原因是多种多样的，包括行为人对被害人实施了某种轻微伤害后所产生的防止受害人死亡后果发生的特别义务，行为人有义务对受害人实施所期待的救助行为以防止更大损害后果的发生。[③] 第二，犯罪行为人有能力和条件实施救助行为，如果行为人是由于客观原因无法履行该项救助义务，则不构成犯罪。第三，发生了一定的损害后果。行为人未履行救助义务的不作为行为导致了损害后果的发生，不作为行为与刑事受害人的损害之间要具有因果关系。

---

① 具体案情是：1994年6月30日，河南省南阳市的被告人宋某酒后回到家中，因琐事与妻子李某发生争吵厮打。李某说："三天两头吵，活着还不如死了。"宋某说："那你就去死。"然后，李某就去寻找准备自缢用的绳子、凳子。宋某看到李某真要自杀，急忙喊来邻居叶某劝说李某。叶某走后，宋某和李某两人又发生了争吵厮打。这次，宋某没有理睬李某的自杀行为，当听到凳子翻倒的声音后，宋某才起身，离开自己家去父母家告知自己的父母，当宋某的父母赶到时，李某已经死亡。一审法院认定宋某对李某负有特定的救助义务且能履行而未履行，放任了李某死亡结果的发生，其行为构成不作为的故意杀人罪，判处有期徒刑4年。宋某上诉后，二审法院维持了原判。参见高明暄、单长宗主编：《中国审判案例要览》（1996年刑事审判卷），中国人民大学出版社1997年版，第34页。

② 具体案情是：2013年4月，一个债权人为了追债，找了3个同伙一起围追堵截债务人。债务人眼看自己要被追上，前方又无路可走，情急之下就跳入河中。由于债务人不会游泳，落水后就大喊救命，但岸上的债权人等4人不予理睬，没有对落水的债务人采取任何救助就逃离了现场，债务人遂溺水身亡。法院审理后认为，4名追债人对债务人紧追围堵，并在对方落水后不予施救，放任了债务人死亡后果的发生，构成间接故意杀人，故以故意杀人罪判处债权人有期徒刑14年。

③ 在"刘某赐故意杀人案"中，被告人刘某赐明知被害人刘某有癫痫病史，且在刘某癫痫病发作可能会导致死亡的情况下，因琐事打了被害人一个耳光导致其癫痫病发作，但被告人没有采取拨打电话或者告知被害人家属等普遍认可并行之有效的救助方法，而是将被害人拖到自己独居的院内，导致被害人得不到有效救助而死亡，于是刘某赐的行为从轻微伤害行为演变为不作为的故意杀人行为。参见天津市第一中级人民法院刑事附带民事判决书，(2013)一中刑初字第108号。可惜的是在附带民事诉讼中，仅判决被告赔偿原告32,699.5元的丧葬费损失。

### （二）一般救助义务的侵权法和刑法探讨

侵权法理论中还有关于一般不作为侵权的探讨。与不作为侵权以特定的救助义务为成立前提相对应，一般不作为侵权的成立以一般救助义务为前提。一般救助义务是指："即使行为人与身处险境中的他人没有任何特殊关系，他也要对他人承担救助义务，要采取某种措施救助他人，使他人摆脱所面临的危险或困境。"[①]可见，一般救助义务是在没有特定救助义务的陌生人之间产生的义务。

在我国，一般救助义务被集中关注源于刑法学界关于是否设立"见死不救罪"的激烈争论。近年来，报道见死不救的新闻不胜枚举，人们在进行道德声讨的同时，想到了参照外国立法例的方式对这种见死不救的行为进行定罪量刑。[②] 而随着民法学界对不作为侵权研究的逐步深入，一般救助义务也开始进入侵权法学者的视野。

1. 刑法上的"恶撒玛利亚人法"和民法上的"好撒玛利亚人法"

在世界范围内，对于一般救助义务有两种立法方式。一种方式是直接的立法方式，将陌生人之间的救助义务作为法定义务，违反一般救助义务应承担相应的法律责任。很多大陆法系国家的刑法采取此种立法方式，这种立法又被称为"恶撒玛利亚人法"。违反一般救助义务在刑法上成立见死不救罪。《德国刑法典》《法国刑法典》都规定了见死不救罪。[③] 意大利、西班牙、俄罗斯等国的刑法也有关于见死不救的规定。我国没有规定见死不救罪，对出现危险的陌生人不负有法定的救助义务，见死不救成立犯罪限于具有特殊关系和特定救助义务的人之间，对处于危险之中的陌生人不进行救助是不成立犯罪的。

另一种方式是间接的立法方式，相对于刑法的正面惩罚，侵权

---

① 张民安：《过错侵权责任制度研究》，中国政法大学出版社 2002 年版，第 337 页。

② 如 2001 年两会期间，曾有 32 名全国人大代表在全国人大代表会议上提交议案，建议增加"见危不救罪"和"见死不救罪"两个刑法罪名。

③ 《德国刑法典》第 323 条规定："遇到事故，险情或紧急情况，可以施救但拒绝施救者——尤其是在不会给本人带来危险以及不会与其他重要责任构成冲突时，可处一年以下监禁或罚款。"《法国刑法典》第 223 条规定："任何人对于危险之中的他人，能够自己采取行动，或能够唤起救助行为，且对其本人或第三人无危险，而故意放弃给予救助的，处五年监禁并科五十万法郎罚金。"

法采取了不同的规范路径。无论是在大陆法系国家还是在英美法系国家,都没有直接规定违反一般救助义务成立不作为侵权的立法例。侵权法不规定陌生人之间负有救助义务,但如果有人自愿对陌生人实施救助并造成被救助人损害,则免除救助人的损害赔偿责任。英美法系不承认陌生人之间的救助义务,但制定了相关的法律来保护实施了救助行为的救助人。这些法律被统称为"好撒玛利亚人法"。我国民法也有实施见义勇为行为造成损害后,救助人免责的规定,①另外,见义勇为成立无因管理,受益人对见义勇为人的损失要进行补偿。

如果有人自愿对他人施以救助并因救助行为遭受了损害,那么此种损害是否要归属于加害行为人呢?例如,甲纵火烧了乙的房子,房子里面有乙的小孩丙,邻居丁为了救丙闯进房中,在房子里救丙的时候,丁被落下的房梁砸成重伤。应由谁对丁的人身伤害承担责任?这既是个侵权法问题,也是个刑法问题。各学者对此看法不一,有观点认为,因为危险是加害行为人甲制造的,因此,救助导致的损害结果就客观地归属于加害行为人甲。也有观点认为,加害行为人甲不应为这种损害承担责任,因为救助者丁是自愿参与救助的,加害行为人甲只是引起了一个须由救助者自己承担的危险,救助者自愿承担风险的情形下行为人应免责。折中的观点认为,应先考察救助的合理性,通过衡量救助可能带来的危险和救助可能带来的利益来决定救助的损害后果是否归属于加害行为人甲。如果救助措施是必要的、合理的,那么,救助者丁所遭受的人身伤害,即损害赔偿责任要由加害行为人甲来承担。理由是:"谁创设了一个风险,谁就要为该风险不实现于结果而答责。"②在设立"见死不救罪"的刑事立法中,救助者实施救助既是道德义务,也是一般的法律义务。加害行为人制造了这个危险后,救助人采取理性的救助行为是在履行法定义务,而不是自愿承担风险,制造危险的人甲因此有可

---

① 《民法典》第184条规定:"因自愿实施紧急救助行为造成受助人损害的,救助人不承担民事责任。"

② [德]乌尔斯·金德霍伊泽尔:《刑法总论教科书》(第6版),蔡桂生译,北京大学出版社2015年版,第113页。

能对救助人丁的重伤成立故意伤害罪的间接正犯。

一般救助义务在外国已经有了刑事立法经验，在侵权法领域也开始了将一般救助义务法定化的有益探索。① 如果侵权法将一般救助义务法定化，“见死不救”就可能成立一般不作为侵权。

2. 侵权法上一般救助义务法定化的难点

道德义务法律化必须维持一个合理的限度，否则会导致法律的泛化，如何界定一般救助义务的范围或者限度，是一个处于中心地位的问题。侵权法可以借鉴刑事立法经验，为一般救助义务的产生设定前置条件：第一，必须是救助者能够采取救助措施，甚至只要“举手之劳”就可以轻易地采取救助措施，才产生一般救助义务。第二，不会给救助者本人或第三人带来危险。第三，应该限定为对人身危险的救助。一般救助义务本身产生于道德义务，源于对生命的敬畏和怜悯，法律没有必要要求对道德性不强的财产危险施以救助。

但是与刑法相比，侵权法上确立一般救助义务存在众多难题。首先是确立的基础问题。一般救助义务首先是一种人与人之间相互扶助的道德伦理义务，相对于民法领域，道德入律在刑法领域更容易被接受。因为刑法保护的是公共利益和社会秩序，社会秩序包括道德伦理秩序，刑法可以出于公共利益的考虑而设定义务。因此，在理论基础上，违反一般救助义务的不作为侵权在侵权法上的确立比刑法上“见死不救罪”的确立更为困难。

规定一般不作为侵权行为的难题不仅是一般救助义务法定化的基础，还包括侵权责任认定本身：第一，责任主体的界定难题。在一个事件中，旁观者往往众多，要界定一般不作为侵权责任主体是非常困难的。第二，因果关系的判断难题。如“小悦悦事件”发生时，每一位过路人经过的时间不同，很难确定不予施救行为和死亡之间的因果关系。第三，损害后果的确定难题。刑法将“见死不救

① 《欧洲侵权法原则》第4:103条规定：“具有下列情形之一的，产生保护他人免受损害的积极作为义务：法律有规定；行为人制造或控制了某种危险情势；当事人之间存在特殊关系；损害严重而避免损害容易时。”其中最后一种情形“损害严重而避免损害容易时”即是对一般救助义务的规定。

罪"规定为行为犯,违反刑法关于一般救助义务的规定即可成立犯罪,而侵权行为的成立要求有侵害他人合法权益的损害后果,行为若没有确定的损害后果,则不足以成立侵权行为。这些难题正是侵权法没有规定一般救助义务的原因所在。

3. 探讨违反一般救助义务不作为侵权的意义

不可否认的是,在立法效果上,一般救助义务入法有助于形成良好的道德风尚,也能有效杜绝悲剧事件的发生。而且,每个人都有处于危险境地的可能,这实质上是对大多数人有益的立法考虑。在《法律与道德》一书中记录了这样一个故事,故事的大概经过是:水电站的两个工人苏某和他的同事王某,在下班途中,恰好看见6名歹徒正要对3名少女实施强奸,少女向他们求救,当时班车上有10多个人,施救并不困难,但他们因一时害怕犹豫没有施救,第二天他们从报纸的报道上得知了惨剧的发生。向他们求救的3名少女,一名少女被歹徒轮奸,另两名少女无奈选择跳崖后一死一伤。单位的老同志知道他们的行为后,对他们非常鄙视,他们自己内心也非常后悔、自责。[①] 这是一个关于心灵救赎的故事,也是一个关于法律与道德关系的故事,法律没有要求目击者下车对正处于危险境地的人实施救助,但是在道德上,目击者自己无法原谅自己的冷漠行为,以及这种冷漠所导致的惨烈后果。看到这个故事之前,笔者认为违反一般救助义务的不作为侵权在法律上是很难成立的,但看了这个真实的故事之后,改变了先前的想法,转而想去为这种侵权行为的成立寻找基础和理由,并因此在立法理想与制度现实之间纠结、徘徊。

令人纠结的是,"见死不救"到底是个道德问题,还是个法律问题?道德入律的界限在哪里?反对一般救助义务入法的人认为,一般救助义务属于道德义务的范畴,人们是否愿意对处于危难中的陌生人伸出援手,进行救助,只能凭借个人的道德良心和内心觉悟,法律无权也无法干涉。支持者认为,法律与道德并不矛盾,法律在很

---

① 参见范进学:《法律与道德》,北京大学出版社、上海交通大学出版社2012年版,第260页。

大程度上是社会道德规范的体现。然而,一切围绕法律与道德关系的论争本身都没有一个客观的结果。幸而理论研究的意义并非全在解决问题,提出一个值得探讨的问题也是有价值的。假设我们在法律上宣示了“见死不救罪”或者违反一般救助义务的不作为侵权行为,是不是很多鲜活的生命就可以轻易地被挽救,一些恶劣的行为就能够轻易地被制止,社会不再那么冷漠,人心会更加温暖呢?如果答案是肯定的,这也许就是很多法律学者探讨这个问题的最大意义吧。

## 六、数人侵权与共同犯罪的比较

### (一)《民法典》数人侵权规范的体系梳理

侵权人和受害人的多元化是现代侵权法中相对存在的两个难题。在一个侵权案件中,受害人众多时是大规模侵权问题,侵权人众多时是数人侵权问题。侵权法上的数人侵权是指造成同一损害后果的侵权人为两个或两个以上的情形。相对于单个人侵权,数人侵权在因果关系、对外责任的承担、内部责任的分担等方面都更为复杂,因此受到了世界范围内侵权法理论界、实务界的广泛重视。代表英美法系侵权法最新成果的《美国侵权行为法重述》和《欧洲侵权法原则》都专门用一编规定了数人侵权。《美国侵权行为法重述·第三次》专设“责任分担编”,用一编的内容来解决数人侵权问题。《欧洲侵权法原则》专设一编“多个侵权行为人”来规定数人侵权问题。

数人侵权作为一种法律现象,其产生有多种原因,主要表现为:第一,基于共同的行为(主要是意思联络)而产生的数人侵权。第二,基于数个侵权人之间的特殊关系而产生的数人侵权。第三,基于一个作为和一个不作为而产生的数人侵权。第四,基于数个偶然行为而产生的数人侵权,即“多因一果”形态下的数人侵权。

我国《侵权责任法》(已失效)出台之前,关于数人侵权的类型划分基本采用二元划分方法,即把数人侵权分为承担连带责任的共同侵权和承担按份责任的非共同侵权。数人侵权的责任形态限于连带责任和按份责任两种。《侵权责任法》(已失效)中的数人侵权责任形态则有连带责任、按份责任、补充责任和不真正连带责任四种。《侵权责任法》(已失效)颁布实施后,对数人侵权的研究也从连带责任、按份责任形态下的数人侵权扩大到包括补充责任和不真正连带责任的数人侵权行为。

因为补充责任和不真正连带责任同样符合数人侵权中责任主体多元性和原因力结合的基本特征,例如,经营者违反安全保障义务时,作为补充责任人对损害的发生需具有主观过失,并且这种过失也是损害发生的部分原因,只是它的特殊性在于补充责任人并未实施积极行为,而是违反法定安全保障义务的消极不作为侵权,所以对其科以较轻的责任处罚。又如,自己饲养的动物给他人造成损害,所有人或管理人即应赔偿。第三人的过错行为导致动物致人损害时,第三人也应承担赔偿责任,主体的多元性和损害同一性都符合,只是责任主体之间的连带责任具有特殊性,即在其内部存在终局承担人。而对于受害人而言,可以请求赔偿的责任主体的多元性不受影响。

为了尊重传统以及各种责任形式本身的特殊性,可以把数个侵权人承担连带责任和按份责任的情形,称为典型责任形态下的数人侵权,把数个侵权人承担补充责任和不真正连带责任的情形,称为非典型责任形态下的数人侵权。数人侵权责任形式的体系结构如图2-1所示:

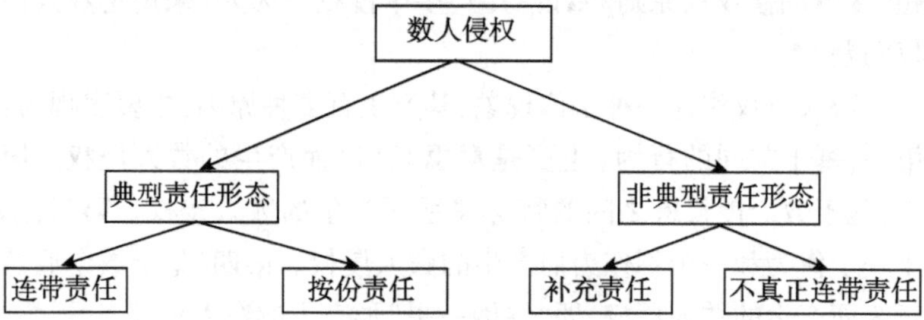


**图2-1　数人侵权责任形式的体系结构**

我国《民法典》侵权责任编中涉及数人侵权的条文共计19条,占侵权责任编条文总数的20.65%。第一个部分是《民法典》第

1168 条至第 1172 条集中规定的一般情形下的数人侵权。

《民法典》第 1168 条至第 1172 条对数人侵权的规定是建立在因果关系和原因力理论基础上的。以因果关系形态为基础将数人侵权分为共同加害行为、教唆帮助行为和“多因一果”的无意思联络数人侵权。其中的“多因”包括共同因果关系下的数人侵权、聚合因果关系下的数人侵权和择一因果关系下的数人侵权。数人侵权责任形式与复合因果关系的联系如图 2－2 所示：

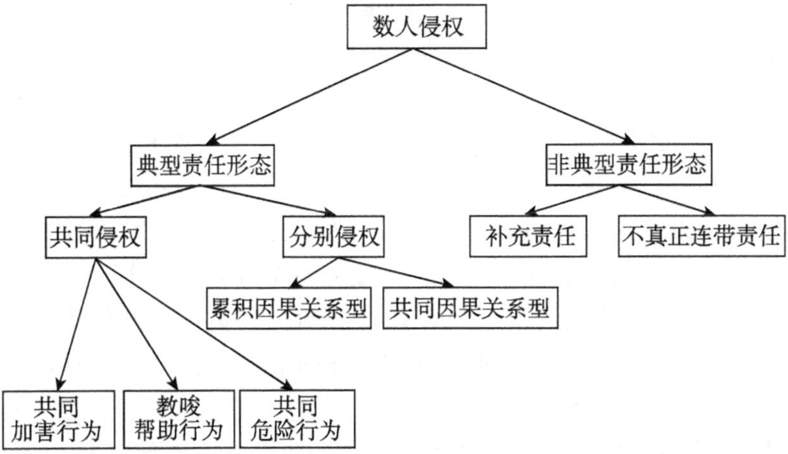


**图 2－2　数人侵权责任形式与复合因果关系的联系**

数人侵权立法的突出变化是：摒弃了 2003 年最高人民法院《人身损害赔偿司法解释》第 3 条采用的“直接结合”和“间接结合”的划分标准，将无意思联络数人侵权的区分标准回归因果关系理论之下。相较于 2003 年《人身损害赔偿司法解释》的区分标准，以复合因果关系作为区分标准无疑更具有合理性，也符合通常做法。2010 年《侵权责任法》实施后，这类案件的判决结果发生了根本性的变化，典型的如两车相撞的案件。根据 2003 年《人身损害赔偿司法解释》，两车相撞多认定为直接结合的共同侵权行为，数个侵权人须承担连带责任。而根据《侵权责任法》（已失效），两车相撞的案件应适用第 12 条，数个侵权人对受害人承担的是按份责任。

关于数人侵权的第二部分法条，规定在《民法典》侵权责任编第三章“责任主体的特殊规定”之中，共有 4 个条文。分别是：第

1191 条第 2 款规定的劳务派遣单位的补充责任。第 1197 条规定的网络服务提供者的连带责任,如前文所述,这一责任可以归类到故意与过失相结合的共同加害行为中。第 1198 条第 2 款规定的管理者或经营者的补充责任。第 1201 条规定的教育机构的补充责任。

数人侵权的其余法条散见于《民法典》侵权责任编第四章至第十章规定的特殊侵权责任中,一共有 10 个条文。具体包括:第 1203 条规定的产品生产者和销售者承担不真正连带责任的情形。第 1209 条规定的机动车所有人与租赁人、借用人承担按份责任的情形。第 1214 条规定的拼装或报废机动车的转让人和受让人承担连带责任的情形。第 1223 条规定的医疗机构与药品生产者或者血液提供机构承担不真正连带责任的情形。第 1231 条规定的数人环境污染侵权责任,各个污染人之间可能是连带责任,也可能是按份责任。第 1233 条规定的排污人和第三人承担不真正连带责任的情形。第 1241 条规定的遗失、抛弃高度危险物的所有人、管理人与行为人承担连带责任的情形。第 1242 条规定的高度危险物的所有人、管理人与非法占有人承担连带责任的情形。第 1250 条规定的动物饲养人或管理人与有过错的第三人应承担不真正连带责任的情形。第 1252 条规定的建筑物等设施的建设单位与施工单位共同承担连带责任的情形。

《民法典》侵权责任编关于数人侵权的法条规范可以根据不同的标准进行分类:首先,以各个侵权人在实施行为时主观上是否有意思联络为标准,可以分为有意思联络的数人侵权和无意思联络的数人侵权。其次,以责任形态为标准,可以分为连带责任的数人侵权、按份责任的数人侵权、补充责任的数人侵权、不真正连带责任的数人侵权。再次,以因果关系形态为标准,可以划分为单一因果关系的数人侵权和复合因果关系的数人侵权。共同加害行为中数个侵权人之间的主观通谋,导致行为的一体性,通常被认为是“一因一果”行为。复合因果关系这里是指多个原因行为导致同一损害后果发生的因果关系形态,也就是我们通常说的“多因一果”,包括聚合原因下的数人侵权、共同原因下的数人侵权、择一原因下的数人侵权。复次,在一般过错责任原则下,特殊责任主体的数人侵权可以分为用人单位与劳务派遣单位的数人侵权、网络用户与网络服务提供者的数人侵权、安全保障义务人与第三人的数人侵权、教育机构与第三人的数人侵权。最后,在无过错和过错推定责任原则下,根据特殊侵权行为的具体类型,可以划分为产品责任中的数人侵权、机动车交通事故责任中的数人侵权、医疗损害责任中的数人侵权、环境污染责任中的数人侵权、高度危险责任中的数人侵权、饲养动物损害责任中的数人侵权、物件损害责任中的数人侵权。

如前文所述,以各个侵权人之间是否有主观上的意思联络为标准,可以将数人侵权分为有意思联络的数人侵权和无意思联络的数人侵权两种类型,本书就按照这一分类方式来比较数人侵权与共同犯罪之间的联系与区别。

### (二)有意思联络的数人侵权与共同犯罪的比较

#### 1. 共同加害行为与共同犯罪的比较

共同加害行为是最典型的共同侵权,是两个或两个以上的侵权人经过主观上的共谋,共同实施侵害他人人身或财产的行为,应承担连带赔偿责任的情形。共同加害行为是数人侵权中与共同犯罪最为接近的一种侵权行为。

按照我国《刑法》的规定,共同犯罪以共同故意为基础,共同犯罪人必须具有主观上的共同故意,即犯罪的意思联络。[①] 刑法上的共同故意要求各犯罪人明知犯罪行为的性质和社会危害性,并且希望或放任损害后果的发生,以及各犯罪行为人要有主观上的意思联络,要认识到在自己之外还有其他人一起实施犯罪行为,即共同犯罪要求二人以上既有共同故意又有共同行为。共同正犯需要共同的故意,从犯、教唆、帮助犯也需要和主犯之间具有共同的故意。而且共同犯罪人在主观共同故意的意识支配下,其行为必须相互配合、相互协调、相互作用形成一个整体的犯罪事实。如果是二人以上共同过失犯罪,不以共同犯罪论处,而是按单独犯罪分别处罚。[②]

---

① 《刑法》第25条第1款规定:“共同犯罪是指二人以上共同故意犯罪。”

② 《刑法》第25条第2款规定:“二人以上共同过失犯罪,不以共同犯罪论处;应当负刑事责任的,按照他们所犯的罪分别处罚。”

并且,二人以上的犯罪行为要成立相同的罪名,符合同一犯罪构成要件,才能构成共同犯罪。如果二人以上的犯罪行为不符合相同的罪名,则应分别定罪,不能成立共同犯罪。例如,甲以杀死丙的故意,乙以伤害丙的故意,共同对丙进行暴力殴打,并导致丙死亡,则甲成立故意杀人罪,乙成立故意伤害致死罪。而在侵权法上,甲、乙显然应成立共同侵权中的共同加害行为,对丙死亡的损害后果承担连带赔偿责任。

侵权法上的共同加害行为关注的是责任的一体性。这种责任的一体性通过数个侵权人对受害人的损害承担连带责任实现。虽然数个侵权人内部要进行责任的再次分配,但是在外部责任上,责任的一体性使每个侵权人在造成损害后果时的具体作用变得不那么重要了。刑法上的共同犯罪关注的则是主观故意和违法性的一体性。在共同犯罪中,刑事责任不可能是连带的,必须是单个人的,每个共同犯罪人要分别地进行定罪量刑。

2. 教唆、帮助侵权行为和教唆犯、帮助犯的比较

在侵权法上,教唆、帮助行为也是共同侵权的一种类型。教唆、帮助他人实施侵权行为的,教唆人、帮助人应与行为实施人承担连带责任。但是当被教唆人、被帮助人是无民事行为能力人、限制民事行为能力人时,不构成共同侵权,由教唆人、帮助人自己承担责任。

刑法上也有教唆他人实施犯罪和帮助他人实施犯罪的情形。按照我国《刑法》第 29 条的规定,教唆他人犯罪的,应当按照教唆者在共同犯罪中所起的作用进行处罚。我国《刑法》没有单列帮助犯,帮助行为指在共同犯罪中起辅助作用的行为。[①] 对帮助犯的量刑应适用《刑法》第 27 条关于从犯的规定。

侵权法上的教唆、帮助行为独立于共同加害行为,但刑法上的教唆、帮助行为仍属于共同犯罪的范畴。共同犯罪行为人实施的行为可以分为实行行为与非实行行为。在刑法分则的具体罪名中规定了犯罪的实行行为,如杀人行为、强奸行为、盗窃行为、毁坏财物

① 赵秉志:《刑法总论》(第 3 版),中国人民大学出版社 2016 年版,第 237 页。

的行为等。实施刑法分则规定的某种犯罪行为的人称为正犯,对正犯直接按照刑法分则的规定进行定罪量刑。教唆行为和帮助行为则是共同犯罪行为中的非实行行为,对教唆行为和帮助行为,刑法分则没有规定,因此要根据刑法总则的规定并参照正犯的标准进行定罪量刑。因为是故意教唆他人实施犯罪,教唆犯的主观恶性比较大,刑法对教唆犯的处罚通常与正犯相同,但其不是共同正犯。对帮助犯的处罚是参照正犯,应当从轻、减轻或者免除刑罚。相对于侵权法上的连带责任,刑法对于帮助犯的处罚更为轻微。至于教唆、帮助完全没有刑事责任能力或限制刑事责任能力的未成年人或精神病人实施犯罪行为的,不影响教唆犯罪和帮助犯罪的成立和处罚。例如,甲唆使不满 12 周岁的乙进行盗窃,乙因没有刑事责任能力,不承担刑事责任,但甲仍成立盗窃罪。并且根据《刑法》第 29 条,教唆不满 18 周岁的人犯罪的,应当对教唆人从重处罚。

3. 刑事附带民事诉讼中共同犯罪人内部赔偿责任的划分

在数人侵权责任的内部分担机制上,以连带责任形态最为典型和复杂。因为按份责任内外关系明确,补充责任、不真正连带责任在内部关系上存在终局责任人,所以无所谓内部分担问题。一旦成立连带责任,则受害人的权利行使具有任意性,应该是一种“任性”的损害赔偿请求权。根据连带责任的原理,受害人可以选择连带责任人中的一人要求其赔偿全部损害,也可以要求一人或数人承担部分损害。如果受害人只起诉了某个或一部分连带责任人,法院应如何处理?另外,当受害人免除了一个或一部分侵权责任人的赔偿责任,对其他侵权责任人会产生怎样的法律效果,也是共同侵权的特殊问题之一。

按照《人身损害赔偿司法解释》第 2 条的规定,法院应追加其他责任人为共同诉讼人,其理论依据是必要共同诉讼原理,这也是我国法院在处理此类案件时的普遍做法。我国司法实践中一般会追加所有的侵权人作为共同被告,但是这种做法因不符合连带责任的实质受到了诸多质疑。追加全部共同侵权人为共同被告的做法没有充分尊重被害人行使损害赔偿请求权时的自由选择权。国际上的通行做法是充分尊重和保障被害人的自由选择权。[①] 如果赔偿权利人免除其中部分赔偿义务人的赔偿责任，依据公平正义的法律价值判断，被免除的赔偿数额应在总赔偿数额中被扣除后，再由其他侵权责任人承担连带责任。

连带责任是外部责任，数个侵权人内部仍是按份责任，对于如何分配，大陆法系和英美法系各国一般都综合衡量单个侵权人的过错程度和原因力两个因素，按比例分配责任。各个责任人的获利状况和经济负担能力也可以作为辅助的衡量因素，而均等分配则为最后的选择。某个侵权人向受害人支付了全部赔偿后，有权向其他侵权人进行追偿，数个被追偿人承担的是按份责任，追偿权人不具有“任意追偿权”。如果有某个责任人丧失赔偿能力，其无力承担的部分应由其他责任人按照原分担比例重新分配。我国侵权法虽然没有规定再分配规则，但通行的做法是由追偿权人与其他连带责任人按照比例分担。例如，某个案件中有甲、乙、丙三个连带责任人，法院认定三人的内部分担比例为2∶1∶1，甲赔偿了全部3600元后，向乙和丙追偿。如果丙无力承担，则甲向乙追偿他原本应当承担的900元后，只能再向乙追偿300元。此时，甲共赔偿2400元，乙共赔偿1200元。

而在刑事附带民事判决中，法院通常笼统地判决共同犯罪人承担赔偿责任的数额，没有对内部责任进行细致划分并说明理由。连带责任的内部分担规则应在审理侵权与犯罪交叉案件的刑事附带民事诉讼中予以体现，做到附带民事诉讼与独立民事诉讼审判结果的统一。

### （三）无意思联络数人侵权的因果关系与刑法作用

社会生活的复杂多变，决定了因果关系形态的多样性。案件的复杂性在很多情况下是复杂的因果关系所决定的。一因一果、一因多果、多因一果、多因多果这四种因果关系形态并存于侵权法之中，

---

① 如《美国侵权行为法重述・第三次》“责任分担编”第十节规定：“当依据适用法律，有多人对同一受害人承担连带责任时，该受害人可以起诉任何一名负连带责任者，并从中获得他可以获得的全部赔偿。”

与“一因一果”相比,后三种因果关系形态相对复杂。侵权法理论讨论最多的是“多因一果”,侵权法理论将“多因一果”详细划分为多种类型,研究成果非常丰富。我国《民法典》侵权责任编第1170、1171、1172条规定的无意思联络数人侵权相对应的因果关系有三种,即择一因果关系、聚合因果关系和共同因果关系。复合因果关系理论同样存在于刑法理论中,当刑事被害人的损害与数个无意思联络的犯罪行为相关联时,在刑法上会发生什么样的法律效果,也有探讨的必要。

1. 择一因果关系下的数人侵权与犯罪

择一因果关系是指损害是实施了危险行为的多个行为人中的某个行为导致的,但无法确定具体是哪个人的行为。择一因果关系与《民法典》第1170条规定的共同危险行为相对应。

例如,A、B、C三人并无事前的意思联络,且彼此不知道对方的存在,分别开了一枪,其中一枪射中了甲,甲当场死亡,现在无法查明是谁射出的子弹射中了甲。在侵权法上,A、B、C三人应成立共同危险行为。成立共同危险行为的法律后果是所有实施危险行为的人共同承担连带责任。①

共同危险行为源于罗马法的多数人之债,大多数国家都将共同危险行为称为准共同侵权行为,其原因是共同危险行为中的共同不是主观意思的共同,而是行为在时间和空间上的共同,彼此独立的行为因为时间和空间上的一致性而产生了共同性。行为共同还要求各个行为人实施的危险行为具有相同的性质。通常情况下,共同危险行为的成立要求数个侵权人的行为具有时间和空间上的一致性。但也有例外,如在英国的“石棉间皮瘤疾病案”中,受害人曾经在不同的时间段里受雇于不同的石棉工厂,英国上诉法院判定每一位失职的雇主承担连带责任。

数个危险行为与被侵权人遭受的损害之间具有因果关系是法

---

① 对共同危险行为人应承担连带责任的合理性一向存有争议,世界范围内的侵权立法对共同危险行为人的责任有连带、按份和无责任三种不同的处理模式。我国选取的是第一种模式,共同危险行为人对外应承担连带责任。

律推定的，这种推定的因果关系是建立在每个行为都有造成损害后果的可能性基础之上的。“共同危险行为旨在消除受害人因缺乏证据而无法证明因果关系的困难，因此并非一种归责的事由，只是一种证明责任分配规范。”[①]无论A、B、C三人是故意射杀甲，还是过失行为，都要承担连带责任。这种建立在推定因果关系基础上的“共同行为”在刑法上是不能成立的。在刑法上，如果是数人因偶然的共同行为而产生同一损害结果，当然不能成立共同犯罪；如果是故意行为，应分别判处故意杀人未遂；如果是过失行为，根据“疑罪从无原则”，过失杀人在没有造成损害后果的情况下，无须被判处刑罚和承担刑事责任。有疑问的是数人事前有意思联络而损害结果不明的问题。例如，A、B、C三人约定谋杀甲，三人带着一样型号的枪，分别向甲开了一枪，其中一枪射中了甲，甲当场死亡。现无法查明是哪个人射出的子弹击中甲并导致甲的死亡。在侵权法上，数人在有意思联络的情况下，造成的损害后果是一个统一的整体，此时，三人的行为在法律上是一个行为，是“一因一果”的因果关系形态。因此，虽然只有一枪击中了甲并导致甲的死亡结果，但是三人都要对甲的死亡承担连带赔偿责任。在这种情况下，A、B、C三人是依据共同加害行为承担连带责任，而不是依据共同危险行为承担连带责任。这个问题在刑法上的处理是完全不同的，即使可以将A、B、C三人的行为定性为共同故意杀人罪，但是在量刑上，三人都是故意杀人未遂还是都是故意杀人既遂呢？换句话说，将三人都判处死刑或者比较重的刑罚显然是不公平的。由于已经无法查清是谁实际上射中了甲，因此只能适用“疑罪从无原则”，做出有利于行为人的假设，即假设他们都不是射中甲的人，认定为故意杀人未遂。

2. 聚合因果关系下的无意思联络数人侵权与犯罪

聚合因果关系是指没有意思联络的数个侵权人分别实施侵权行为，每个单独的行为都足以导致全部损害后果发生的因果关系形态。聚合因果关系的特点在于，任何一个单独的行为都会导致被侵

① 程啸：《论共同危险行为的构成要件——以〈侵权责任法〉第10条为中心》，载《法律科学（西北政法大学学报）》2010年第2期。

权人的损害。换句话说，去掉几个分别实施的行为中的一个，损害照样发生，且后果相同。

经典的“马厩案”讨论的就是聚合因果关系下的侵权责任：甲用一种慢性毒药给马厩里的一匹马下毒，在这匹可怜的马毒发身亡前，乙放火烧了马厩，马在火中丧生。对“马厩案”的探讨历史不能不谓之悠久，在古老的《学说汇纂》第九卷第二章第五十一节中就有“马厩案”的记载，在当下的欧洲侵权法统一运动中，又将“马厩案”作为第一个案例进行国别调查。[①] 国别调查的结果显示，不同国家的侵权法对于“马厩案”的裁判结果并不一致。

在我国侵权责任法的数人侵权规范体系中，“马厩案”应适用《民法典》第 1171 条的规定，聚合因果关系下没有意思联络的数个侵权人要承担连带责任。此时，因果关系的判断规则不能采用“若无—则不”的判断公式，因为去掉任何一个原因，被侵权人都会遭受同样大小的损害，若采用“若无—则不”的判断公式，则没有人需要对侵权受害人承担赔偿责任。

德国刑法学者也列举了一个和“马厩案”非常相似的案件：互不相识的甲和乙都欲谋杀丙，甲给丙注射了一剂致命的毒药，在丙毒发身亡前，乙向丙开了致命的一枪。这个案件在侵权法上也是聚合因果关系的无意思联络数人侵权，但是在德国刑法理论中，上述与“马厩案”非常相似的案件并不被称为聚合的因果关系，而被称为超越的因果关系。[②] 甲只能构成故意杀人未遂，而乙则成立故意杀人既遂。上述案例充分说明同样的原因事实在侵权法和刑法上会发生完全不同的法律后果。而刑法上能构成聚合因果关系的情形应该是甲和乙分别“同时”射杀丙，并且都击中要害，丙身中两枪死亡，或者是甲和乙分别“同时”给丙下毒，两个人用的毒药剂量都足以导致丙死亡。此时，甲、乙都成立故意杀人罪的既遂。这也再一次说明了侵权法和刑法对于因果关系的严谨程度要求不同。

---

① 参见［荷］J. 施皮尔主编：《侵权法的统一：因果关系》，易继明等译，法律出版社 2009 年版，第 4 页。

② 参见［德］乌尔斯·金德霍伊泽尔：《刑法总论教科书》（第 6 版），蔡桂生译，北京大学出版社 2015 年版，第 84 页。

在侵权法上聚合因果关系的适用本身还存在一些争议，如“连续碾压案”。假设受害人因疾病等原因倒在马路上，被先后经过的两个汽车碾压，一辆汽车碾过后，很快另外一辆汽车碾过，受害人最终死亡。如果忽略先后碾过的时间差，则应该适用聚合因果关系，两个汽车司机要承担连带责任。问题在于第二次碾压时受害人可能已经死亡了，则第二次碾压是一个假设原因，应由第一次碾压的司机单独承担责任，但这必须能够确定受害人经过第一次碾压已经死亡或者是第一次碾压导致了第二次碾压的发生，否则，对第一次碾压人来说是非常不公平的。

3. 共同因果关系下的无意思联络数人侵权与犯罪

共同因果关系是指几个单独的侵权行为偶然地结合起来共同导致了一个损害后果的发生。在共同因果关系下，数个行为相加或结合在一起导致了损害后果的发生，每个侵权行为都是损害结果的一部分原因。

数个侵权人之间事先没有意思联络，也不构成共同的过失，只是偶然的原因共同发生了作用，如果每个行为对损害后果的原因力可以确定，则侵权人按照原因力的大小承担按份责任。如果每个行为对损害后果的原因力无法确定，应如何处理？王泽鉴先生认为，此时数个侵权人应当承担连带责任。“加害部分无法确定时，则为保护被害人，有特别使行为人负连带责任之必要，尚非如此，数人行为使生损害，虽属无疑，但因未能证明加害人之范围，而难求偿，殊失整理之？”[①]我国《民法典》第1172条规定了共同因果关系的无意思联络数人侵权责任，虽然《民法典》第1172条的表述为“相应的”责任，但我国理论界和实务界一致认为此处应为“按份责任”。因为我们从第1172条后半段“难以确定责任大小，平均承担责任”的表述中，可以逻辑推理出来。

共同因果关系下的刑法问题是如何对行为人量刑。如甲、乙二人互不相识，在没有经过沟通、商量的情况下，甲、乙二人分别给丙

---

① 王泽鉴：《民法学说与判例研究》（第3册），北京大学出版社2009年版，第11页。

下毒,每个人的下毒剂量都不足,单独都不会导致丙死亡,但两种剂量相加之后,丙最终毒发身亡。甲、乙二人的下毒行为与丙的死亡都有因果关系,甲、乙应被判处故意杀人既遂还是故意杀人未遂呢?对于判决结果问题,我国刑法学者和德国刑法学者都没有进行探讨,只是认为甲、乙的下毒行为都与丙的死亡具有因果关系。本书认为,比较妥当的裁判是判处甲、乙均成立故意杀人未遂,按照另外一个人的行为不存在时,即毒药剂量不足时的损害后果定罪量刑。因为致人死亡的人身损害赔偿责任可以按份分配,但是刑罚显然无法按份分配。让甲、乙承担故意杀人既遂的刑事责任又显然不适当地加重了他们的责任,因为二者没有意思联络,彼此并不知道对方的下毒行为。

# 第三章　我国现行侵权与犯罪交叉案件处理模式对私权救济的限制及缺陷

## 第一节　我国现行侵权与犯罪交叉案件处理模式及依据

### 一、主要的规范性文件列表

| 颁布时间 | 名称 | 涉及条文 |
|---|---|---|
| 1979 年 7 月 7 日 | 刑事诉讼法(已修正) | 第 53、54 条 |
| 1985 年 8 月 19 日 | 关于及时查处在经济纠纷案件中发现的经济犯罪的通知(已失效) | 全文 |
| 1987 年 3 月 11 日 | 关于在审理经济纠纷案件中发现经济犯罪必须及时移送的通知(已失效) | 全文 |
| 1997 年 12 月 13 日 | 关于审理存单纠纷案件的若干规定(已修正) | 第 3 条 |
| 1998 年 4 月 21 日 | 关于在审理经济纠纷案件中涉及经济犯罪嫌疑若干问题的规定(已修正) | 全文 |
| 2000 年 12 月 13 日 | 关于刑事附带民事诉讼范围问题的规定(已失效) | 全文 |

续表

| 颁布时间 | 名称 | 涉及条文 |
| --- | --- | --- |
| 2012 年 3 月 14 日 | 刑事诉讼法(已修正) | 第 99—102 条 |
| 2012 年 12 月 20 日 | 关于适用《中华人民共和国刑事诉讼法》的解释(已失效) | 第 138—164 条 |
| 2013 年 10 月 21 日 | 关于适用刑法第六十四条有关问题的批复 | 全文 |
| 2014 年 2 月 24 日 | 关于交通肇事刑事案件附带民事赔偿范围问题的答复 | 全文 |
| 2019 年 11 月 8 日 | 全国法院民商事审判工作会议纪要 | 十二、关于民刑交叉案件的程序处理 |

## 二、附带民事诉讼程序的确立及原则性规定

我国的附带民事诉讼程序,发端于 1979 年《刑事诉讼法》。1979 年《刑事诉讼法》在总则编第七章以“附带民事诉讼”为名,用第 53 条和第 54 条两个条文确立了附带民事诉讼制度,规定了因犯罪行为遭受物质损失的刑事被害人有权提起附带民事诉讼,同一行为主体的同一行为导致的责任聚合下的民刑交叉案件的民事部分和刑事部分由同一审判组织进行审理的处理模式。

此后,《刑事诉讼法》经历了 1996 年第一次修正,1996 年修正的《刑事诉讼法》没有修改 1979 年《刑事诉讼法》中附带民事诉讼的内容。只是规定“附带民事诉讼”的条文由第 53、54 条变为第 77 条和第 78 条。

2012 年《刑事诉讼法》进行了第二次修正,由于“附带民事诉讼”的内容过少,2012 年修正的《刑事诉讼法》在“附带民事诉讼”一章中增加了如下内容:第一,增加了有权提起附带民事诉讼的主体范围。刑事被害人死亡或者丧失民事行为能力的,法定代理人和近亲属有权提起附带民事诉讼。第二,增加了附带民事诉讼的财产保全制度。财产保全措施可以由人民法院依职权进行,也可以由原

告或人民检察院申请。第三,刑事附带民事诉讼的民事部分可以调解、判决、裁定方式结案,与《民事诉讼法》保持一致。

2018 年第三次修正的《刑事诉讼法》没有对“附带民事诉讼”一章的内容进行修改。只是条文顺序由第 99 条到第 102 条变为第 101 条到第 104 条。

由于《刑事诉讼法》中关于附带民事诉讼的规定仅有四个条文,因此,附带民事诉讼程序的具体实施和实践操作更多地依赖于司法解释和其他规范性、指导性的司法文件。

在《刑事诉讼法》的基础上,最高人民法院《关于适用〈中华人民共和国刑事诉讼法〉的解释》进一步限定了附带民事诉讼的涉案类型。

按照最高人民法院《关于适用〈中华人民共和国刑事诉讼法〉的解释》第 175 条的规定,附带民事诉讼的涉案类型包括两类:一类是因人身权利被犯罪行为侵害,受害人遭受了人身伤害的案件,也就是涉及侵犯公民人身权利的刑事案件,如故意杀人罪、故意伤害罪等;另一类是因财物被犯罪行为毁坏,受害人遭受了物质损失的案件,也就是涉及毁坏公私财物类犯罪的刑事案件,如故意毁坏公私财物罪等。

刑事被害人不能通过附带民事诉讼解决民事损害赔偿的案件类型也包括两类:一类是因非法占有、处置财产的犯罪行为而遭受物质损失的,如盗窃罪、抢劫罪、抢夺罪、诈骗罪、侵占罪等类型的刑事案件,被害人不能提起附带民事诉讼,只能通过追缴、退赔的刑事强制措施进行解决。另一类是国家工作人员执行职务时实施犯罪行为导致人身伤害和财产损失的,被害人也不能通过附带民事诉讼程序要求损害赔偿,只能另行申请国家赔偿。

## 三、基本采用合并审理和先刑后民的处理模式

1979 年《刑事诉讼法》颁布后,司法机关在实践中发现很多的经济纠纷案件往往涉及经济犯罪。为了有效地打击犯罪,1985 年至 1997 年,最高人民法院、最高人民检察院、公安部连续发布的三

个文件中①，都强调人民法院在审理经济纠纷案件过程中如果发现经济犯罪，必须将涉罪的经济纠纷案件及时移送公安机关或检察机关。

按照上述三个文件的要求，人民法院在民商事案件的受理和审理过程中，如果发现民商事纠纷可能涉及刑事犯罪，应将民商事案件全部或者部分移送给公安机关或者检察机关。民商事案件全部移送的，经公安机关、检察机关侦查后，如果刑事案件被受理，则对民商事案件不予受理，已受理的裁定驳回起诉。民商事案件部分移送的，民商事案件一般应裁定中止审理，等待刑事判决结束后再恢复审理。为了获得民事赔偿，刑事被害人一般会选择提起附带民事诉讼。为了节约司法成本，人民法院一般也会采取附带民事诉讼解决民事赔偿问题。这样，《刑事诉讼法》规定的刑事被害人“有权”提起附带民事诉讼，在司法实践中就演变成了实质上的强制合并审理，并形成了先刑后民的司法审判惯例。

我国现行的制度设计决定了司法实践中对侵权与犯罪交叉案件基本采用刑事附带民事诉讼的审理模式。合并审理和先刑后民的司法审判惯例不仅导致了一些民事判决不当迟延，还引发了管辖权冲突，证据规则、证明标准混同等问题。管辖权冲突问题比较集中于知识产权刑事附带民事案件，基层人民法院有知识产权刑事案件的一审管辖权，却没有知识产权民事案件的一审管辖权。因为知识产权民事纠纷案件专业性比较强，一般由中级以上人民法院管辖。而知识产权犯罪的量刑不高，最高也只是7年有期徒刑。按照刑事诉讼管辖权的法律规定，知识产权犯罪案件应由基层人民法院管辖。② 如果在基层人民法院审理的刑事案件中附加民事诉讼程序，实质上是让一个没有管辖权的法院审理知识产权民事案件。在

---

① 这三个文件分别是：最高人民法院、最高人民检察院、公安部《关于及时查处在经济纠纷案件中发现的经济犯罪的通知》（已失效），最高人民法院、最高人民检察院、公安部《关于在审理经济纠纷案件中发现经济犯罪必须及时移送的通知》（已失效），最高人民法院《关于审理存单纠纷案件的若干规定》（已修正）。

② 刑事案件除危害国家安全、恐怖活动案件和可能判处无期徒刑以上重刑的案件之外，其余案件都由基层人民法院管辖。

证据规则和证明标准上,刑事案件的证据规则、证明标准显然要比民事案件更为严格。在美国著名的"辛普森案"中,在刑事案件的审理阶段,辛普森阵容强大的律师团队找到了检察官证据的缺陷之处,他们认为检察官指控辛普森谋杀妻子的证据链没有完全形成,也就是说不能排除一切合理怀疑,辛普森被无罪释放。但是在接下来的民事诉讼程序中,作为受害人的辛普森妻子的家属却获得了民事诉讼的胜利,得到了800万美元的死亡赔偿。在刑事诉讼中,辛普森被无罪释放,也就是说在刑事诉讼程序中未能证明辛普森杀了自己的妻子。但在民事诉讼中,辛普森却需要承担民事赔偿责任,显然是刑事证据与民事证据的证明规则不同导致的。在合并审理的刑事附带民事诉讼程序中,刑事和民事的证明标准和证明规则很容易发生混同。

## 四、以"同一法律事实"和"同一法律关系"确定合并审理的案件范围

人民法院在审理民商事纠纷中发现犯罪应当移送公安机关或检察机关,因此,需要解决的核心问题是,已经起诉或受理的民事案件在何种条件下应当移交刑事程序予以处理。最高人民法院《关于在审理经济纠纷案件中涉及经济犯罪嫌疑若干问题的规定》(以下简称《涉及经济犯罪的规定》)以是否属于"同一事实"和"同一法律关系"为标准来确定民事案件和刑事案件是分开审理还是合并审理。[①] 根据《涉及经济犯罪的规定》,如果是"不同法律事实"或"不同法律关系"的案件,则民事案件和刑事案件分开审理,如果是"同一法律事实"或"同一法律关系"的案件则应合并审理,适用刑事附带民事诉讼程序。

---

① 其中第1条规定:"同一自然人、法人或非法人组织因不同的法律事实,分别涉及经济纠纷和经济犯罪嫌疑的,经济纠纷案件和经济犯罪嫌疑案件应当分开审理。"第10条规定:"人民法院在审理经济纠纷案件中,发现与本案有牵连,但与本案不是同一法律关系的经济犯罪嫌疑线索、材料,应将犯罪嫌疑线索、材料移送有关公安机关或检察机关查处,经济纠纷案件继续审理。"

### （一）“同一法律关系”的表述不恰当

以“同一法律关系”作为民事案件和刑事案件合并审理的标准非常模糊且具有歧义，在司法实践中适用不一，很多法院对于应该分开审理的民刑交叉案件仍然以民商事案件涉嫌刑事犯罪为由不予受理，已经受理的裁定驳回起诉。

在理论解释上也产生了一些分歧性的观点。例如，在为实施诈骗而签订担保合同的案件中，就产生了诈骗行为和担保合同是“同一法律关系”和“不同法律关系”两种不同的观点。“同一法律关系”的观点认为，没有担保人进行担保，犯罪人就很难获取被害人的信任，就难以成功地实施诈骗。担保合同是犯罪人进行诈骗的一个环节，不构成单独的法律关系。因此，担保合同与诈骗行为是同一个法律关系。“不同法律关系”的观点则认为，担保人与债权人之间因担保合同产生的担保法律关系是民事法律关系。诈骗人实施诈骗行为形成的法律关系是刑事法律关系，且担保人与诈骗人并不是同一个民事主体，二者互不相关，不应是同一法律关系。

从法理上讲，用“同一法律关系”来界定刑民交叉案件并不恰当。因为刑事法律关系和民事法律关系本身是两种性质完全不同的法律关系。民事法律关系调整的是平等主体之间的人身关系和财产关系，是平等主体之间的以民事权利和民事义务为内容的法律关系，平等性和私人性是民事法律关系的基本特征。具体到侵权法部分，侵权法律关系是具有平等法律地位的侵权人与受害人之间形成的以损害赔偿为内容的债权债务法律关系，即平等主体之间的损害赔偿之债。侵权人与受害人都是民事主体，因此，侵权法律关系是私人之间的法律关系。刑事法律关系调整的是不平等主体的国家和公民之间的关系，是以刑事惩罚为内容的法律关系。

法律关系本质上是人与人之间的关系。在刑民交叉案件中，民事法律关系的双方当事人是私人，是侵权人与受害人，受害人是原告，侵权人是被告。而刑事法律关系的双方当事人并不是犯罪人与受害人，还有公诉人，即代表国家公权力的检察机关。从这个意义上理解，并不存在“同一法律关系”的刑民交叉案件。在刑法教科书中也几乎没有关于刑事法律关系的介绍和论述。

(二)“同一法律事实”的表述也不准确

由于“同一法律关系”的表述不太恰当,很多人认为,应以是否属于“同一法律事实”作为经济纠纷案件中发现经济犯罪线索后,经济纠纷案件是否继续审理的标准。

按照《涉及经济犯罪的规定》,民事案件和刑事案件因“不同法律事实”发生或者“有关联关系的不同法律事实”发生应当分开审理。在司法实践中,法院对适用附带民事诉讼的“同一法律事实”标准予以扩大化,如2019年《全国法院民商事审判工作会议纪要》规定,民商事案件对刑事案件的审理、善后处置有影响的,也应当认定为“同一事实”。

对“同一法律事实”的理解也同样会产生分歧。因为一个客观事实是否能够成为民事法律事实、刑事法律事实、行政法律事实,要经过一个法律判断的过程。按照是否与人的意志有关,民事法律事实分为自然事实和人的行为,其中,自然事实又分为事件和状态(主要是时间的经过),无论是事件还是状态都与人的意志无关,因此不可能引起刑事法律关系的发生。例如,被继承人死亡时,继承法律关系开始,某个事件能够引起民事法律关系的发生、变更和消灭,但事件不会引起犯罪,同样,合法债权可能因诉讼时效的经过而变成自然债务,但不会引起犯罪。即使是与人意志有关的行为在民法上也被区分为各种类型。民法上的行为分为法律行为和事实行为,事实行为又可分为适法行为和不法行为,如无因管理、先占是适法行为,侵权行为是不法行为。法律行为不会引起犯罪,即使在合同诈骗中,合同也只是犯罪手段,诈骗行为才是引起刑事法律关系的事实。只有事实行为中的严重违法行为即符合犯罪构成要件的犯罪行为才会引起刑事法律关系。刑事法律关系产生的法律前提是刑法规范规定的犯罪及其相应的刑事责任,犯罪行为是刑事法律关系产生的唯一法律事实,犯罪行为是人的有意识的行为,与人的意志无关的自然现象不会进入刑法的评价领域。因此,应以“行为”的同一性作为分开审理和合并审理的区分标准。《全国法院民商事审判工作会议纪要》对于应当合并审理的民刑交叉案件没有采取“同一法律事实”的表述，而是采取“同一事实”的表述，可能正是基于上述原因。

由于法律事实中的事件不能引起犯罪，犯罪行为是刑事法律关系产生的唯一法律事实。侵权行为是侵权法律关系产生的前提。同一个行为既构成犯罪又构成侵权才会产生在一个诉讼程序中予以审理的可能。也就是说，刑事附带民事案件的适用范围应取决于刑事案件和民事案件交叉和重合的程度。同一行为符合犯罪的构成要件，又符合侵权的构成要件的刑民交叉案件才能适用附带民事诉讼程序，即刑事附带民事诉讼程序的适用范围应是刑事责任和民事责任达到竞合程度的刑民交叉案件。因牵连行为产生的刑民交叉案件应分别适用刑事诉讼程序和民事诉讼程序。

## 第二节　刑事涉案财物处理程序对私权救济的限制

### 一、不允许通过普通的诉讼程序解决刑事涉案财物问题

根据刑事诉讼法司法解释和最高人民法院的相关批复，刑事受害人因被告人非法占有、处置财产的犯罪行为而遭受物质损失的，如在盗窃罪、抢劫罪、抢夺罪、诈骗罪、侵占罪等犯罪中被告人非法占有、处置的刑事涉案财产，只能通过退赔程序返还给被害人，不适用附带民事诉讼程序或者另行提起单独民事诉讼程序。[①]

在刑事案件中属于被害人但被犯罪人非法占有、处置的财产，司法实践中常用叫法是“赃款赃物”，一旦被认定为“赃款赃物”则不能适用侵权责任法的原物返还责任或者损害赔偿责任，只能适用

① 最高人民法院《关于适用〈中华人民共和国刑事诉讼法〉的解释》第176条规定：“被告人非法占有、处置被害人财产的，应当依法予以追缴或者责令退赔。被害人提起附带民事诉讼的，人民法院不予受理。……”最高人民法院《关于适用刑法第六十四条有关问题的批复》规定：犯罪分子占有的被害人财物应当追缴或者责令退赔不适用附带民事诉讼或者单独民事诉讼。根据《刑法》第64条关于犯罪物品处理的规定，犯罪分子违法所得的一切财物，应当予以追缴或者责令退赔；对被害人的合法财产，应当及时返还。

公法性质的追缴、责令退赔的刑事强制措施,并且不允许另行提起民事诉讼。[①] 因此,在刑事案件中,犯罪分子非法占有、处置的被害人财物是通过追缴、退赔程序返还给受害人的。在财产犯罪案件中,追缴是指司法机关依法强制收回犯罪分子的赃款赃物,退还原主或没收的一种刑事强制措施。如果被非法占有的财物已经不复存在,则责令退赔。[②]

在盗窃、抢劫、诈骗类刑事案件的刑事判决书的最后部分通常会有已经追缴、退赔的赃款按比例发还受害人,没有追缴、退赔的部分在刑事判决后,继续追缴,追缴后再发还受害人的记载。在司法实践中,在盗窃、抢劫、诈骗类的刑事犯罪案件中,赃款赃物已被挥霍、销赃的情况占比严重。[③] 即使赃款已被挥霍、销赃,也要继续进行追缴、退赔,并且只能按照刑事退赔程序进行。刑事被害人不能提起附带民事诉讼或单独的民事诉讼对自己的权利进行救济。除非还有犯罪人以外的其他赔偿义务人,如保险公司,才可以另行提起民事诉讼。但是此时的被告已经不是刑事犯罪人,而是根据另一法律关系和请求权基础提出的民事诉讼。

## 二、退赔程序不能弥补全部损失的情况下不允许受害人另行提起民事诉讼

有疑问的是,在经过刑事追缴和退赔程序后,被害人还有损失

---

① 最高人民法院在1996年12月20日发布的《关于执行〈中华人民共和国刑事诉讼法〉若干问题的解释(试行)》(已失效)第86条曾规定:“因犯罪行为遭受物质损失,依照刑法有关规定已经得到退赔而仍不能弥补损失的被害人,也可以提起附带民事诉讼。但是被害人不能提供证据证实被告人确有财产可供赔偿的,人民法院受理并依法判决后,查明被告人确实没有财产可供执行的,应当裁定中止或者终止执行。”但是在正式颁布时,这一条被删除,未能退赔的部分不允许提起附带民事诉讼的理由是:“下级法院普遍反映附带民事诉讼的范围过宽,影响刑事案件的审结。”参见熊选国:《刑法刑事诉讼法实施中的疑难问题》,中国人民公安大学出版社2005年版,第387页。

② 关于追缴和责令退赔的区别,最高人民法院在1999年10月27日公布的《全国法院维护农村稳定刑事审判工作座谈会纪要》中指出:“如赃款赃物尚在的,应一律追缴;已被用掉、毁坏或挥霍的,应责令退赔。”

③ 参见云南省高级人民法院刑事判决书,(2019)云25刑终256号;北京市顺义区人民法院刑事判决书,(2007)顺刑初字第481号;北京铁路运输中级法院刑事判决书,(1998)京铁中刑初字第2号。

的情况下,被害人能否就没有获得弥补的财产损失部分,提起民事诉讼,请求犯罪人承担损害赔偿责任。

最高人民法院发布的《关于刑事附带民事诉讼范围问题的规定》(已失效)曾规定,在这种情况下,刑事被害人就没有弥补的损失部分,可以提起民事诉讼。① 有学者认为:“这个规定结束了我国司法实践中长期以来对财产犯罪案件受害人的损失不得提起民事诉讼,只能通过追赃办法来解决的做法。这对多年来形成的传统做法是一大突破。”②但该规定在2015年被法释〔2015〕2号文件正式废止,废止理由是:已被最高人民法院《关于适用〈中华人民共和国刑事诉讼法〉的解释》及相关规定修改。而在刑事诉讼法司法解释中,并没有提及刑事被害人就没有获得弥补的财产损失是否可以另行提起民事诉讼。

追缴、退赔只限于赃款和赃物本身。在实践中,肯定会出现犯罪分子将非法占有的物品和金钱全部退回,但被害人的损失没有得到全部赔偿的情况。那么,在经过刑事追缴和退赔程序后,被害人还有损失的情况下,被害人能否另行向法院提起侵权损害赔偿之诉呢?答案是否定的,刑事案件被害人不能另行提起民事诉讼请求刑事犯罪人就自己的财产损失进行赔偿。最高人民法院的相关批复文件否定了刑事被害人的另行起诉权。③ 批复虽然不是正式的司法解释,但无疑是具有司法解释性质和作用的文件。人民法院的判决书和执行追缴程序就是按照这一批复进行的。在刑事案件判决后,由人民法院通过强制执行程序继续追缴,如果犯罪人没有财产可供

---

① 最高人民法院在2000年12月13日发布的《关于刑事附带民事诉讼范围问题的规定》(已失效)第5条第2款规定:“经过追缴或者退赔仍不能弥补损失,被害人向人民法院民事审判庭另行提起民事诉讼的,人民法院可以受理。”

② 褚玉龙:《对最高人民法院〈关于刑事附带民事诉讼范围问题的规定〉的一点质疑》,载《律师世界》2001年第4期。

③ 最高人民法院在2013年10月21日给河南省高级人民法院关于刑法第六十四条法律适用问题的请示的批复中指出:“追缴或者责令退赔的具体内容,应当在判决主文中写明;其中,判决前已经发还被害人的财产,应当注明。被害人提起附带民事诉讼,或者另行提起民事诉讼请求返还被非法占有、处置的财产的,人民法院不予受理。”

执行,则裁定终止强制追缴的执行程序。但是学界及实务界对这一问题的讨论却一直没有停止。①

如果经过刑事追缴、退赔程序仍然不能弥补全部损失,刑事受害人应有权提起侵权损害赔偿的民事诉讼。理由是:第一,在自己的财产受到侵害遭受损失的情况下,刑事被害人选择提起民事诉讼是在行使自己的诉讼权利,任意剥夺或限制其诉讼权利没有法律依据和理由。第二,被害人和犯罪人之间成立民法上的侵权损害赔偿之债。按照《侵权责任法》(已失效)的规定,受害人有权通过诉讼的形式,维护自己的实体权利。请求犯罪分子依侵权法的规定进行赔偿。第三,从刑事强制措施和民事诉讼两种程序的不同目的和作用来看,追赃、退赔只能让非法占有回复到合法占有状态,而受害人提起民事诉讼的目的是让侵权人赔偿自己的全部损失,既包括已经遭受的现有财产的实际减少,也包括应当增加的财产因侵权行为而没有增加的部分的财产损失。通过民事诉讼,受害人的私权可以获得更充分的救济。允许被害人提起民事诉讼,通过民事诉讼解决私人权利遭受侵害的救济问题,本就是将民法的问题"归还"民法。

## 三、追缴、退赔不是诉讼程序无法处理复杂的民事案件

在现实生活中,一部分的抢劫物、盗窃物会被犯罪分子卖给第三人,受让的第三人根据其是否知道财物的来源又分为恶意第三人和善意第三人两种情况。涉及民法上的善意取得制度和占有返还制度两个比较复杂的问题。盗窃物、抢劫物等盗赃物在民法理论中又被称为"占有脱离物",是非基于物权人的意思而丧失占有的物。对于盗赃物是否适用善意取得制度,各国民法规定不一致,理论上也有争议。我国《民法典》没有明确和直接规定盗赃物是否适用善

---

① 人民法院也一直对这个问题有争议。参见《最高人民法院第二巡回法庭2019年第17次法官会议纪要:刑事追赃与民事责任的协调与衔接》,载《最高人民法院第二巡回法庭法官会议纪要》第1辑,人民法院出版社2019年版。

意取得制度。但根据《民法典》第312条的规定[①]，可以推出遗失物不适用善意取得。因为善意取得是所有权原始取得方式之一，适用善意取得，受让人成为所有权人，原权利人丧失所有权，无权请求返还原物。遗失物与盗赃物都是“占有脱离物”，因此，主流的观点一致认为盗赃物不适用善意取得。这样原所有权人（刑事案件的受害人）是可以通过民事诉讼程序请求受让人返还原物的。在返还时，还要考虑盗赃物的受让人是“恶意”还是“善意”的第三人。恶意占有人和善意占有人的返还义务是不同的，善意占有人仅在占有物的现存利益范围内进行返还，而恶意占有人在盗赃物毁损、灭失的情况下，负有损害赔偿义务。

因为没有经过正式的诉讼程序进行审判，在刑事判决书中只能笼统地记载：继续追缴赃物发还被害人。对于是否应在判决书中出现追缴、退赔的内容，审判实践中有不同意见。反对的意见认为，刑事判决书中不应该记载追缴、退赔的内容，因为追缴、退赔是一种强制措施，不属于刑事判罚。另外，刑事判决书中即使记载了继续追缴，但一般对继续追缴的责任主体、继续追缴的程序等均不会有明确的记载。而执行部门反映，如果没有具体写明向谁追缴，就无法执行，相当于空判。不允许刑事受害人另行提起民事诉讼，阻断了其根据民法寻找救济的途径。即使法院的执行机关在继续追缴时能够作出正确的判断，那也是相当于通过执行程序而不是审判程序来解决民事纠纷，于理于法都讲不通。

## 第三节　在损害赔偿范围上对私权救济的限制

在侵权与犯罪交叉案件中，民事损害赔偿的范围被限缩问题，

---

① 《民法典》第312条规定：“所有权人或者其他权利人有权追回遗失物。该遗失物通过转让被他人占有的，权利人有权向无处分权人请求损害赔偿，或者自知道或者应当知道受让人之日起二年内向受让人请求返还原物；但是，受让人通过拍卖或者向具有经营资格的经营者购得该遗失物的，权利人请求返还原物时应当支付受让人所付的费用。权利人向受让人支付所付费用后，有权向无处分权人追偿。”

是我国民法学者一致批评的对象。在《民法典》的起草过程中,这也是学者关注的话题之一。我国民法学者在《民法典》的起草过程中一致强调应实现侵权责任的优先性与保持刑事附带民事赔偿责任的独立性。

《刑事诉讼法》和最高人民法院的司法解释在一定程度上限缩了侵权与犯罪交叉案件中侵权损害赔偿的范围,减少了被害人可以获得的损害赔偿数额。

第一,侵犯财产案件的附带民事诉讼只赔偿被害人的直接物质损失,不赔偿间接物质损失。

第二,人身伤害的赔偿范围一般不包括死亡赔偿金和残疾赔偿金。

第三,刑事受害人不可以请求精神损害赔偿。刑事受害人在刑事附带民事诉讼程序中提出精神损害赔偿请求的,人民法院不予受理。如果受害人另行提起民事诉讼要求精神损害赔偿,人民法院也不予受理。涉及犯罪的案件,一律否定受害人的精神损害赔偿请求。

## 一、侵犯财产犯罪中对财产损失赔偿范围的限制

侵犯财产犯罪是以非法占有为目的,攫取公私财物、故意毁坏公私财物以及破坏生产经营的行为。[①] 犯罪行为侵犯的是私人财物时,与侵害财产的侵权行为发生交叉。在刑事附带民事诉讼中,刑事被害人可以获得的赔偿限于犯罪行为造成的直接物质损失,没有涵盖的损失和赔偿方式主要包括间接经济损失、纯粹经济损失和惩罚性赔偿。

### (一)不赔偿间接经济损失

侵害财产的侵权行为给受害人造成的财产损失分为直接损失和间接损失。直接损失是指现有财产的减损,即受害人因为犯罪人的犯罪行为而产生的现有财产的减少。间接损失是指可得利益的

---

① 参见严励主编:《刑法分论理论·实务·案例》(第2版),中国政法大学出版社2017年版,第113页。

损失，是受害人本来可以获得但是因为犯罪行为的侵害而没有获得的财物，如经营利润损失。

在侵犯财产的刑事附带民事诉讼案件中，只赔偿受害人的直接经济损失，间接经济损失一般不予赔偿，如毁损财物犯罪行为导致的被害人生产经营损失。① 而普通的民事侵权案件已经认可了间接经济损失可以获得赔偿，尤其是合理范围内的营业损失。在很多刑事附带民事诉讼案件中，被害人提出的赔偿请求与判决获得的赔偿额都相距悬殊，就是出于这一原因。

（二）无法涵盖纯粹经济损失

除直接经济损失和间接经济损失外，纯粹经济损失也是侵权法上的一种经济损失类型。通俗地讲，纯粹经济损失中的“损失”既不是财产权（如物权、知识产权、债权、股权、继承权）被侵害的损害后果，也不是人身权被侵害的损害后果。“纯粹”在这里的意思是侵权人的违法行为没有侵害受害人的财产和人身，但是却给受害人造成了经济损失。它不是绝对权受侵害产生的直接损失，也不是绝对权受侵害的间接损失，与精神损害也没有关系。例如著名的“电缆案”中电缆被挖断而导致的用电人的经济损失；又如因为律师疏忽而遗嘱无效，当事人无法通过遗嘱继承财产而导致的损失；再如证券商虚假陈述导致证券投资人的资产损失等。

侵权法上的纯粹经济损失经历了从不予赔偿到限制赔偿的发展历程。纯粹经济损失作为一种财产利益也受到我国侵权法的保护。在刑事案件中也涉及纯粹经济损失的赔偿，从国外立法例看，刑事犯罪行为导致的纯粹经济损失可以获得侵权损害赔偿已经获得了成文法的认可，如《瑞典赔偿法》第二章第 4 条、《芬兰赔偿法》第五章第 1 条都规定刑事犯罪行为造成的纯粹经济损失，在侵权法上可以得到救济和获得赔偿。

在故意挖掘、偷盗正在使用的电缆等电力设备的刑事案件中，在编造并传播证券、期货交易虚假信息罪和诱骗投资者买卖证券、

① 参见广西壮族自治区隆林各族自治县人民法院刑事附带民事判决书，(2019)桂1031 刑初 222 号。

期货合约罪等犯罪中，犯罪行为人的故意行为也会造成这种纯粹经济损失。而现行的刑事附带民事诉讼制度，对刑事受害人的间接物质损失尚不予救济，显然更不可能对因犯罪行为遭受纯粹经济损失的受害人进行侵权损害赔偿救济。

（三）无法要求惩罚性赔偿

侵权法上的赔偿，以补偿性赔偿为原则，以惩罚性赔偿为例外。惩罚性赔偿，是判令侵权人承担的超过被害人实际损失的赔偿。惩罚性赔偿的数额远远大于实际损失的数额。是法律为了遏制和惩罚侵权人的不法行为而设立的。①

惩罚性赔偿制度的设立，突破了传统侵权法的补偿性功能。与补偿性赔偿相比，惩罚性赔偿具有三方面的功能：第一，侵权受害人可以获得更多的赔偿。惩罚性赔偿的数额远远高于侵权行为所引起的实际损失，能够让被侵权人得到更充分的救济和赔偿。第二，制裁不法侵权人的功能。惩罚性赔偿的适用具有特定性，主要针对那些具有故意和恶意的不法行为实施惩罚。惩罚性赔偿通过加大不法侵权人的赔偿额，提高不法侵权行为的经济成本，从而达到制裁不法行为的效果。第三，遏制侵权行为发生的功能。惩罚性赔偿的高额赔偿，可以遏制恶意不法行为的重复出现。

惩罚性赔偿突破了侵权法的补偿功能，使侵权责任具有了制裁性。这一点与刑罚中的罚金有些相似。罚金作为一种财产刑，是犯罪人向国家缴纳一定金钱的刑罚方法。惩罚性赔偿与罚金的相似点在于都是支付一定的金钱，都带有一定的惩罚性。但是二者在性质上是不同的。惩罚性赔偿是一种民事责任，罚金是刑事责任。惩罚性赔偿是给受害人的，而罚金是上缴给国家的。“罚金制度并不能对于不法行为的受害人提供充分的救济，对于权利的回复作用也极为有限，被害人仍要通过民事诉讼程序才能得到实质的权利回复

---

① 如《美国侵权行为法重述·第二次》第908条(1)规定："惩罚性赔偿是在补偿性赔偿或象征性的赔偿之外，用以惩罚行为之恶性以及威吓该行为人与他人于未来再为相类似行为所给予的赔偿金。"

状态。”①

关于惩罚性赔偿的最早记载，见于《圣经》中的《出埃及记》。②惩罚性赔偿是英美侵权法领域普遍设立的一种制度。在《侵权责任法》（已失效）出台以前，《消费者权益保护法》和《食品安全法》等单行法律中已经根据商品和服务的价格分别规定了3倍和10倍的惩罚性赔偿金。很多学者还主张在环境污染责任领域、煤矿安全生产责任领域、不正当竞争责任、不实广告等领域引入惩罚性赔偿制度。③ 但是《侵权责任法》（已失效）并没有一般性地规定惩罚性赔偿制度，仅在特殊侵权责任的产品责任中明确规定了惩罚性赔偿，并且将产品责任惩罚性赔偿的适用限定为“明知”以及“死亡或健康严重损害”，反映出我国立法对惩罚性赔偿采取了比较审慎的态度。

在我国现行的侵权与犯罪交叉案件处理模式中，由于赔偿额限于直接的物质损失，因此，惩罚性赔偿是无法适用于附带民事诉讼中的。在一些侵权与犯罪交叉案件中，如食品安全类犯罪，也应根据相关法律适用惩罚性赔偿。1998年山西朔州“假酒案”曾经引起轰动，此后，假酒、毒奶粉导致受害人死亡、伤害的案件也出现在我国的刑事司法实践中。我国的食品安全问题在一段时期内较为突出，案件也层出不穷。在这些案件中，如果受害人根据《消费者权益保护法》《食品安全法》等法律对侵权人提出惩罚性赔偿请求，即使是侵权人涉及犯罪的，也应支持受害人的惩罚性赔偿要求。

值得指出的是，惩罚性赔偿的数额不应根据产品的价格确定。因为即使造假者被处以10倍的惩罚性赔偿，也可能起不到太大制裁和遏制造假行为的作用。可以考虑的确定方法是，结合具体案

---

① 周雪梅：《刑事犯罪与民事侵权比较研究》，西南财经大学出版社2013年版，第157页。

② 《出埃及记》是《旧约》的律法书即《摩西五经》的第一篇，其中有这样的记载：“如果一个人杀了或卖掉他从别人那里偷来的1头牛或1只羊，他要赔人家5头牛或4只羊。”

③ 参见郭明瑞、张平华：《侵权责任法中的惩罚性赔偿问题》，载《中国人民大学学报》2009年第3期。

情，惩罚性赔偿的数额可以是受害人遭受实际损失的一定倍数，也可以是侵权人因违法行为实际获得的利润和收入的一定倍数，但是不宜根据产品价格的倍数确定。[①]

## 二、侵犯人身犯罪中对人身损害赔偿范围的限制

### （一）不予支持精神损害赔偿

1979年《刑事诉讼法》确立刑事附带民事诉讼制度时，就将刑事受害人提起刑事附带民事诉讼的条件限定为遭受了“物质损失”。此后，司法解释也明确将精神损害赔偿排除在了侵权与犯罪交叉案件之外，只要涉及犯罪的侵权行为，刑事受害人无论是在刑事附带民事诉讼中还是单独提起民事诉讼要求精神损害赔偿，人民法院均不予受理。

违法行为给受害人带来的不仅是财产性的物质损失，还有非财产性的精神痛苦。为了给予受害人全面的救济，“法律不仅承认物质性利益，还承认非物质性利益，后者较之于前者甚至具有更高的位阶”[②]。在不涉及犯罪的普通民事案件中，如果受害人因为他人的违法行为遭受严重的精神痛苦，可以要求精神损害赔偿。从第一起精神损害赔偿案件即“贾某案”后，精神损害赔偿在我国民事侵权领域已经获得普遍适用。因生命权、健康权、身体权、隐私权、名誉权、人格自由、人格尊严等人身权利遭受侵害的受害人本人或其近亲属可以请求精神损害赔偿；自然人死亡后，遗体、遗骨遭受非法侵害的，其近亲属可以请求精神损害赔偿；甚至具有人格象征意义的物品被毁损的，被侵权人也可以起诉要求精神损害赔偿。我国《民法典》第1183条也明确规定，被侵权人因人身权益受到侵害，造成严重精神损害的，可以向侵权人请求精神损害赔偿。在司法实践中，人身伤害类刑事案件中的受害人及其近亲属一般都会提出精神

---

① 参见最高人民法院侵权责任法研究小组编著：《〈中华人民共和国侵权责任法〉条文理解与适用》，人民法院出版社2010年版，第300页。

② ［奥］海尔姆特·库齐奥：《侵权责任法的基本问题（第一卷）：德语国家的视角》，朱岩译，北京大学出版社2017年版，第112页。

损害赔偿的请求，法院都会依据最高人民法院的司法解释和答复判决不予支持，甚至要求受害人撤销精神损害赔偿的诉求。即使受害人再单独提起民事诉讼要求精神损害赔偿，人民法院也不会受理。精神损害赔偿在民事领域被法律明文规定，却因为侵权行为同时构成犯罪而被排除。在很多侵犯公民人身权利的犯罪中，如强奸罪，拐卖妇女、儿童罪，侮辱尸体罪等犯罪案件中，受害人可能并没有遭受物质损失，其精神损害是主要的甚至是唯一的损害后果。实际的情况是，这种没有物质损失的伤害往往是一种更为“刻骨铭心”的伤害。物质损失只是一时的，精神伤害是一世的。涉及刑事犯罪的伤害行为因为犯罪人的主观恶性会比通常的伤害行为引起更为严重的损害后果，从而引起受害人更为强烈、久远的心理阴影和精神痛苦。犯罪行为给受害人造成的精神痛苦明显要大于一般侵权行为给受害人造成的精神痛苦，如果一般的侵权行为造成的精神痛苦可以获得精神损害赔偿，严重的侵权行为即犯罪行为造成的精神痛苦反倒不予赔偿，对刑事受害人是不公平的。

尽管有学者要求给予刑事被害人精神损害赔偿的文章和著述多如牛毛，但是除极少数案例外，①绝大多数的刑民交叉案件，无论是刑事附带民事诉讼，还是另行提起的民事诉讼，被害人及其近亲属的精神损害赔偿请求都被法院驳回或不予支持。2019 年的一则最高人民法院公报案例中，在刑事受害人单独提起的民事诉讼程序中，法院在判决时依旧驳回了刑事受害人的精神损害赔偿请求，理由是“精神抚慰金不属于物质损失的范畴”。②

利益在法律上的位阶不同，人身权利相对于财产权利处在更高的位阶之上，应该受到更为周延的保护。生命、健康、自由和尊严不同于财产，不应用是否属于物质损失来衡量其价值，从而决定赔偿

① 如被媒体广泛报道的“清华教授女儿被公交车售货员掐死案”，在单独提起的民事诉讼中，一审法院判决公交车售货员和巴士公司共同赔偿受害人家属包括死亡赔偿金、丧葬费等费用共计 45 万元，并支持原告提出的 10 万元的精神损害赔偿请求。二审法院改判，将精神损害赔偿提高到 30 万元。30 万元的精神损害赔偿也是极为罕见的，是我国法院判决支持的最高额精神损害赔偿金。

② 参见《尹瑞军诉颜礼奎健康权、身体权纠纷案》，载《最高人民法院公报》2019 年第 3 期。

的范围。对此,已经有国家允许侵权与犯罪交叉案件中的受害人就某些特定损失,获得在普通的民事侵权中无法获得的赔偿。[①] 笔者认为,上述立法值得我国借鉴。

(二)一般不支持死亡赔偿金和残疾赔偿金

人身伤害的最严重后果莫过于致人死亡,在故意杀人罪等刑事案件的附带民事判决书中,不难发现,死亡受害人的家属只能获得1万元到2万元不等的金钱赔偿。这样的赔偿数额对一个熟知人身伤害赔偿数额的侵权法学者多少会产生一些冲击。在致人死亡的民事案件中,多达几十万元的死亡赔偿数额怎么变了呢?

原因是,根据最高人民法院的司法解释,在人身伤害犯罪案件的附带民事诉讼中,只赔偿受害人的直接物质损失,不包括死亡赔偿金和残疾赔偿金。[②] 在致人死亡和致人残疾的人身伤害案件中,原告主张死亡赔偿金和残疾赔偿金的,法院都会以请求没有法律依据而予以驳回。因此,在刑事附带民事诉讼中,原告获得人身损害赔偿的数额非常少。由于最高人民法院的司法解释没有规定死亡赔偿金这个赔偿项目,因此,死亡赔偿金也不予赔偿。

即使刑事被害人没有提起刑事附带民事诉讼要求人身损害赔偿,而是另行提起单独的民事诉讼要求人身损害赔偿,有的法院也会按照《刑事诉讼法》和相关司法解释的规定,而不是《侵权责任

---

① 如《奥地利民法典》第1331条规定:“某人的财产被刑法禁止的行为损害,他有权就该物的感情价值主张赔偿。”《意大利刑法典》第185条规定,任何犯罪行为都发生“民事法律规范”中的责任,而且“任何造成经济上的或非经济上的损失的犯罪行为都导致加害人和对加害人之行为负有责任的人(对受害人)承担民法上的赔偿责任”。《瑞士债务法典》第47条规定:“侵害他人身体或致人死亡的,法官可以依据具体情形,判决向受害人或死者的近亲属支付合适金额的精神抚慰金。”《奥地利民法典》第1325条规定:“无论何人,侵害他人身体的,都应赔偿受害人的康复费用及其收入损失……应受害人请求,还应赔偿旨在改善受害人状况的、合理的精神损害赔偿金。”

② 2011年最高人民法院《关于刑事附带民事诉讼赔偿范围问题的答复》明确规定:“附带民事诉讼只赔偿直接物质损失,一般不包括死亡赔偿金和残疾赔偿金。”2012年最高人民法院《关于适用〈中华人民共和国刑事诉讼法〉的解释》(已失效)第155条,明确列举的刑事附带民事诉讼的人身损害赔偿范围包括7个项目:医疗费、护理费、康复费、交通费、误工减少的收入、残疾生活辅助具费、丧葬费。没有提及残疾赔偿金和死亡赔偿金2个赔偿项目。

法》(已失效)等民事法律的规定作为民事案件的裁判依据。在“尹瑞军诉颜礼奎健康权、身体权纠纷案”的一审民事判决书中,法院就是以原告提出的残疾赔偿金、精神抚慰金的诉讼请求并不属于《刑事诉讼法》和相关司法解释规定的因犯罪行为造成的物质损失为由,判决对残疾赔偿金、精神抚慰金不予支持。[①] 这则公报案例的二审判决支持了刑事被害人的残疾赔偿金请求,裁判的依据是《侵权责任法》(已失效)第4条和第16条的规定。[②] 民事纠纷本来就应该依据民事法律进行裁判,无论是在单独的民事诉讼程序中,还是在附带的民事诉讼程序中,都不应该适用不同的法律规定导致审判结果的冲突和矛盾。笔者认为,我国《刑事诉讼法》和相关司法解释对于人身损害赔偿范围的限制是这种矛盾和冲突的根本原因。

从一些单独提起的民事诉讼案例中,我们也可以看出,如果刑事案件的受害人因犯罪行为受到人身伤害,并未提起刑事附带民事诉讼,而是另行提起民事侵权诉讼,则可能有机会获得更高数额的赔偿。但是司法大数据显示,人身伤害类刑事案件,适用刑事附带民事诉讼程序的比例要远大于单独适用民事诉讼程序的比例。因为,在实践中,一旦民商事案件涉及犯罪,法院就会以民商事案件涉嫌犯罪为由不予受理,已经受理的,裁定驳回起诉。

这里需要对残疾赔偿金和死亡赔偿金的性质进行解释。对于残疾赔偿金和死亡赔偿金的性质问题,即残疾赔偿金和死亡赔偿金究竟属于物质损失赔偿还是精神损害赔偿,虽然在侵权法理论中存在精神损害赔偿说和物质损失赔偿说两种不同的观点,但根据《人身损害赔偿司法解释》和《侵权责任法》(已失效)相关条文的规定,另外,从《关于适用〈中华人民共和国侵权责任法〉若干问题的通

---

① 参见尹瑞军诉颜礼奎健康权、身体权纠纷案,安徽省淮南市中级人民法院民事判决书(2015)淮民一终字第00929号。

② 二审法院在改判时认为:“尹某关于残疾赔偿金的诉讼请求有事实和法律依据。犯罪行为对受害人造成的伤害甚至比纯粹的民事侵权造成的伤害更大,如不予支持残疾赔偿金,会导致受害人因遭受犯罪行为侵害得到的赔偿较少,遭受纯粹民事侵权行为的侵害得到的赔偿相对较多,对受害人不公平,支持残疾赔偿金更符合公平原则。”殊值赞同。参见《尹瑞军诉颜礼奎健康权、身体权纠纷案》,载《最高人民法院公报》2019年第3期。

知》第4条将被抚养人生活费计入残疾赔偿金或死亡赔偿金的规定,也可以推断出死亡赔偿金和残疾赔偿金是对伤残者本人或者死者近亲属所遭受的物质损失进行的赔偿。我国民事案件的司法裁判也基本采取了死亡赔偿金和残疾赔偿金独立于精神损害赔偿的做法。

结合民事司法实践的普遍做法和学者的主流观点,“二金”的性质应是物质损失赔偿。具体来说,死亡赔偿金是对受害人近亲属(法定继承人)因受害人死亡而减少的未来所能继承财产的赔偿,是侵权人赔偿给死者近亲属一定的金钱给付,以为其维持一定生活水平。[①] 残疾赔偿金是为了弥补受害人残疾而导致的生活成本增加或者劳动能力下降,进而变相减少的物质收入。

## 第四节 我国现行处理模式存在的其他缺陷

### 一、涉及犯罪的人身伤害案件“同命不同价”的不公平现象

最高人民法院《关于适用〈中华人民共和国刑事诉讼法〉的解释》第177条规定,国家机关工作人员执行职务时犯罪导致的人身伤害和财产损失案件,被害人不能提起附带民事诉讼,只能申请国家赔偿。按照2012年《国家赔偿法》的规定,对人身伤害的赔偿范围包括误工损失(每日赔偿金按照国家上年度职工日平均工资计算)、死亡赔偿金、残疾赔偿金和被抚养人生活费等。精神损害抚慰金也被纳入了国家赔偿的范围。这样,申请国家赔偿获得的赔偿数额要远大于刑事附带民事诉讼。

另外,在涉及人身伤害的刑事附带民事案件中,交通肇事罪的人身损害赔偿的范围是非常特殊的。因为最高人民法院《关于适用〈中华人民共和国刑事诉讼法〉的解释》第192条第3款特别规定,驾驶机动车致人伤亡,构成犯罪的,应当依照《道路交通安全法》第76条的规定确定损害赔偿责任。因此,在涉及交通肇事罪的侵权

---

① 参见张新宝:《侵权责任法》,中国人民大学出版社2006年版,第342页。

与犯罪交叉案件中,遭受人身伤害的被害人获得的赔偿数额与普通的民事侵权案件是一致的。

这样规定的原因是机动车交通事故侵权责任的赔偿主体具有特殊性。机动车发生交通事故造成他人损害的,由保险公司在交强险的范围内先行赔偿,不足部分再由侵权行为人补充赔偿,除了交强险外,机动车主也会投保其他的商业保险来弥补交强险保额不足的问题。因此,交通事故损害赔偿的责任承担人实际上主要是保险公司。对于没有保险的机动车,最高人民法院研究室《关于交通肇事刑事案件附带民事赔偿范围问题的答复》也明确提出,涉及交通肇事的刑事案件,无论附带民事诉讼的被告人是否投保了机动车第三者强制责任保险,死亡赔偿金、残疾赔偿金均可纳入赔偿的范围。据此,无论机动车是否进行了保险,交通肇事刑事案件的受害人都可以获得比较充分的赔偿。

这样,在涉及犯罪的人身伤害案件中,受害人能够获得多少赔偿,不是按照实际的损害后果这一客观事实,而是由适用的诉讼程序和法律规定决定的。而这些法律规定的赔偿范围和标准并不相同,可能导致刑事被害人及其近亲属无法获得充分的权利救济。

## 二、以民事赔偿减轻刑事处罚存在严重的弊端

从司法案例来看,在犯罪嫌疑人和受害人或其家属达成和解的情况下,赔偿的数额会有所提高。同样是故意杀人的案例,如果是判决结案,精神损害赔偿的请求会被驳回;而在法院的调解下,如果受害人或其家属和犯罪嫌疑人或其家属进行和解,受害人或其家属有获得精神损害赔偿、残疾赔偿金、死亡赔偿金的可能,因为积极赔偿可以作为减轻量刑的情节。

2000 年最高人民法院的司法解释将犯罪人积极赔偿被害人损失作为可以减轻刑罚的情节。① 应用到实践中,有的法官为了缓和双方矛盾、顺利审结案件,会把“作为量刑情节予以考虑”作为案件

① 最高人民法院《关于刑事附带民事诉讼范围问题的规定》(已失效)第 4 条规定:“被告人已经赔偿被害人物质损失的,人民法院可以作为量刑情节予以考虑。”

审理的侧重点，而忽视“可以”，甚至把“可以”称为“应当”。[①] 由此导致以赔偿代替或者减少刑罚。2012年最高人民法院《关于适用〈中华人民共和国刑事诉讼法〉的解释》（已失效）第157条将其进一步规范化。[②] 人民法院在刑事审判前进行民事调解成为司法惯例和必经程序，并以和解结果作为刑事审判的量刑情节。

但以赔偿折抵刑罚的正当性是值得怀疑的。这样做无疑减弱了刑罚的震慑作用和法律的严肃性。赔钱减刑最容易引发的问题就在于，同样的犯罪行为造成同样的损害后果，同样的社会危害性得到的是不同的刑罚结果。这可能与我国《刑法》第4条规定的“适用刑法人人平等”原则和第5条规定的“罪责刑相适应原则”产生冲突，进而损害法律的权威性。

2012年修改的《刑事诉讼法》增加了刑事和解制度。刑事和解，是犯罪嫌疑人通过赔偿损失、赔礼道歉等方式与刑事受害人自行达成和解协议后，司法机关根据案件的具体情况，对犯罪嫌疑人不再追究刑事责任或从轻减轻刑事处罚的一种刑事诉讼活动。虽然《刑事诉讼法》明确规定和解仅限于轻微犯罪、过失犯罪、初犯和未成年人犯罪等主观恶性、社会危害性不大的案件。[③] 但是在司法实践中，受积极促成双方当事人刑事和解政策的影响，一般案件甚至是重刑案件中都有刑事和解的适用。[④] 2018年修改的《刑事诉讼

---

① 参见杨良胜主编：《刑事附带民事诉讼理论与实践探索》，人民法院出版社2015年版，第86页。

② 2012年最高人民法院《关于适用〈中华人民共和国刑事诉讼法〉的解释》（已失效）第157条明确规定：“审理刑事附带民事诉讼案件，人民法院应当结合被告人赔偿被害人物质损失的情况认定其悔罪表现，并在量刑时予以考虑。”

③ 《刑事诉讼法》（2012年修正）第277条至第279条对当事人和解的公诉案件诉讼程序进行了专门规定，刑事和解的适用范围限于：第一，因民间纠纷引起，涉嫌侵犯人身权利、民主权利、侵犯财产犯罪，可能判处三年有期徒刑以下刑罚的故意犯罪案件。第二，除渎职犯罪以外的可能判处七年有期徒刑以下刑罚的过失犯罪案件纳入公诉案件适用和解程序的范围。但是，犯罪嫌疑人、被告人在五年以内曾经故意犯罪的，不适用刑事和解程序。

④ 如最高人民法院、最高人民检察院、公安部、国家安全部、司法部于2016年11月发布的《关于在部分地区开展刑事案件认罪认罚从宽制度试点工作的办法》，没有根据《刑事诉讼法》按照罪名和刑罚轻重对案件的适用范围进行限制，凡是犯罪嫌疑人、被告人认罪认罚，积极赔偿受害人损失，达成和解协议的即可从宽处罚。

法》正式确定了认罪认罚从宽制度，最高人民法院、最高人民检察院、公安部、国家安全部、司法部于 2019 年 10 月发布的《关于适用认罪认罚从宽制度的指导意见》再一次明确指出认罪认罚没有适用罪名和可能判处刑罚的限定，所有刑事案件都可适用；还规定认罪认罚中的“认罚”考察的重点因素之一就是“赔偿损失”；并将犯罪嫌疑人是否积极赔偿被害人损失，是否与被害人达成和解协议作为从宽处罚的重要考虑因素。

刑事和解与民事和解并不相同，民事和解仅是对民事主体双方当事人之间的民事权利、义务关系的调和解决，而刑事和解的本质是把民事赔偿责任与刑事责任的轻重挂钩，刑事犯罪人通过赔偿获得受害人的谅解后，法院可以将此作为量刑的依据。对于犯罪嫌疑人和被害人已经达成刑事和解的案件，一般采取以下三种处理方式：一是不按犯罪处理的方式，撤销案件或者不作刑事立案，或者决定不起诉。二是免予追究刑事责任的处理方式，在起诉后判决免予刑事处罚。三是减轻刑事处罚的方式，如缩短有期徒刑的时间或者判决缓刑等。

但是由于没有明确的量刑标准，刑事和解后究竟会减轻多少刑罚尚不明晰。一份法院以刑事附带民事诉讼被告人为对象开展的调研报告显示，近 1/4 的犯罪人并不清楚自己是否因积极赔偿被从轻处罚了。在刑事附带民事诉讼的调解过程中，很多情况下刑事被告人的家属代替被告人参与到了民事调解过程中，致使被告人本人失去了一次在调解过程中悔罪的机会，增加了在此过程中“花钱买刑”的嫌疑，①也为司法腐败提供了生长的土壤。

一方面，如果受害人及其家属想要得到更多赔偿，就必须以出具对刑事犯罪人的谅解书为代价，这是否是其内心的真实意思是非常值得怀疑的。另一方面，刑事和解也没有对赔偿数额的计算依据和数额上限作出明确的限制，没有明确刑事和解的赔偿数额应不超过法定的民事赔偿标准或一定比例。因为和解是自愿协商的结果，犯罪嫌疑人和被害人双方自行就具体的赔偿数额进行协商，即使是

---

① 参见杨良胜主编：《刑事附带民事诉讼理论与实践探索》，人民法院出版社 2015 年版，第 102 页。

同一省市或同一个法院也没有统一的赔偿标准。有些被害人利用犯罪人及其家属急于从轻处罚的心理而“漫天要价”,也确实有刑事被害人获得了“天价赔偿”。实际情况往往是经济条件较好的犯罪行为人更容易与被害人达成和解协议,取得被害人及其家属的谅解书,从而获得从宽的刑事处理结果。

笔者认为,要想法律发挥效用,必须有一个相对稳定的法律适用环境,这一点比法律规范的内容本身更为重要。任意限缩和无限制的赔偿都会破坏法律的稳定性和公信力。应当通过法律规范明确刑事和解案件的民事损害赔偿标准,刑事和解协议中的损害赔偿数额应当以侵害行为实际造成的损害后果为依据,按照民事侵权案件的损害赔偿标准进行赔偿,与普通的民事侵权案件中侵权人按照侵权法规定的应当承担的民事损害赔偿责任相适应。

## 三、导致私权救济不当迟延

### (一)先刑后民导致的私权救济不当迟延

先刑后民的适用条件使民商事案件的审理必须以刑事程序终结为前提,因此,先刑后民可能引发私权救济不当迟延的问题从而引发一些当事人利用刑事程序故意拖延民事纠纷的解决的问题。对不属于同一事实的案件,个别法院以往也采取了“先刑后民”的审理原则,这种不恰当的民刑案件处理方式受到了学者的质疑。①2019 年 11 月《全国法院民商事审判工作会议纪要》再次强调,防止民事诉讼的不当迟延既要注意避免以刑事的方法处理民事争议,也要注意防止当事人通过侦查机关查封对抗、拖延民事诉讼的情况。这说明“先刑后民”引发了许多的实践问题,给民事当事人的权利救济造成了诸多障碍。

如果一个侵权行为同时触犯了刑法和民法,在刑事上涉嫌犯罪,在民事上构成侵权时,按照“先刑后民”的司法惯例,法院在处

① 我国刑法学者在 2000 年年初对“先刑后民”原则展开了集中的讨论,代表作如陈兴良:《关于“先刑后民”司法原则的反思》,具体文献的列举参见何帆:《刑民交叉案件审理的基本思路》,中国法制出版社 2007 年版,第 36 页。

理此类案件时,通常采用的是刑事附带民事诉讼程序合并审理模式。即使受害人想要提起单独的民事诉讼,一般也必须等到刑事审判结束后才能审理。刑事案件从公安机关立案侦查到人民检察院审查起诉,再到人民法院审理判决,需要经历相当长的时间,如果犯罪被告人或其家属想逃避赔偿责任,则其在公安机关立案侦查、检察机关审查起诉阶段完全有时间转移财产来逃避最后的执行。

### (二)刑事被告人不能缺席判决导致的私权救济不当迟延

由于刑罚涉及犯罪人的人身,因此在刑事诉讼中,刑事案件的犯罪嫌疑人必须到庭才能审理。虽然2018年第三次修正的《刑事诉讼法》第291条规定了刑事审判中的缺席判决制度,但由于具有严格的限制条件,因此不能在侵害私人权利的侵权与犯罪交叉案件中适用,[①]对于附带民事诉讼,根据最高人民法院《关于适用〈中华人民共和国刑事诉讼法〉的解释》第195条第2款的规定,刑事被告人以外的附带民事诉讼被告人可以缺席判决。也就是说,已经立案的刑事犯罪嫌疑人逃匿、失踪的,无法缺席判决。这既没有照顾到民事诉讼的独立性和特殊性,在司法实践中也容易导致遗漏刑事被告人以外的共同侵权人为刑事附带民事诉讼被告人的情况。因为通常的理解是,犯罪行为人才是刑事附带民事诉讼的被告人,由于民事责任的承担方式主要是损害赔偿,除一些特殊案件外,普通民事诉讼是可以缺席判决的。《民事诉讼法》并没有将可以缺席判决的被告人区分为刑事被告人和刑事被告人以外的被告人。因此,在刑事被告人逃匿的情况下,受害人可能会选择单独提起民事诉讼。在实践中,犯罪嫌疑人实施犯罪行为后逃匿的,受害人或者其近亲属单独就民事部分向人民法院提起民事诉讼的现象并不少见。但是不同的人民法院在处理这类案件时,做法并不一致。受"先刑后民"司法惯例的影响,有的法院采取不予立案的处理方式。有的虽然立案,但是在审理过程中会裁定中止审理,等待刑事判决后再进

---

① 2018年修正的《刑事诉讼法》第五编"特别程序"第291条,严格限制了适用缺席审判程序的犯罪案件种类,即贪污贿赂犯罪案件,以及需要及时进行审判,经最高人民检察院核准的严重危害国家安全犯罪、恐怖活动犯罪案件才能适用缺席审判程序。

行民事判决,而此时的犯罪嫌疑人可能已经躲于深山甚至逃往国外,抓捕其归案非常困难并且要经过长时间的等待,即使案件事实清楚,犯罪嫌疑人也有财产可供执行,被害人也可能无法得到权利救济和民事赔偿,只能苦苦等待。

在共同犯罪或团伙犯罪中,会出现部分犯罪嫌疑人逃匿的情形,在刑事审判时,只能先审理其他犯罪嫌疑人,没有抓捕归案的犯罪嫌疑人,要等到他们被抓捕后再另案进行审理。根据司法解释的规定,在逃的共同犯罪人也不被列为附带民事诉讼的被告人,只有逃跑的共同犯罪人到案后,才可以对其提起附带民事诉讼。[①] 共同犯罪一般会成立共同侵权,按照侵权责任法的规定,如果共同侵权行为给被害人造成了人身伤害或经济损失,数个共同侵权人应当对被害人承担连带赔偿责任。在附带民事诉讼程序中,逃匿的共同犯罪人不被列为共同被告人,那么已经抓捕归案的犯罪人和逃匿的共同犯罪人不可能被判令承担连带责任。而连带责任是多数人侵权中对被害人最为有利的责任形态,因其赋予被害人充分且任意的赔偿请求权。受害人有权向共同侵权人中的任何一人或数人请求赔偿全部或部分损失,其中任何一个侵权人都有向受害人赔偿全部损失的义务。也就是说,受害人失去了让在逃同案犯承担连带责任的机会。即使在逃的犯罪嫌疑人是有赔偿能力的人,受害人也往往难以得到足够的赔偿。

对于同案犯在逃的案件,民事赔偿责任怎么解决?实践中有不同的做法,其中比较常见的做法是在刑事附带民事判决中让已经被抓捕归案并判处刑罚的几个共同犯罪人对受害人的损失承担连带责任。如在一起非法拘禁案中,栾某、张某、王某、孙某四人,为讨债将被害人吴某非法拘禁在一个酒店里,被害人吴某为逃脱从酒店窗户跳下,当场摔死。同案犯罪嫌疑人孙某在逃。法院就判决由到案并因犯非法拘禁罪被判处有期徒刑的栾某、张某、王某三人对受害

① 最高人民法院《关于适用〈中华人民共和国刑事诉讼法〉的解释》第181条第1款规定:“被害人或者其法定代理人、近亲属仅对部分共同侵害人提起附带民事诉讼的,人民法院应当告知其可以对其他共同侵害人,包括没有被追究刑事责任的共同侵害人,一并提起附带民事诉讼,但共同犯罪案件中同案犯在逃的除外。”

人吴某的家属承担连带赔偿责任。① 还有一种做法是，为共同犯罪中在逃的犯罪嫌疑人预留一定的赔偿份额，等其到案后再判决承担预留的民事赔偿份额，但这种做法并不常见。② 无论是哪种做法都与共同侵权“责任的整体性”特征不符，无法很好地平衡共同犯罪中侵权人与受害人、侵权人与侵权人之间的利益关系，也有悖公平。在共同侵权中，共同行为人的责任采用的是总体评估的模式，因此，责任的评估是在受害人与所有的侵权人之间进行的，每一个侵权人须对所有的侵权人经评估后所应承担的损害赔偿的总额承担连带责任。③ 如前所述，连带责任是侵权人对受害人的外部责任，在共同侵权人内部，要进行责任的最终分配和具体分配，共同侵权人的内部责任是按份责任。民事案件通常以过错和原因力为依据确定每个侵权人责任分担的比例。刑事案件中的共同犯罪人有主犯和从犯之分，因此平均承担责任的情形不多。如果在逃的犯罪嫌疑人不能缺席判决，就不能确定他应当承担的份额。如果他实际应当承担的份额是 10%、30% 或是更高的 50%、70%，对其他到案的共同侵权人也是不公平的。

有效的私权救济不仅是充分的救济也应是及时的救济。附带民事诉讼处于次要的附属地位，《刑事诉讼法》及其司法解释应照顾民事诉讼的特殊性，考虑对私人权利进行及时、有效救济，尊重民事诉讼的独立地位和私权救济的独立地位。诉讼程序是保证实体权利实现的工具，程序法是为实体法服务的，附带民事诉讼程序的设计，应当以及时、充分维护私人合法权益为立法理念和指导原则。

值得指出的是，我国《民法典》规定的侵权责任承担方式，除了损害赔偿责任这样的事后救济措施，还包括消除危险、排除妨碍等防御性责任形式。与大陆法系德国、法国民法以债务为基础构建侵

---

① 参见张某等非法拘禁案，云南省临沧市凤庆县人民法院刑事判决书，(2010)凤刑初字第 18 号。

② 参见张元优、涂学章：《浅析共同犯罪中在逃犯罪嫌疑人刑事附带民事责任》，载人民法院网 2003 年 10 月 29 日，chinacourt. org/article/detail/2003/10/id/88614. shtml。

③ [德]U. 马格努斯、[西]M. 马丁 – 卡萨尔斯主编：《侵权法的统一：共同过失》，叶名怡、陈鑫译，法律出版社 2009 年版，第 125 页。

权法律关系不同,我国侵权法是以责任为基础构建的,因此,我国物权法和侵权责任法中的侵权责任承担方式,不限于以恢复原状和赔偿损失为具体内容的损害赔偿责任,还有一些责令侵权人为或不为一定行为,以防止损害后果发生或扩大的防御性责任形式,只要是保护自己的合法权益所需要的,受害人即可请求法院责令侵权人承担这些防御性责任。而在刑事附带民事诉讼中,《刑事诉讼法》和相关的司法解释没有提及这些防御性责任承担方式,在法院的刑事附带民事判决中也没有适用这些防御性的责任承担方式。

# 第四章　侵权与犯罪交叉案件私权救济优先的实现路径

## 第一节　树立私权救济优先的价值理念

### 一、对待私权应是尊重的而非功利的

#### （一）改变重刑轻民的传统理念

随着我国法治社会的发展，全面保护刑事被害人权利的呼声和审判实践暴露出来的问题，尤其是刑事附带民事诉讼对刑事被害人私权救济的不合理限制，使得民刑交叉案件的处理方式越来越受到关注。在我国理论和司法实践中，最突出的问题和争论的焦点不是犯罪与侵权实体法上的矛盾冲突，而是刑事附带民事诉讼程序与侵权救济和私权保护的矛盾冲突。

制度不合理的背后归根结底是一个价值观念的问题。中国传统民事法律制度欠发达，尤其是财产权利很少①。在丰富而又悠久的中国古代法律史领域，自战国之时的《法经》到中华法系的最后一部

---

①　参见邓建鹏：《财产权利的贫困：中国传统民事法研究》，法律出版社 2006 年版。

封建法典《大清律例》，无不采用以刑法为主、诸法合体的编纂体例。在中国封建社会，刑事规范一直都具有特别重要的地位，庞大的刑事规范体系促使刑法成了具有统领意义的法典。以清朝为例，无论是在先的《大清律例》还是在后的《大清现行刑律》中都包含少量涉及调整民事法律关系的法规。在民国初期，《大清现行刑律》中的民事部分也被作为过渡时期的民事法典。中国古代对法的理解只有刑罚。梁治平先生认为："数千年来中国只有一种法律，那就是刑律，此乃道德之器械，它内在的道德评价与外在的刑罚等级相配合，构成了一张包罗万象的大网，其中无所谓民事与刑事、私生活与公共生活，只有事之大小与刑之轻重。"①在中国古代上千年的历史中，民法是作为刑法的补充而存在的。先刑后民不仅是一种司法惯例，也是深入人心的一种观念，一种"由来已久""理所当然"的观念。

与之相反的是，西方法律在产生之初，就将法律与私人权利密切相连，设置法律的首要目的是确定和保护私人的权利。而我国重视公权轻视私权的历史传统也在一定程度上影响了今天法律制度的设计理念。

（二）不能以刑事惩罚替代民事赔偿

如前所述，附带诉讼制度是为了保障受害人的私权而设，因国家收集证据的能力远高于个人，在刑事审判中一并解决损害赔偿问题使受害人免于证明的困难，并不是为了让刑罚代替民事赔偿。我国现行的侵权与犯罪交叉案件处理模式，在解决侵权损害赔偿的过程中，不当限制和限缩了私人的损害赔偿请求权。对于此做法，最高人民法院的法官解释到，对于刑事犯罪，犯罪人承担的是刑事责任，犯罪人已受到很严厉的惩罚，再让其承担过重的民事赔偿，有"二罚"之嫌。② 刑法和民法本就各自独立，刑罚和损害赔偿本就是

① 梁治平：《寻求自然秩序中的和谐：中国传统法律文化研究》，中国政法大学出版社2002年版，第262页。

② 参见《最高法回应长春盗车杀婴案判赔低》，载《新京报》2013年6月14日，A29版。

“二罚”。侵权与犯罪分离后，民刑价值判断不同，归责基础、责任构成、因果关系等都不同，刑事责任和民事责任不能相互替代。①

（三）执行难不是限缩损害赔偿的正当理由

有观点认为，限制刑事案件中的民事赔偿数额是基于现实的考虑，在司法实践中，刑事犯罪人大多数经济能力比较差，即使按照民事法律计算损害赔偿数额，也不可能获得执行。因为执行难，所以判决的时候就少判点，这看似合理，实则又是一个悖论：在司法实践中，执行难是个普遍问题，不仅局限于刑民交叉案件，众所周知，侵权责任的功能在于填补损害，采取完全赔偿原则以受害人的损失来确定侵权人应当承担的责任，而不是以侵权人的偿付能力来确定损害赔偿。如此一来，侵权法的原则、原理和规则被不当修改。因执行困难而改变审判结果的做法与法理是完全背离的。审判与执行不能混为一谈。“空判”现象在独立的民事诉讼中也曾存在，但是法院没有因为侵权人的赔偿能力不足就不支持原告的诉讼请求。因为诉讼请求的依据是实体法律关系和被侵权人的合法民事权益，损害赔偿请求权是受害人权利遭受侵害而享有的法定权利。按照实体法的规定，原告的诉讼请求成立，国家就有义务保护他的合法权益。侵权法明确规定了责任的减轻和不承担责任的事由，侵权人没有赔偿能力并不是法定的免责事由。无论是侵犯财产类侵权与犯罪交叉案件还是侵犯人身类侵权与犯罪交叉案件，都只赔偿直接的物质损失，而无法弥补受害人的全部损失。根据判决的既判力，即使刑事犯罪人日后有了赔偿能力，受害人也无法依据判决书随时请求其继续履行赔偿义务。这就是判与不判的区别所在。

（四）附带民事诉讼的“功利主义”缺陷

附带民事诉讼制度是功利主义刑罚观念的产物，功利主义源于英国，功利主义法学的创始人边沁认为，功利是判断法律善恶的基础，他将功利主义理论运用到犯罪学领域的研究当中，对古典犯罪学派产生了深远的影响。然而，由于边沁的功利主义思想存在一定

① 我国《侵权责任法》（已失效）第 4 条第 1 款明确规定：“侵权人因同一行为应当承担行政责任或者刑事责任的，不影响依法承担侵权责任。”

的局限性，在其影响下形成的刑事立法理论不可避免地也存在一定的不足之处。

刑事附带民事诉讼由国家公权力机关收集证据，被害人无须缴纳诉讼费用。尽管刑事附带民事诉讼具有提高效率、降低诉讼成本的优点，但它的不足之处也是非常明显的。第一，刑事附带民事诉讼在一个诉讼程序中用刑事证明规则取代了民事证明规则。而刑事证明规则和民事证明规则是两种不同的证明规则。在证明对象、证明方法、证据形式、举证责任、质证规则等各个方面都有差异。第二，在民事案件和刑事案件合并审理的情况下，刑事审判和民事审判纠缠在一起，相互影响。一方面，受刑事审判程序复杂性的影响，被害人的民事赔偿要求不能及时得到解决。另一方面，如果民事部分的审理进展缓慢，也会影响刑事部分的正常审判。如前所述，这也是非法占有、处置财产类刑事案件不适用附带民事诉讼程序的原因。因为司法工作人员普遍反映这会影响刑事案件的审理。第三，附带性决定了民事审判的从属地位，民事法律关系的判断与刑事法律关系的判断不是处在相同的位置上，很难保证民事责任的独立性。

刑事附带民事诉讼的优势是在同一程序中解决刑事惩罚和民事赔偿，可以节省司法成本，提高案件审理效率。这是一种功利主义的价值判断标准，而对待私权的态度应是尊重的而非功利的。“私法诞生之时，必已有私权的平等，私法发达之日，必定有诉权平等的普遍化。私法之所以有别于公法，就在于它在自己的领域中排除治者与被治者的关系，命令与服从的关系。排除了与国家相关的一切特权。”①

在一个“权利本位”的社会里，为了提高司法效率，就放弃对私权的周密保护，限制民事责任的实现，是一种司法功利行为，也体现了对权利的漠视，而对权利的漠视就是对人格尊严的漠视。当权利受到侵害，权利人鼓起勇气选择维护权利时，权利人既是在行使自

① 梁治平：《寻求自然秩序中的和谐：中国传统法律文化研究》，中国政法大学出版社 2002 年版，第 92 页。

己的权利,也是在维护人格的尊严,权利与人格的紧密联系,赋予了一切权利无与伦比的价值。在根据法律规定本可以获得赔偿的案件中,就因为与刑事案件的交叉,权利人想去起诉却无法起诉,或者即使诉讼也无法全面维护自己的合法权益。此时,私权的尊严必然受损,弱化私人对权利产生内心认同无疑是法治的巨大损失。

对于侵权与犯罪交叉案件,我国基本采取附带民事诉讼的处理模式,很少采取分离诉讼模式。理由是保证司法效率,节省司法资源,保证法院判决的统一性和权威性。受害人作为私人必须服从国家公权力的安排。以公权力限制私权利,易产生刑事诉讼法律规范与民事法律规范的冲突。《侵权责任法》(已失效)中关于侵权责任独立和优先的表达是民法学者对私权利不应受公权力不当限制甚至排除的呼吁和愿景。以提高程序效率牺牲实体权利是不可取的,无论从情理的角度还是法理的角度都是说不通的,会伤害国民的法感情。

诉讼程序不仅要讲效率,更应注重效益。诉讼效益是指在诉讼过程中,以最少的诉讼成本取得最佳的效果,这也意味着,在同一诉讼过程中,在取得同样好的诉讼效果时,应最大限度地减少其不良后果。侵权与犯罪交叉案件的处理模式应当是在保证侵权责任充分实现的前提下去谈的,在对私权进行全面救济的前提下,才需要考虑诉讼程序如何简单化、经济化。程序设计应围绕这一主旨进行,以程序经济牺牲实体正义是本末倒置的做法。程序法为保障实体权利而设,而不是变相阻碍权利的实现。如果出现这样的现象就应及时加以纠正。

## 二、刑法应保持谦抑性

随着我国经济社会的发展,民主法治水平的提高,私权利应当成为优先于公权力的存在。我国刑法学者和民法学者一致提倡民法应保持扩张性,刑法应保持适当的谦抑性,不应动辄以刑罚解决社会纠纷和矛盾。对于何为刑法的谦抑性,陈兴良教授认为:“刑法谦抑性是指立法者应当力求以最小的支出——少用甚至不用刑罚,而用其他刑罚替代措施,以便获取最大的社会效益——有效地预防和控制犯罪。"[①]可见,刑法谦抑性的含义至少有三个方面:第一,刑事立法和刑罚的克制性。第二,其他法律治理手段的优先适用性。第三,刑法的补充性。民事违法行为应交由侵权法调整。但是在我国现实的立法和司法过程中,"刑法谦抑性在中国还只是停留在口头表述或者书面文字的一种理念,而没有成为人们内心深处的真实想法,没有对刑法立法和适用产生实质影响"[②]。

在我国,刑事优先的传统习惯由来已久。刑事优先体现在刑民关系的各个方面:第一,刑事法律优先于民事法律适用。在涉及刑事的案件中,对民事法律关系的审理优先适用《刑事诉讼法》及刑事司法解释的规定,刑事法律和司法解释没有规定的,才适用民事法律和司法解释。第二,刑事案件的审理顺序优先于民事案件的审理顺序,即前文提及的"先刑后民"的司法惯例。刑事诉讼程序要先于民事诉讼程序进行,只要与犯罪有牵连的民事案件,一律停止审理或驳回起诉,等待刑事案件审结后,再审理民事案件。第三,在附带民事诉讼中,刑事判决处于主导地位,民事判决处于次要地位,民事判决只是刑事判决的附属物。第四,民事案件的裁判对刑事判决的效力绝对予以服从。在刑事优先的理念指导下,审理民事案件的法官对刑事判决往往"全盘照收"。即使民事案件的当事人对刑事判决认定的事实提出异议,也极少被法院认真对待。刑事优先的实质就是以牺牲刑事受害人的私人程序选择权和实体赔偿权为代价来保证公权力的优先实施。

在公权力与私权利的博弈中,公权力应保持克制,侵权法的特点是以保障平等主体的民事权益为目的,以实现私权的充分救济为目的。刑罚作为保护社会秩序的最后屏障,是为保障私权利服务的。侵权法等民事法律是前置法,刑法是前置法的补充法。侵权与犯罪的分离本身就是国家在干预人民生活时要保持谨慎态度的产物。无论是公法与私法的划分,抑或处理民事责任与刑事责任聚合时民事责任优先的基本原则,都反映了同一事实:几

---

① 陈兴良:《刑法谦抑的价值蕴含》,载《现代法学》1996年第3期。

② 周光权:《刑法总论》(第3版),中国人民大学出版社2016年版,第21页。

乎所有被法律规定为犯罪的行为，其社会危害性的根源皆在于对私权利的侵犯，这一点在针对公民人身、财产实施的犯罪上表现得尤为明显。

民事法律保护的私人利益是第一位利益，刑事法律保护的公共利益是第二位利益。如果侵权责任已经足以遏制违法行为，就不应再科以刑罚。例如，亲属之间因为对尸体的安葬和处理意见不统一引起的私自迁移尸体案件，就不应认定为盗窃尸体罪，用民事侵权就可以很好的解决。又如，我国《公司法》已经实行认缴资本制，就应取消虚假出资罪。再如，刑法对商业秘密和商业秘密侵权行为的定义与知识产权法、《反不正当竞争法》基本完全一致。如若采取民事侵权手段就足以保护商业秘密，则无须动用刑罚。

刑法的谦抑性还表现在应避免私人权益保护的刑事先行现象。如果一项私人权益尚未获得民法的认可和保护，刑法不应先为侵犯此利益的行为设立罪名进行处罚。正如田宏杰教授所言："前置法不备，刑罚权不动；刑事立法不规，刑事司法不治，既是刑法谦抑性的形式内涵，更是刑法形式合法性的规范要求；而前置法虽备，但在只有法益之刑法保护必要时，刑罚权方用；刑事立法虽规，但在只有实际动用刑罚权方能实现法益之刑法保护任务时，刑事司法方治，才是刑法谦抑性的实质精义，更是刑法实质合法性的正当根基。"①

## 第二节　避免私人权益保护的"刑事先行"现象：以个人信息保护为例

### 一、我国对侵犯公民个人信息行为采取严惩的刑事政策

随着网络信息时代的发展，各种信息侵权行为日益增多。信息侵权行为不仅导致私人信息的泄露，还往往是下游犯罪的前提行

---

①　田宏杰：《立法扩张与司法限缩：刑法谦抑性的展开》，载《中国法学》2020 年第 1 期。

为。侵权人买卖、窃取、收集他人信息等非法获取个人信息行为的目的是进行下游犯罪,即信息侵权是下游犯罪的预备条件。[①] 在我国司法实践中,最常见的个人信息犯罪行为是利用个人信息进行盗窃或利用个人信息进行金融诈骗,如“徐某玉案”等。这些案件引起了社会公众的广泛关注,人人自危,严重影响了社会生活、经济秩序的稳定,这也是我国刑法严厉打击侵犯公民个人信息行为的起因。[②]

我国《个人信息保护法》没有规定侵犯个人信息犯罪的具体罪名。但2009 年 2 月 28 日通过的《刑法修正案(七)》增设刑法第253 条之一,规定了出售、非法提供公民个人信息罪和窃取、非法获取公民个人信息罪两个罪名。2015 年 8 月 29 日通过的《刑法修正案(九)》将上述两个罪名合并为“侵犯公民个人信息罪”。

根据我国《刑法》第 253 条之一的规定,构成侵犯公民个人信息罪,须达到“情节严重”这一标准。“情节严重”与“情节较轻”相对应,是我国刑法分则中经常出现的词语,通常作为量刑的标准,有时也作为定罪的标准。这种在刑法中既规定定性标准又规定定量标准的立法模式属于我国的独创,而大陆法系其他国家的刑法如德国和日本采取的都是立法定性、司法定量的立法模式。[③] 由于刑法的规定比较模糊,因此要通过司法解释对“情节严重”的具体内容进行细化。《关于办理侵犯公民个人信息刑事案件适用法律若干问题

① 如在美国,这些下游犯罪包括但不限于网络攻击、诈骗、身份盗窃、敲诈勒索、跟踪杀人等。美国有案例表明数据经营商出售贷款申请人的贷款信息,购买人利用这些信息冒名贷款或盗刷信用卡,还有某公司收集记者的隐私信息,要挟其停止对该公司的负面报道,甚至有人购买自己熟人的个人信息后实施跟踪将其杀死。

② 从最高人民法院、最高人民检察院、公安部发布的侵犯公民个人信息罪的典型案例来看,犯罪分子非法获取上述信息用于买卖牟利或进行诈骗等其他犯罪活动的方式主要包括两种:一是通过网络软件、系统漏洞、手机定位等方式窃取个人信息。二是国家工作人员、银行工作人员、房地产工业人员、电信工作人员、证券公司工作人员,快递从业人员利用职务便利获得信息后非法提供或出售个人信息。除行政管理机关和金融、电信、交通等单位接触大量的个人信息外,宾馆、快递等服务行业在提供服务的过程中,也会获取大量的个人信息。这些单位的工作人员为了获取非法利益,出售个人信息的案件也时有发生。

③ 参见汪海洋:《论侵犯公民个人信息罪之“情节严重”》,载《法律适用》2018 年第17 期。

的解释》对侵犯公民个人信息的行为采取了严惩的态度，入罪标准较低，主要体现为：第一，非法获取、出售或者提供公民行踪轨迹信息、通信内容、征信信息、财产信息 50 条以上即认定为情节严重。如果是在履行职责或提供服务过程中合法获得上述信息后非法出售的，只要达到 25 条以上即构成情节严重。第二，违法所得 5000 元以上就构成情节严重，甚至只要 2500 元以上就达到入罪标准。第三，国家工作人员利用职务便利非法获取公民个人信息出售，构成侵犯公民个人信息罪的，应当从重处罚。如果是非法获取公民个人信息后又实施其他犯罪的，主要是电信诈骗罪的犯罪，则构成数罪，应当数罪并罚。

针对侵犯公民个人信息罪入罪标准较低的问题，我国学者指出，这可能带来一些问题：首先，可能带来一些负面的影响，忽视日常公民个人信息违法行为的其他防控措施。其次，会在刑法实施过程中遭遇各种难题，如较低的入罪标准可能导致“情节显著轻微危害不大”的违法行为受到刑事惩罚，以及与其他犯罪的入刑标准相比会导致罪与罪之间的刑罚失衡。最后，“徒法不足以自行”，从犯罪生成的原因角度出发，侵犯公民个人信息违法行为的形成因素是多方面的，刑罚规制并不能从根本上阻止这些因素的生成，因而有其天然的局限性。①

## 二、个人信息保护呈现“刑事先行”现象

“北大法律信息网”发布的大数据统计表明，从我国《刑法》规定侵犯公民个人信息罪后，个人信息犯罪相关司法案例数量呈现明显的上升趋势。2017 年侵犯公民个人信息罪司法案例共计 1137 例，相比 2016 年的 426 例增加了 711 例。就公民个人信息的保护而言，我国刑法显然已经走在了其他法律部门的前面。从相关法律颁布的时间先后上看，刑法先于民法规定了侵犯个人信息的违法行为，并予以定罪量刑；刑法也先于民法明确了个人信息的概念和范

① 参见汪明亮：《治理侵犯公民个人信息犯罪之刑罚替代措施》，载《东方法学》2019 年第 2 期。

围。从司法大数据上看，刑法案例明显多于民事侵权案例。在北大法宝“司法案例”一栏中输入“个人信息”这个关键词，搜索到的绝大多数为侵犯公民个人信息罪的刑事判决。民事侵权案件的数量明显少于刑事案件，且个人信息民事侵权案件基本是利用信息侵害隐私、名誉等人格权的案例。在“中国裁判文书网”选择“民事案件”，以“个人信息侵权”作为关键词，搜索到的也是以一般人格权等案由出现的案例和判决。在“无讼案例”中选定民事案例，输入搜索条件“个人信息”，查找到的民事案例名称为不正当竞争纠纷、信用卡纠纷、隐私权纠纷、名誉权纠纷、人格权纠纷，并没有以“个人信息”为名称的案例。从司法大数据来看，在司法实践中，个人信息还没有形成独立案由，对侵犯个人信息的诉讼是以隐私侵权或其他侵权为案由出现的。我国个人信息民事案件司法判决的缺失，基本没有建立起个人信息侵权行为具体表现形式的实践积累。反之，刑事案例的数量已经相当可观。

在法律体系中，民法是保护私人合法权益的基础性规范，能够为个人信息权益的保护提供基本的理论支撑。而个人信息案件“刑多民少”的司法现状，使得个人信息的内涵、外延及法益属性在司法实践中没能得到清晰的体现和印证，可能会对个人信息的民法保护造成不利的影响。

从现有的侵犯个人信息的法律治理措施来看，刑法承担着主要角色。而侵犯公民个人信息的犯罪系行为犯，理想的状态应当是先由前置的法律法规，后由作为“其他部门法的保障法”的刑法加以规制。[①] 从法益保护的角度出发，个人信息的利益归属于“私人”，而民法（主要是侵权法）是保护私人权益的一般性法律，对私人权益的保护应以侵权法的保护和救济为主。对个人信息的保护和救济应回归民事领域即主要由侵权法调整的状态。

## 三、个人信息保护民刑衔接应注意的问题

正如我国《个人信息保护法》“法律责任”一章所规定的那样，

---

① 参见喻海松：《侵犯公民个人信息罪的司法适用态势与争议焦点探析》，载《法律适用》2018 年第 7 期。

对个人信息应采用民事、行政、刑事等多种法律保护手段，构建完善的个人信息保护体系。处理好个人信息保护的侵权法与刑法的衔接需要注意以下问题。

第一，充分发挥侵权法的预防功能，防患于未然。个人信息侵权责任承担方式除了损害赔偿之外，还包括停止侵害等非财产性质责任。例如，个人信息权利人发现自己的信息在网络上受到侵害时，有权要求网络服务提供者采取屏蔽、删除、断开链接等必要措施，防止侵权行为的进一步扩大。这些必要措施就是防御性的侵权责任承担方式。相较于刑事责任，防御性的侵权责任承担方式能为被侵权人提供充分的救济，有效地预防和制止侵权行为的发生和进一步扩大。

通过防御性侵权责任承担方式的适用，及时制止个人信息侵权行为，也可以减少犯罪行为的发生。例如，通过判令个人信息侵权行为人更正、停止处理、删除、数字加密他人个人信息等方法预防犯罪的发生。民法上的个人信息权利人享有查阅、抄录、复制个人信息的权利，对自己的信息有管理和处分权，享有个人信息的更正权和删除权。私人可以通过法律赋予的权利和救济手段，预防个人信息侵权行为的发生并及时予以制止。而在刑法中，侵犯个人信息的犯罪行为仅有非法收集、出售和提供行为，皆为事后救济。受侵权法规范的个人信息侵权行为相较于刑法中的个人信息犯罪行为更为宽泛。侵权法能够更好地保护个人信息安全，且个人是自己利益的最好守护者，赋予个人以信息人格权利，完善民法的个人信息保护，才是保证个人信息安全的基础法律手段。

第二，要注意个人信息保护侵权与犯罪的协调。具体包括：其一，要注意保护对象的协调。刑法上的罪名表述为“公民个人信息罪”，民法上的表述为“个人信息”，《民法典》也是采用这一表述。个人与自然人同义，根据属地管辖原则，对于我国境内发生的侵害外国人或无国籍人个人信息的行为，属于我国法律的调整范围应无疑问。而在刑法上，侵犯公民个人信息罪的保护对象是否包括外国人和无国籍人的信息则不无疑问。因为公民与个人不是同一概念。在《现代汉语词典》中，“公民”一词是指具有或取得某国国籍，并根据该国宪法和法律规定享有权利和承担相应义务的人。如果非法获取或者出售外国人和无国籍人个人信息达到情节严重的程度,是否也应构成犯罪,不无疑问。其二,要注意个人信息概念和范围的协调。其三,要注意民事侵权行为与犯罪行为违法性判断的协调。如前所述,根据法秩序统一原理,民事不违法则当然不成立侵犯公民个人信息罪。因此,应在民法上界定和完善个人信息的合法收集和利用范围,明确个人信息的"合法获取"情形,规定个人信息侵权责任的免责事由,从而为刑事违法的判断提供理论基础。

第三,注意侵犯公民个人信息罪侵权与犯罪交叉案件的受害人民事权益的保护。侵犯公民个人信息罪涉及对自然人个人信息权利的侵害,但是在司法实践中,还没有出现刑事附带民事诉讼的案例,即在侵犯公民个人信息罪的刑事案件中,尚没有判决提及个人信息被侵权人的权利救济和损害赔偿问题。另外,在侵犯公民个人信息罪的刑事判决中,除有期徒刑外,几乎都会判处罚金,①这样就不可避免地涉及民事责任能否优先实现的问题。

## 四、完善个人信息保护的侵权法救济

民法对个人信息的保护不够充分是个人信息保护"刑事先行"的重要原因。构建完善的个人信息民法保护制度,是避免"刑事先行"现象,实现私权救济优先的根本路径。

### (一)扩大民法中个人信息的保护范围

网络的发展、信息时代的来临促成了个人信息的异常发达。个人信息的容量巨大,在内涵和外延上都是十分宽泛的,个人信息包括个人自然情况信息、征信信息、行踪信息、户籍信息、基因信息等。在众多的信息中划出保护的范围是非常困难的,并且很多个人信息不具有隐秘性的特点。关于个人信息的含义和范围的界定一直是各国个人信息立法的难题。

根据《个人信息保护法》第4条第1款,个人信息是以电子或者其他方式记录的与已识别或者可识别的自然人有关的各种信息,不

---

① 如最高人民法院、最高人民检察院2016年发布的七起"侵犯公民个人信息犯罪典型案例"的刑事判决中全部对犯罪人判处罚金刑。

包括匿名化处理后的信息。身份识别性是个人信息的基本特征，有些信息能够直接识别出自然人的身份，有的信息则需要与其他信息结合来识别自然人的身份。个人信息必须具有可识别性，这是个人信息保护的关键。信息必须与特定自然人关联，可以反映特定自然人的身份或活动轨迹，才能作为法律保护的对象。如果相关信息经过处理后无法识别自然人身份，则不属于民法调整范围内的个人信息。

我国现有的法律规定对个人信息的界定并不完全一致。2016年11月7日通过的《网络安全法》将个人身份识别信息分为两类：一类是能够单独识别自然人身份的信息，即显名信息。另一类是需要与其他信息结合才能识别自然人身份的信息，即隐名信息。[①] 2017年5月8日公布的《关于办理侵犯公民个人信息刑事案件适用法律若干问题的解释》也将个人信息分为显名信息和隐名信息两类，但是比《网络安全法》规定的个人信息的范围更广泛，不仅包括身份识别信息，还包括自然人活动信息。[②] 该司法解释规定个人活动信息主要是为了防止下游犯罪行为，针对网络技术的发展现状，自然人个人活动和行踪轨迹信息具有了受到侵犯的可能性，如根据IP地址的上网踪迹即可推断出使用者的喜好，进而推送各种广告和诈骗信息。

《民法典》作为个人信息确权的基础规范，应尽量涵盖个人信息的类型，扩大个人信息的保护范围。应当将自然人的活动信息纳入民法保护范围，有效防止类似的侵权行为，并与刑法中个人信息的范围保持一致。《民法典》第1034条将"电子邮箱信息"、"健康信息"和"行踪信息"均纳入个人信息的范围，就是对扩大个人信息民法保护范围的立法回应，殊值肯定。

---

① 《网络安全法》第76条第5项将个人信息定义为："个人信息，是指以电子或者其他方式记录的能够单独或者与其他信息结合识别自然人个人身份的各种信息，包括但不限于自然人的姓名、出生日期、身份证件号码、个人生物识别信息、住址、电话号码等。"

② 最高人民法院《关于办理侵犯公民个人信息刑事案件适用法律若干问题的解释》第1条中将个人信息定义为："以电子或者其他方式记录的能够单独或者与其他信息结合识别特定自然人身份或者反映特定自然人活动情况的各种信息，包括姓名、身份证件号码、通信通讯联系方式、住址、账号密码、财产状况、行踪轨迹等。"

### (二)赋予个人信息以独立人格权的法律地位

2017年《民法总则》(已失效)第111条在民法上正式确立了个人信息保护制度,不仅回应了多年来社会各个层面关于个人信息保护的期待,也是对自然人民事合法权益保护的扩展与完善,更是民事法律自身的发展进步。遗憾的是,《民法总则》仅宣示了个人信息受保护的地位,没有明确个人信息的范围和个人信息的权利属性,因此受到学者的批评。我国《民法典》对个人信息的法律属性也采取了回避定性、加强保护的立法策略。《民法典》偏重对个人信息的保护而将其权利性质暂时搁置。学者对《民法典》是否确立了个人信息权产生了各种不同的观点:第一种观点认为,《民法典》第1034条已经在一定程度上明确了个人信息权,该条文既是对自然人这一民事主体对于其个人信息享有民事权利的宣示性规定,同时也是对个人信息的确权性规定。第二种观点认为,《民法典》并没有将个人信息明确规定为具体的人格权或其他权利。第三种观点认为,《民法典》采取的是行为规制模式而非权利确认模式来保护个人信息。第四种观点认为,《民法典》对个人信息的保护既可能是一种民事权利的保护,也可能仅仅是合法利益的保护。①

因此,《民法典》颁布实施后,个人信息的权利性质仍处于理论探讨的状态。相较于个人信息的概念和范围问题,我国民法理论界更加关注个人信息的权利性质,并形成了多种不同的观点。主要有个人信息人格权说、个人信息财产权说和个人信息新型权利说三种不同的学说主张。个人信息人格权说内部又分为两种学说主张,有学者认为"个人信息属于隐私权"②,有学者认为"个人信息权属于一种新的具体人格权"③。个人信息财产权说认为自然人的个人信息权是一种物权。个人信息是无体物或者无形财产,是一种特殊的物权客体。④ 个人信息新型权利说认为,个人信息权作为一种新型

---

① 参见张新宝:《〈民法总则〉个人信息保护条文研究》,载《中外法学》2019年第1期。

② 方乐坤:《安宁利益的类型和权利化》,载《法学评论》2018年第6期。

③ 叶名怡:《论个人信息权的基本范畴》,载《清华法学》2018年第5期。

④ 参见余筱兰:《信息权在我国民法典编纂中的立法遵从》,载《法学杂志》2017年第4期。

权利,是自然人依法对个人信息享有占有、使用、收益、处分,并有权防止他人侵害的权利。[①] 根据以上观点,个人信息财产权说已经背离了物权的客体限于有体物的物权法原理,而个人信息新型权利说关于个人信息权的界定又与物权的定义十分雷同。

个人信息是与特定自然人的人格联系在一起的,个人信息仍属于人格利益,将个人信息权定性为一种人格权更为合理。个人信息权是不同于隐私权的一种新的具体人格权。个人信息与隐私的确具有密切的关联,“有的个人信息特别是涉及个人私生活的敏感信息属于个人隐私,但也有一些个人信息因高度公开而不属于隐私”。[②] 我国民事司法实践一直按照隐私权对个人信息进行保护。但对个人信息应与个人隐私相区别已经达成共识。尤其是个人信息具有的经济价值,是隐私权所不能涵盖的。从立法来看,《民法典》在人格权编中规定个人信息,个人信息在《民法典》中的位置紧随其他具体人格权,按照体系性的法律解释方法,可以推断出立法者肯定了个人信息的人格利益属性,否定了个人信息是财产权益的观点。可惜的是,《民法典(草案)》经过了三次审议,个人信息的具体人格权地位和身份仍没有获得立法的承认,个人信息以人格利益而非人格权利的身份出现在了《民法典》中。

信息的广泛性和不周延性,使得个人信息的部分内容与其他人格权存在交叉重合的现象,如隐私性信息与隐私权的重合,姓名信息与姓名权的重合,这些特质决定了个人信息与传统的人格权利存在一定的区别,也让权利与权利之间的界限变得模糊。但是将个人信息规定为人格权无疑是对其进行保护的最佳选择。而且个人信息权的权利内容具有独立性,个人信息权的权利内容应包括四个方面:第一,个人信息知情权、决定权;第二,个人信息查阅权、复制权和可携带权;第三,个人信息更正权和补充权;第四,个人信息删除权。具体案件中的侵权行为侵犯的究竟是什么类型的个人信息人

---

① 参见李伟民:《“个人信息权”性质之辨与立法模式研究——以互联网新型权利为视角》,载《上海师范大学学报(哲学社会科学版)》2018 年第 3 期。

② 张新宝:《从隐私到个人信息:利益再衡量的理论与制度安排》,载《中国法学》2015 年第 3 期。

格权利也比较容易判断。

将个人信息定性为一种具体人格权,明晰个人信息的性质,赋予个人信息以法定权利的地位,是个人信息保护的最佳手段。因为侵权保护以合法权益受到侵害为前提,虽然合法利益是合法权益的一部分,但在合法利益和法定权利之间比较,法定权利的保护显然更为稳定和完整。

值得指出的是,无论是将个人信息定性为一种人格利益还是具体人格权,都否定了个人信息的财产权性质,意味着个人信息不能像财产权那样自由转让和继承。个人信息作为一种受民法保护的人格利益或具体人格权,信息权的主体对各种信息(包括敏感信息)并没有全面的利用和处置权。如同其他人格权一样,个人信息权本质上是一种应受尊重权,如自然人虽然享有生命权,但这种权利仅在他人对自己生命进行侵害时才发生积极的意义。“与支配权的排他性服务于强大的支配效力不同,人格权的排他性主旨在于获得他人尊重,只有当外界的介入损害到主体尊严时,这种排他性才会发挥作用。”[①]在必要的时候,个人信息权的权利人还要容忍他人对自己信息的合法使用。[②]

### (三)明晰个人信息具体侵权行为与犯罪行为的区别

即使确定了个人信息的权利性质,仍然没有解决个人信息的法律保护难题。因为在现代社会里,个人信息的使用是自然人生活的一部分,遍布生活的各个方面,因此在信息数据时代不是要禁止而是要鼓励信息的利用。“现代商品社会是一个消费者信息必然被披露的社会,换言之,商品经济中的商业主体天然地拥有获得个人信息的权利。”[③]只不过为了保护个人信息权利人的合法利益,维护个人信息的使用秩序,防止利用个人信息的各种违法行为,才需要对个人信息的利用行为加以限制。问题的关键是个人信息的合法利

---

① 叶名怡:《个人信息的侵权法保护》,载《法学研究》2018 年第 4 期。

② 2020 年 5 月 28 日《民法典》正式通过,笔者思虑良久还是决定将这一段予以保留,权且作为自己对《民法典》制定过程的纪念。

③ 陈璐:《个人信息刑法保护之界限研究》,载《河南大学学报(社会科学版)》2018 年第 3 期。

用与非法利用的界限难以界定。什么是合法的利用数据信息，什么是非法的利用数据信息，二者的界限至今仍是困扰西方国家数据立法的难题，也是我国个人信息保护的关键问题。

与一般的侵权行为相比，刑法个人信息保护的门槛相对较高，侵犯个人信息的犯罪行为限于法定的行为方式。按照我国《刑法》第253条之一的规定，构成侵犯公民个人信息罪的行为有三：一是非法出售个人信息；二是非法提供个人信息；三是非法获取个人信息（窃取或者以其他方法）。罪刑法定使刑法的个人信息保护界限相对明晰，而民法中的个人信息侵权行为方式则复杂很多。《民法典》第111条列举了非法收集、非法使用、非法加工、非法传输、非法买卖、非法提供、非法公开共计7种侵犯个人信息的“非法”行为。不无疑问的是，以上7种侵权行为是否能够完全独立辨识、是否存在交错和重复的问题。另外，上述7种侵犯个人信息的侵权行为，从语言表述上看，只有“非法提供”与刑法表述相同。哪些侵犯个人信息的行为仅构成侵权行为不涉及犯罪，在什么情况下会出现个人信息侵权责任与刑事责任聚合的侵权与犯罪交叉案件需要进一步地加以梳理。

第一，《刑法》规定了“非法出售”个人信息的犯罪行为，《民法典》使用的是“非法买卖”一词。非法买卖显然包括非法出售和非法购买两种行为。那么非法购买仅是一般的侵权行为，还是也是一种犯罪行为呢？根据司法解释的规定，购买公民个人信息的，属于《刑法》第253条之一第3款规定的以其他方法非法获取公民个人信息。[①] 因此，非法购买也可以构成侵犯公民个人信息罪，只不过规定在非法获取个人信息的犯罪行为之中，即非法获取除了窃取个人信息行为外，还应当包括非法购买行为。只是民法更关注单个人的信息保护，对单个人信息的购买行为也构成侵权。刑法则关注一般的个人信息秩序，非法购买必须达到“情节严重”的入罪标准，即大量的购买才能成立犯罪。

---

① 《关于办理侵犯公民个人信息刑事案件适用法律若干问题的解释》第4条规定：“违反国家有关规定，通过购买、收受、交换等方式获取公民个人信息，或者在履行职责、提供服务过程中收集公民个人信息的，属于刑法第二百五十三条之一第三款规定的‘以其他方法获取公民个人信息’。”

第二,《民法典》使用的“非法收集”与《刑法》规定的“非法获取”是否是同样的违法行为？在对《关于办理侵犯公民个人信息刑事案件适用法律若干问题的解释》第4条的规定加以理解的基础上,我们得出的结论是,《民法典》总则编中“非法收集”个人信息与《刑法》中“非法获取”公民个人信息应是同样的个人信息违法行为方式。“非法收集”与“非法获取”是相同意思的表述。“非法收集”应是“无权”收集,包括有关单位和网络服务商收集与自己的职责或提供服务无关的超越职权和业务范围的个人信息。

第三,个人信息的“非法使用”行为仅是一般侵权行为,不成立侵犯公民个人信息罪。非法使用行为是常见的侵权行为方式,且造成恶劣后果的往往正是个人信息的非法使用,是个人信息侵权行为方式中非常重要的类型。在侵权法上,非法使用的危害要大于非法收集。行为人非法收集的个人信息如果还没有被非法使用就不会造成实际的损害后果,则被侵权人不能要求侵权损害赔偿。

第四,非法加工、非法公开、非法传输个人信息的行为也仅成立侵犯个人信息的侵权行为,不构成侵犯公民个人信息的犯罪行为。“非法加工”按照《网络安全法》第42条的规定进行解释应是非法篡改个人信息的行为。[①] “非法加工”还应包括非法处理他人信息的行为,如通过技术手段将碎片信息通过分离、整合而产生能够识别个人身份的完整信息。“非法公开”是向社会上不特定人群披露他人个人信息的行为,应包括没有尽到个人信息保密、保护义务导致信息泄露和故意公开、散布他人个人信息两种情形。“非法传输”包括非法放映侵犯他人个人信息的画面、非法上传他人个人信息,还包括向特定人群违法发送个人信息的行为。即使是合法传输他人敏感信息时,也应采用加密等安全措施。显然,非法传输个人信息和非法公开个人信息这两种侵权行为类型可能会存在交叉和重合的现象。

---

① 《网络安全法》第42条规定:“网络运营者不得泄露、篡改、毁损其收集的个人信息;未经被收集者同意,不得向他人提供个人信息。但是,经过处理无法识别特定个人且不能复原的除外。网络运营者应当采取技术措施和其他必要措施,确保其收集的个人信息安全,防止信息泄露、毁损、丢失。在发生或者可能发生个人信息泄露、毁损、丢失的情况时,应当立即采取补救措施,按照规定及时告知用户并向有关主管部门报告。”

除《民法典》总则编列举的7种个人信息侵权行为方式外，个人信息的侵权行为还应包括非法毁损个人信息和过失丢失个人信息两种行为。另外，《关于办理侵犯公民个人信息刑事案件适用法律若干问题的解释》对4种不同敏感程度的信息犯罪行为规定了轻重不同的刑罚，与《欧盟一般数据保护条例》和德国的通行做法相同，为侵权法如何保护个人信息提供了有益的借鉴。

非法行为与合法行为是相对应的概念，个人信息的私权性质决定了“个人信息权利主体的同意”是个人信息获取和处理的合法性基础。无论收集、使用还是向第三方提供和分享他人的个人信息，都需要以信息主体的同意为前提。①

个人信息的同意限于明示的同意。明示的同意除书面形式外，也可以是肯定性动作。肯定性动作包括个人信息主体主动作出声明的行为，以及主动打勾选择、主动点击“同意”“注册”“发送”“拨打”等行为。

民事主体对自己个人信息的处理当然有知情同意权，而如何确定个人信息主体同意权的行使规则又是一个难题。对个人信息的使用应限于特定的目的范围，超出特定范围的处理即为非法。由于个人信息的特殊性质，在一些例外情形下，个人信息的收集和使用不必征得信息权利人的同意。②　如一些公共信息的采集和使用，并

---

①　《网络安全法》第41条第1款规定：“网络运营者收集、使用个人信息，应当遵循合法、正当、必要的原则，公开收集、使用规则，明示收集、使用信息的目的、方式和范围，并经被收集者同意。”《消费者权益保护法》第29条也做了相同的规定。

②　我国《信息安全技术　个人信息安全规范》5.6“征得授权同意的例外”中规定：以下情形中，个人信息控制者收集、使用个人信息无须征得个人信息主体的授权同意：(1)与个人信息控制者履行法律法规规定的义务相关的；(2)与国家安全、国防安全直接相关的；(3)与公共安全、公共卫生、重大公共利益直接相关的；(4)与刑事侦查、起诉、审判和判决执行等直接相关的；(5)出于维护个人信息主体或其他个人的生命、财产等重大合法权益但又很难得到本人授权同意的；(6)所涉及的个人信息是个人信息主体自行向社会公众公开的；(7)根据个人信息主体要求签订和履行合同所必需的；(8)从合法公开披露的信息中收集个人信息的，如合法的新闻报道、政府信息公开等渠道；(9)用于维护所提供的产品或服务的安全稳定运行所必需的，如发现、处置产品或服务的故障；(10)个人信息控制者为新闻单位，且其开展合法的新闻报道所必需的；(11)个人信息控制者为学术研究机构，出于公共利益开展统计或学术研究所必要，且其对外提供学术研究或描述的结果时，对结果中所包含的个人信息进行去标识化处理的。

非必须获得信息权利人的同意。应明确规定个人信息的合理采集和使用范围,厘定合理采集和使用范围与民事侵权、行政违法、刑事犯罪间的界限,由此构建起个人信息的多层次保护机制和法律规制体系,实现信息价值最大化与维护信息安全之间的平衡。

## 第三节 侵权与犯罪交叉案件私权救济优先的制度设计

### 一、损害赔偿责任的认定应统一适用侵权法规范

在侵权与犯罪交叉案件中,附带民事诉讼的原告和被告是民事主体的被侵权人和侵权人,二者的法律地位是平等的,要解决的是民事法律关系,即私人之间基于侵权损害赔偿之债而产生的债权、债务关系。民事法律关系应当受民事法律规范的调整。因此,在刑事附带民事诉讼案件中涉及民事法律关系的裁判部分应适用民事法律规范。《刑事诉讼法》及司法解释应尊重和遵守这一法律适用原则。

即使维持刑事附带民事诉讼程序不变,在审理侵权与犯罪交叉案件的民事部分时,也要适用侵权法的规定,将侵权法规范引入刑事附带民事诉讼程序。以侵权法规范重塑侵权与犯罪交叉案件的刑事附带民事诉讼程序。在诉讼程序中运用侵权法规范,避免了《刑事诉讼法》和相关的刑事司法解释对刑事被害人侵权损害赔偿请求权的限制,扩大了刑事附带民事诉讼的民事赔偿范围。可以将间接物质损失、惩罚性损害赔偿、纯粹经济损失赔偿纳入侵犯财产类侵权与犯罪交叉案件的赔偿范围。在人身伤害案件中,将死亡赔偿金、残疾赔偿金、精神损害赔偿金纳入侵权与犯罪交叉案件的赔偿范围。

在我国可能还会长期存在刑事附带民事诉讼的司法现实下,必须保持侵权损害赔偿责任实体判断上的独立性,根据侵权责任构成要件的特殊性加以考察,尤其是侵权损害赔偿的范围不应被不当限缩,特殊的责任形态和方式不应被抹杀和忽略。

## 二、赋予侵权受害人程序选择权并进行分离诉讼的改革

### （一）侵权与犯罪交叉案件处理模式的比较法考察

1. 法国的刑事附带民事诉讼制度

资本主义国家最早的一部刑事诉讼法典是1808年《法国刑事诉讼法典》。法国也是最早建立刑事附带民事诉讼制度的国家，在世界上第一次以法典的形式规定了刑事附带民事诉讼制度。该法典的卷首就以“公诉和民事诉讼”命名，专门单列一编“因犯罪行为而遭受经济损失的被害人请求赔偿”来解决刑事诉讼中被害人的损害赔偿问题。虽然《法国刑事诉讼法典》采取了刑事犯罪和民事侵权合并审理的模式，但是学者们仍着力论述和强调刑事诉讼和民事诉讼是两种不同的诉讼，二者存在本质的区别。①

根据《法国刑事诉讼法典》的规定，刑事被害人一方（只能是直接受害人）可以在公诉程序中提起私诉，要求被告对其犯罪行为给自己造成的损失进行赔偿，并与公诉在同一法院进行审理。但是提起刑事附带民事诉讼并不是唯一的解决途径，刑事被害人有选择诉讼程序的权利。根据《法国刑事诉讼法典》第3条的规定，民事诉讼不以刑事诉讼的启动为前提，民事诉讼可以与刑事诉讼同时提起，也可以分别提起。但是刑事被害人一旦选择了诉讼程序，其选择是不可撤销的。

进入21世纪后，法国刑事诉讼法进行了重大的修改，其中最值得一提的是，在原来只有“物质上”受到严重损失时才可以得到赔偿的基础上，增加了在“心理上”受到严重损害时也可以得到赔偿的规定。② 目前，在法国刑事附带民事诉讼程序中，受害人可以请求返还财产和赔偿损失，赔偿的范围不仅包括物质损失，也包括精神损害。

---

① 参见[法]卡斯东·斯特法尼等：《法国刑事诉讼法精义》（上），罗结珍译，中国政法大学出版社1998年版，第4页。

② 参见刘新魁：《法国刑事诉讼法典2000年以来的重大修改》，载陈光中主编：《21世纪域外刑事诉讼立法最新发展》，中国政法大学出版社2004年版，第231页。

2. 德国的“对被害人作补偿”程序

《德国刑事诉讼法典》规定了被害人参加刑事诉讼的三种程序，分别是第一章“自诉”程序、第二章“附带诉讼”程序和第三章“对被害人作补偿”程序。

其中的“附带诉讼”虽然名称上与刑事附带民事诉讼接近，但二者并不是相同或类似的制度。《德国刑事诉讼法典》中的附带诉讼允许犯罪案件中的被害人作为检察机关的“辅助起诉人”参加到公诉案件的审判活动中。刑事被害人虽然是附带诉讼的当事人，而非公诉案件的当事人，但在审判中却享有同公诉人相类似的诉讼权利。[①] 可见，附带诉讼仍是刑事审判程序的一个部分，是让刑事案件的受害人参加到刑事审判中的一种制度，解决的是犯罪和刑罚问题。不同于附带民事诉讼解决的是民事法律关系和私人之间的损害赔偿。德国刑事诉讼法设计这种程序的目的在于通过给予部分公诉案件被害人以广泛的诉讼参与权来实现他们对个人利益的关注，从而解决被害人在公诉案件中参与诉讼的问题。[②]

“对被害人作补偿”才是在刑事诉讼程序中附带解决民事赔偿的制度。该制度的适用条件规定在《德国刑事诉讼法典》第403条。[③] 但是，《德国刑事诉讼法典》在第405条同时规定了对被害人提出的财产请求权“免予裁定”的情形，法院可以根据实际情况不对民事赔偿请求进行审理。如果刑事被告人被宣告无罪，则法院对民事赔偿部分的请求不予审理。如果法院认为被害人的赔偿请求不适合在刑事诉讼程序中处理，特别是审查申请将会拖延刑事审判的时候，也会作出不予审理的决定。并且，“免予裁定”没有时间上的限制，可以在刑事审判程序的任何阶段作出。由于程序上的严格限制，刑事被害人很难通过“对被害人作补偿”程序获得赔偿，一般

---

① 参见[德]托马斯·魏根特：《德国刑事诉讼程序》，岳礼玲、温小洁译，中国政法大学出版社2004年版，第203页。

② 参见兰耀军：《德国的附带诉讼程序及启示》，载《人民检察》2006年第5期。

③ 《德国刑事诉讼法典》第403条规定：“被害人或者他的继承人，在刑事诉讼程序中可以对被指控人提起犯罪行为产生的，属于普通法院管辖并且尚未向其他法院提出的财产权方面的请求权。提起请求权时，在地方法院程序中可以不考虑诉讼标的价值。”

只能通过单独的民事诉讼来解决涉及刑事案件的侵权损害赔偿问题。正如美国学者在评价德国的“对被害人作补偿”程序时指出：“虽然有一套与法国相似的成文法制度，但仅仅停留在纸上。”①因为德国刑事诉讼法强调国家追诉主义，对被害人提起附带民事诉讼的限制比较多，且给予法官对是否受理附带民事诉讼比较大的自由裁量权，在德国的司法实践中，刑事受害人几乎很少提出“对被害人作补偿”的申请。② 刑事被害人的侵权损害赔偿请求主要还是通过单独的民事诉讼程序解决的。

3. 日本的损害赔偿命令制度

当同一违法行为既产生刑事责任又产生民事损害赔偿责任，发生侵权与犯罪交叉时，在刑事案件的审理程序中，日本有一种附带私诉制度，这种附带私诉的正式名称为“损害赔偿命令制度”，是指负责刑事案件的司法部门，先作出有罪的判决之后，还要继续进行关于损害赔偿请求的审理，判决犯罪实施者给予受害人损害赔偿的一种制度。因为通常进行四次以内的审判，就能得出审判结果，所以与单独的民事审判程序相比更简易、更快捷。日本刑事诉讼法没有规定该制度，损害赔偿命令制度是在刑事诉讼法施行之后根据受害人保护的需要参考国外制度引进的。虽然名为“附带”，但损害赔偿命令制度不同于附带民事诉讼，日本的损害赔偿命令制度不是一种诉讼程序，因为犯罪受害人无须参加到刑事审判程序中，就可以直接申请民事损害赔偿。

由于不是普通的诉讼程序，损害赔偿命令制度的适用范围有限，不具有普遍的适用性。总体上，损害赔偿命令制度只适用于故意地以暴力方法伤害他人人身的刑事犯罪案件。过失犯罪不适用损害赔偿命令制度。非暴力性的犯罪同样不适用损害赔偿命令制度。可以适用损害赔偿命令制度的具体案件包括：第一，故意杀人、故意伤害案件，即日本刑法规定的“根据杀人、伤害等的故意的犯罪

---

① 谢丽珍、刘宏武：《附带民事诉讼制度的进一步完善——以我国新〈刑事诉讼法〉为视角》，载《法学杂志》2013 年第 7 期。

② 参见《德国刑事诉讼法典》，李昌珂译，中国政法大学出版社 1995 年版，第 10 页。

行为让人死伤的罪”。第二,强制猥亵、强奸的犯罪案件。第三,非法监禁他人的犯罪案件。第四,掠夺、诱拐、买卖人口的犯罪案件。如果是上述犯罪行为的受害人,无论是否参加刑事审判,都可以直接申请损害赔偿。

损害赔偿命令不是法院依职权发动的,需要申请人向法院提出申请。申请人是犯罪行为的受害人或者受害人的法定代理人。接受申诉的法院是刑事审判一审的地方法院。提出申诉的时间是在刑事起诉后,法庭辩论程序结束之前。申诉书应当记录申请人、法定代理人和被告人的姓名、请求的诉因(成为审理对象的起诉事实)、请求金额等。

申请损害赔偿命令的结果分为两种情形:第一种情形是,如果刑事被告人在刑事审判中被法院作出无罪判决,那么法院将不受理受害人提出的损害赔偿申诉。在这种情况下,受害人及其法定代理人就损害赔偿可以提起民事诉讼。第二种情形是,如果法院对刑事被告人作出有罪判决,主管刑事审判的法官会根据一样的刑事审判记录,继续进行关于损害赔偿的审理,与重新提出民事审判相比,受害人不必再次列举所有证据。原则上关于损害赔偿的审理不超过四次,审理的结果即“决定”,与民事审判的最终判决具有同等的效力。如果经过四次的审理不能终结对损害赔偿的审理,或者刑事被害人对附带私诉中对于损害赔偿的审判结果不服,可以重新提出民事诉讼,受理的法院会重新进行民事诉讼的审判。

日本旧时曾采用法国的刑事附带民事诉讼制度,但在第二次世界大战后予以废止。因此,现行的日本刑事诉讼法中,并没有关于附带私诉程序的规定。后来为了加强对刑事被害人的保护,为了便利刑事被害人及时获得赔偿,日本效仿西方国家在刑事审判程序中增加了损害赔偿命令制度。日本的损害赔偿命令制度并不是基于程序合并的经济和效率考虑,而是为了让刑事犯罪的被害人可以快速地获得损害赔偿,让刑事被害人获得更为便捷的救济而设立,因此同样允许刑事被害人对民事部分另行提起民事诉讼。

4. 英国和美国:刑事诉讼与民事诉讼无交集

英国和美国家根本不存在附带民事诉讼制度,因为他们认为刑事犯罪和民事侵权是截然分离的,也很少去探讨二者之间的区别以及联系。

在英国,犯罪和犯罪行为引起的侵权损害赔偿分别交由不同的刑事审判程序和民事审判程序进行审理。刑事诉讼与民事诉讼不论在程序上还是在实体上都完全分离,刑事被害人会提起独立的民事诉讼程序解决自己遭受的人身损害和财产损害的赔偿问题。对犯罪人刑事责任的追究也不会影响刑事被害人在民事诉讼中获得全面的、充分的赔偿。

受害人另行提起的民事诉讼也不需要等待刑事审判的结果。没有所谓"先刑后民"和"先民后刑"的审理顺序问题。刑事被害人可以在刑事诉讼程序开始之前或者在刑事诉讼程序进行的过程中,提起独立的民事诉讼程序,而不必等待刑事诉讼程序的终结。时间上的分离也决定了刑事判决已经认定的事实对民事判决一般不会发生既判力的效果。这样,不仅民事诉讼程序的独立性得以全面确立,而且审理民事案件的法官在事实认定方面的独立性也得到了保证。虽然 1968 年颁布的《英国民事证据规则》规定,刑事判决认定的事实可以在民事诉讼中作为证据使用,但是除涉及诽谤的案件外,刑事判决并没有终局性的证明力,当事人在民事诉讼程序中仍有机会推翻刑事判决的事实认定结论。这正是当代英国民事诉讼程序的独立性的体现,也是刑事诉讼程序与民事诉讼程序关系的一个缩影。①

为了便利被害人获得赔偿。英国也设立了一些解决损害赔偿问题的制度。赔偿令制度,就是法官依自己的职权或被害人的请求,在对犯罪人处以刑罚时以"赔偿令"的方式责令犯罪人赔偿被害人的损失。虽然法院在作出有罪判决时,可以通过宣告损害回复命令及损害赔偿命令对被害人因犯罪而产生的损害予以一定程度的救济,但是,被害人于损害赔偿命令宣告后,亦可另行提起民事诉

---

① 参见纪格非:《刑事判决在民事诉讼中的效力——英国规则的演进与启示》,载《法制与社会发展》2017 年第 3 期。

讼程序,寻求对不足以补偿部分的救济。①

美国同样没有附带民事诉讼制度,对犯罪行为造成的私人人身和财产损害,刑事被害人要想获得侵权损害赔偿,只能在刑事诉讼之外另行提起民事诉讼。在美国,侵权与犯罪交叉案件的适用程序是一种完全分离即平行的模式,由同一行为事实引起的刑事诉讼与民事诉讼是相互独立的两个诉讼,因为采取完全分离的原则,所以刑事判决结果对民事诉讼不具有既判力,在刑事判决中已经得到确定的事实和裁判结果,并不会对民事诉讼产生预决的效力和任何的影响。民事诉讼会按照自己的程序、证明标准和规则进行。为了弥补被害人获得赔偿的不足,美国还通过私人保险、公共资助、国家补偿等形式对刑事被害人进行救助。

5. 考察结果

通过考察我们不难发现,在世界范围内,侵权与犯罪交叉案件的适用程序存在不同的处理模式。每个国家对于同一违法行为引起的刑事犯罪和民事侵权采取的解决方法并不相同,各有特点。

在英美两国,民事诉讼和刑事诉讼两种诉讼程序完全分离,侵权损害赔偿在民事诉讼程序中解决,刑事惩罚在刑事诉讼程序中解决,彼此不存在程序上的交叉问题,也不涉及哪个程序优先的问题,完全尊重私人权利的独立性。但是为了方便刑事受害人获得损害赔偿,英国设立了赔偿令制度,美国也确立了类似的制度,刑事被害人即使获得了损害赔偿命令,仍可提起独立的民事诉讼。

在一些大陆法系国家如法国、德国等,存在刑事公诉附带民事私诉的模式,在民事案件涉及刑事时,将损害赔偿的审理放在刑事诉讼程序中一并解决。但是德国的附带诉讼限制条件太多,在实践中很少用到,刑事受害人基本都选择另行提起民事诉讼解决侵权损害赔偿问题。即使是设立刑事附带诉讼模式的国家和地区,对于民刑交叉案件,也都赋予了刑事被害人选择权,允许刑事被害人自己选择是适用附带诉讼还是另外提起民事诉讼。

---

① 参见纪格非:《刑事判决在民事诉讼中的效力——英国规则的演进与启示》,载《法制与社会发展》2017 年第 3 期。

考察的结论是，无论是分离诉讼模式还是附带诉讼模式，立法的初衷和相关的配套制度的设立，都是为了便利刑事被害人获得赔偿，并且充分尊重私人对程序权利的处分权。如前所述，日本有损害赔偿命令制度，英国有赔偿令制度，美国也确立了类似的制度，但是这些制度并不影响刑事被害人行使侵权损害赔偿请求权，因为根据法律的规定，刑事被害人即使已经获得了赔偿命令，仍可提起独立的民事诉讼。美国还通过《刑事被害人权利法》进一步加强和维护刑事诉讼中被害人的权利。[①] 刑民交叉案件无论采取什么样的具体解决路径，其核心都是赋予刑事被害人程序选择权，充分尊重私人按照自己的意愿行使、处分民事实体权利和诉讼权利，国家则需要制定一些具体的制度来保障私权救济的圆满实现。

（二）将诉讼程序发动权和选择权归还侵权受害人

根据我国刑事法律和司法解释，刑事案件的侦查和起诉由公安机关和检察机关进行，刑事案件从立案到开庭审理要经过严格的司法程序，为了保障刑事被告人的辩护权，除《刑事诉讼法》第 291 条的特别规定外，大多数的刑事案件不能对刑事犯罪嫌疑人缺席判决。这样，如果犯罪嫌疑人在逃或没有被抓捕归案，即使证据充分，刑事审判程序也无从开始，也不能进行刑事附带民事的缺席判决，如前所述，这样会耽误侵权受害人行使民事权利，尽快获得赔偿。而根据“先刑后民”的司法惯例，通常情况下，民事案件不能先于刑事案件进行审理和裁判，法院要么不予受理，要么受理后裁定中止审理，即要等待刑事部分的犯罪事实查明之后，再进行民事诉讼的审理。民事案件的原告实际上没有就民事纠纷的部分先行起诉，获得判决结果的权利。对于侵权与犯罪交叉案件，绝大多数设立刑事附带民事诉讼制度的国家是允许民事受害人另行起诉的。皆因附带民事诉讼是为便利受害人而设。

从我国现行的诉讼模式上看，受害人要求犯罪人承担侵权损害赔偿责任的诉讼模式有两个，即刑事附带民事诉讼和单独的民事诉

---

① 参见郭京燕等：《日本刑事程序被害人救济措施研究及借鉴》，载《法律适用》2007 年第 7 期。

讼,受害人有权根据实际情况选择对自己有利的一种诉讼模式,当然也有权利放弃这种权利。本来按照法律规定,刑事被害人就民事赔偿部分有程序选择权,但是在实践中,绝大多数的侵权与犯罪交叉案件基本都适用刑事附带民事诉讼程序。甚至一些案件被硬性规定只能适用刑事附带民事诉讼程序,刑事案件和民事案件必须合并审理,不能分开审理。[①] 刑事被害人实际上没有了选择诉讼程序的自由,而私有财产受保护是自然人享有的一项宪法性权利,公权力不应对私权利随意地加以限制。侵权行为造成的是私人利益的损害,犯罪侵犯的是公共利益,侵权受害人应当有权利处分自己的权利,包括实体权利和诉讼权利,有权决定起诉时间和诉讼请求。从理论上讲,民事侵权受害人无须等待刑事案件的审理和判决,只要满足民事诉讼的起诉条件就可以提起诉讼,启动民事审判程序。如果原告的举证证明达到了民事诉讼的证明标准,法院应当作出民事判决,而不必等待刑事诉讼的审理结果。

我国的附带民事诉讼制度与其他国家的相关制度存在区别,其他国家的附带民事诉讼制度本质上是为了刑事被害人更加快捷地获得赔偿而设立的,如果被害人认为附带民事诉讼不利于私权利的救济,当然可以另行起诉。而我国的刑事附带民事诉讼在一定程度上限制了被害人的民事起诉权和上诉权。

让侵权受害人享有民事先行起诉权,侵权受害人可以选择提起诉讼的时间段就增多了,在时间上有了充分的自主权,不用受我国刑事诉讼法律规定的在刑事一审判决前提起附带民事诉讼的时间限制。这些时间段包括侵权行为发生后的任何时间,只要诉讼时效期间没有经过,侵权受害人就可依法以侵权为起诉理由提起独立的民事诉讼。从法律上讲,《刑事诉讼法》只是规定“受害人有权提起

---

① 如2014年最高人民法院、最高人民检察院、公安部发布的《关于办理非法集资刑事案件适用法律若干问题的意见》和2019年最高人民法院、最高人民检察院、公安部发布的《关于办理非法集资刑事案件若干问题的意见》都规定,对于涉嫌集资诈骗罪、非法吸收公众存款罪等涉众型经济犯罪,对于受害人就同一事实提起以犯罪嫌疑人或者刑事被告人为被告的民事诉讼,人民法院裁定不予受理,并将有关材料移送侦查机关、检察机关或者正在审理该刑事案件的人民法院。受害人的民事权利只能通过刑事追赃、退赔的方式解决。

附带民事诉讼”，并没有规定“禁止刑事受害人另行提起民事诉讼”。

侵权受害人不仅可以提起民事诉讼一审程序，刑事被害人对附带民事诉讼的民事判决不服的，也可以另行提出民事上诉请求，启动民事诉讼二审程序。在我国现行的侵权与犯罪交叉案件处理模式下，刑事被害人对附带民事诉讼判决部分不服的，可以提出上诉，但二审适用的仍是附带民事诉讼程序。从刑事案件二审判决的结果来看，针对刑事部分的上诉基本都是维持原判，改判的案件非常之少。与之相伴随的是附带民事部分也基本维持原判。我国采取二审终审制，人民法院的民事法庭可以按照民事诉讼二审程序审理刑事被害人的上诉请求。

另外，法院也不应再用“追赃”的办法替代诉讼判决，处理民事实体法律关系，因为“追赃”是一种司法机关依职权主动履行的职责和义务，是国家机关和刑事犯罪人之间的关系，而诉讼是受害人依法享有的权利，是刑事受害人和刑事犯罪人私人之间的对抗。两者在性质上完全不同，不应以公法措施代替私人诉讼，不应以刑事强制措施代替民事审理和裁决。

### （三）进行分离诉讼的改革

有权利就要有救济，私人的弱势地位决定了私权的救济需要国家公权力以正当的程序予以保障。在附带民事诉讼程序中，民事诉讼的“附带性”决定了其在整个的诉讼流程中不可能占据主导地位，其与刑事审判相比，始终处于一种无足轻重的劣势地位。

民法和刑法是不同的部门法，由此决定了刑事诉讼程序和民事诉讼程序应是两种完全不同的诉讼。世界上的大多数国家都采取了分离诉讼模式，分离诉讼是侵权与犯罪交叉案件处理模式的发展趋势和通行做法。

刑事附带民事诉讼必然在一个法庭上，由刑事审判法官去诠释刑法和侵权法的相关规定。用一个案件事实进行两次法律判断，如果案情简单、事实清楚、争议不大尚可应付；如果案件事实复杂，侵权认定与犯罪构成存在争议性和模糊性，则必然带来诸多困扰。因为在一个民事案件中，可能会涉及多个法律事实，在多个民事主体之间产生多个性质不同、互相牵连交织的民事法律关系。这样的案件在刑事程序中合并审理,容易造成角色混乱、条理不清、重点模糊的局面,反而会增加案件的审理难度,导致司法成本增加。民事案件和刑事案件各自具有特殊性和复杂性,由刑事审判组织擅长审理刑事案件的法官同时审理刑事和民事侵权性质完全不同的两种案件,法官要在两种不同的思维方式和法律规定之间来回转换,已经违背了人类思维的内在规律,很难做到判断上的不混同、不忽略,再加上刑事证明标准和民事证明标准等其他因素的干扰,这些都不利于案件判决结果的正确性和及时性。为了保证侵权法律规范在刑事附带民事诉讼程序中适用的正确性,必须改变侵权与犯罪交叉案件的民事部分由审理刑事案件的同一审判组织同时进行的组织原则。保证民事审判的独立性与专业性,也是我们完善侵权与犯罪交叉案件审理模式时应当充分考虑的因素。在民事法律关系比较复杂的侵权与犯罪交叉案件中,让拥有专业知识和实践经验丰富的民庭法官参与到侵权与犯罪交叉案件的附带民事诉讼审理中,能更好地保证侵权法律规范的正确适用,保证侵权与犯罪交叉案件的民事审理结果与一般侵权案件审理结果的统一性,保证受害人获得赔偿的全面性。

如果通过单独的刑事程序处理犯罪行为,通过单独的民事程序处理侵权行为,反而会使案件中的法律关系更加清晰。独立的民事诉讼有以下优点。首先,就是作为私人的被害人对程序的控制权。在民事诉讼中只有受害人与侵权人的对抗,受害人作为原告方,对诉讼程序享有完整的控制权,可以按照自己的意志充分表达自己的想法,维护自己的合法权益,并因此获得心理上和情感上的满足。其次,因为民事诉讼比刑事诉讼采取更为宽松的证明标准和举证责任。例如,对过错的推定,对因果关系的举证责任倒置和盖然性要求等更为宽松,被害人更容易胜诉。侵权损害采取全面赔偿的原则,受害人可以获得全面、足额的赔偿,甚至是超额的惩罚性赔偿。再次,通过独立的民事诉讼程序,犯罪人能够更清楚地认识到自己的所作所为不仅要接受国家的刑事惩罚,也要对因其行为遭受损害的私人承担私法上的赔偿责任。这能起到预防犯罪和侵权的双重效果。最后,分离诉讼与法律职业的专业化趋势相一致。虽然我国的法院现在已经将法学研究生作为招收法官助理(或助理法官)的起步条件,但是刑法的思维和知识框架与民法的思维和知识框架差距非常大,经过调查不难发现,对民法有深入了解的刑法研究生几乎没有,对刑法有深入了解的民法研究生也是凤毛麟角,要求刑事法庭的法官解决复杂的民事案件有点强人所难,其效果也就可想而知。

刑事附带民事诉讼引发了各种实践问题,我国的一些法院,也开始进行分离诉讼的有益尝试。为了保证法律对同一违法行为的一致性评价,避免矛盾的判决,根据具体的事实类型,可以有"先刑后民"或"先民后刑"的时间等待,但这都是实体判断的问题,不应是程序合并的理由。反过来,如果刑事案件的审判必须根据民事判决来定性或量刑,也可以作为刑事诉讼暂停的理由。民事案件和刑事案件应该由不同的审判组织和法官进行审理和判决,以保证民法适用的独立性,保证私权救济的及时和充分,同时让保护私人权利的民事诉讼程序不会受到过多的国家公权力的干涉和介入,也不再受到从立案侦查到刑事公诉整个过程中复杂的部门衔接和职责划分问题的影响。这样也就从根本上解决了关于刑民交叉案件审理程序的无休止的论争。

## 三、建立健全刑事被害人救助制度

作为刑事被害人权利救济的有益补充措施,刑事被害人救助制度是指当刑事被害人或家属遭遇犯罪行为导致经济困顿和生活困难,又无法从刑事犯罪人处获得足额赔偿时,可以向国家申请救助,由国家在一定范围内予以补偿、救济的制度。因充分体现了人道主义精神,被称为"有温度的法"。

刑事被害人救助制度具有悠久的历史,在《汉谟拉比法典》中就有了相关的规定。现代的国际公约和大多数国家或地区的立法中都明确规定了刑事被害人救助制度。联合国大会通过的《为罪行和滥用权力行为受害者取得公理的基本原则宣言》规定,当刑事被害人遭受严重人身伤害时,特别是死亡或残疾的情况下,对于无法从犯罪人处获得充分赔偿的被害人及其家属,国家应当提供金钱上的补偿。《奥地利刑事被害人救助法》就以国家财政的方式向刑事受害人提供生存保障。根据《奥地利刑事被害人救助法》第1条第2款的规定,当犯罪人已经死亡、诉讼时效届满或者基于其他原因无法对行为人实施刑事处罚,或者在无法找到具体加害人或行为人逃逸致使无法实施刑事处罚的情况下,受害人都可以寻求国家救助。《德国刑事被害人救助法》采取了同样的规定,即当受害人因犯罪行为的侵害或者在实施合法的正当防卫时遭受了健康损害以及经济上的不利后果时,可以依据《德国刑事被害人救助法》获得损害赔偿的救助。①

宁夏回族自治区人大常委会于2009年制定的《宁夏回族自治区刑事被害人困难救助条例》,是我国第一个关于刑事被害人救助制度的地方性法规。2014年发布的《关于建立完善国家司法救助制度的意见(试行)》,将被害人救助制度纳入司法救助的范围,成为有国家财政以及公权力保障的正式制度,被害人救助的机制、程序更趋规范统一。② 但是,我国还没有制定刑事被害人救助法,刑事被害人救助制度还存在法律位阶低,限于司法救助,没有形成统一规范等问题。刑事被害人救助制度可以部分满足刑事被害人的损害赔偿请求权,由国家来承担刑事犯罪人无力承担赔偿责任的风险,是私权救济有益的补充措施。我国应颁布法律位阶较高的刑事被害人救助法,建立一套统一的刑事被害人国家救助制度,改变地方性法规和条例适用不统一的局面。

在侵权与犯罪交叉案件中,民事赔偿执行难,存在"空判"现象,一些犯罪人无力承担民事赔偿责任,是我国的现实难题。对刑事被害人无法从犯罪人处获得的赔偿损失,国家应当对被害人予以救助。通过完善刑事被害人救助制度的实体规范和程序规范,可以解决一部分刑事被害人因犯罪行为造成的生活困顿的状况,这也是

---

① 参见[奥]海尔姆特·库齐奥:《侵权责任法的基本问题(第一卷):德语国家的视角》,朱岩译,北京大学出版社2017年版,第63页。

② 参见白春安:《刑事被害人救助制度纳入刑事诉讼特别程序的可行性及制度构建》,载《天津法学》2017年第2期。

诉讼程序之外私权救济的必要的补充措施。法律应明确国家救助的对象、申请国家救助的具体条件和标准、国家救助的申请程序和审查程序、具体实施国家救助的机关等，以国家救助的方式来保障被害人获得一定数量的民事赔偿。

## 四、完善民事责任优先对私权救济优先的保障功能

在司法实践中，经常遇到的情况是：同一责任主体因民事侵权需要进行民事赔偿，又同时被国家行政机关处以罚款，又或者同时因犯罪而被判处罚金、没收财产等财产刑。当发生民事责任、行政责任、刑事责任多种法律责任聚合，而责任人的财产不足以全部支付时，民事责任优先获得实现是私权救济优先的应有之义，民事责任优先也是侵权与犯罪交叉案件中私权救济优先的落脚点和最终归宿。

### （一）民事责任优先的法条收集及存在问题

民事责任优先的指导思想是私权优先保护，是“国不与民争利”的具体表现。对此，我国法律一致规定了民事责任优先。本书按颁布时间的先后顺序对相关的法条进行列举。

对于民事责任优先的规定，最早出现在商事单行法中。1993 年《公司法》在第 228 条中规定，公司应当承担民事赔偿责任和缴纳罚款、罚金的，其财产不足时，先承担民事赔偿责任。① 1979 年《刑法》没有规定民事责任优先。1997 年《刑法》修订时在 1979 年《刑法》第 31 条规定的基础上增加一款，形成第 36 条第 2 款，确立了民事赔偿责任优先原则。② 该规定是刑事领域处理刑事责任和民事责任执行顺序的基本法律依据。1998 年《证券法》第 207 条与 1994 年《公司

① 2018 年《公司法》第 214 条。1995 年《关于惩治违反公司法的犯罪的决定》（已失效）第 13 条第 2 款作出了类似规定：“犯本决定规定之罪，被没收违法所得，判处罚金、没收财产、承担民事赔偿责任的，其财产不足以支付时，先承担民事赔偿责任。”

② 1997 年《刑法》第 36 条第 2 款规定：“承担民事赔偿责任的犯罪分子，同时被判处罚金，其财产不足以全部支付的，或者被判处没收财产的，应当先承担对被害人的民事赔偿责任。”

法》第228条作出了相同的规定。[①] 2000年《产品质量法》第64条[②]、2003年《证券投资基金法》第99条[③]、2009年《食品安全法》第97条[④]中都有类似的规定。2009年《侵权责任法》第4条第2款规定了侵权人因同一行为应当承担多种责任，财产不足以支付的，先承担侵权责任。2013年《消费者权益保护法》第58条[⑤]也规定了民事责任优先。2017年《民法总则》第187条（2020年《民法典》第187条）规定了民事主体的财产不足以全部支付的，优先承担民事责任。

虽然我国刑事基本法、民事基本法和单行法中都规定了民事责任优先，但是也存在一定问题：一方面，在实体法上，无论是基本法还是单行法，关于民事责任优先的规定都是一般原则性的规定，没有具体的操作规则。另一方面，在程序法上，民事责任优先处于立法空白状态。《民事诉讼法》《刑事诉讼法》《行政诉讼法》三大诉讼法中都没有民事责任优先的相关规定，更没有提及如何在三种不同的诉讼程序中实现民事责任优先的程序衔接问题，以及权利人通过何种程序可以实现民事责任优先。

### （二）民事责任优先在现实中的桎梏

1. 民事责任优先受到行政和刑事前置程序的制约

虽然民事责任优先明文规定于各种法律之中，但在一些具体案件中，民事责任优先仍难以真正实现。典型的例子是证券市场虚假陈述民事赔偿案件。司法解释曾对于投资者提起虚假陈述民事赔

---

① 2019年《证券法》第220条规定："违反本法规定，应当承担民事赔偿责任和缴纳罚款、罚金、违法所得，违法行为人的财产不足以支付的，优先用于承担民事赔偿责任。"

② 《产品质量法》第64条规定："违反本法规定，应当承担民事赔偿责任和缴纳罚款、罚金，其财产不足以同时支付时，先承担民事赔偿责任。"

③ 2015年《证券投资基金法》第150条规定："违反本法规定，应当承担民事赔偿责任和缴纳罚款、罚金，其财产不足以同时支付时，先承担民事赔偿责任。"

④ 2021年《食品安全法》第147条规定："违反本法规定，造成人身、财产或者其他损害的，依法承担赔偿责任。生产经营者财产不足以同时承担民事赔偿责任和缴纳罚款、罚金时，先承担民事赔偿责任。"

⑤ 《消费者权益保护法》第58条规定："经营者违反本法规定，应当承担民事赔偿责任和缴纳罚款、罚金、其财产不足以同时支付的，先承担民事赔偿责任。"

偿诉讼设置了前置程序。投资者要等行政或刑事处罚结束后才能启动民事诉讼程序,诉讼成本高、等待时间长。即使最后获得胜诉的判决,等到的结果也可能是虚假陈述责任人在缴纳了行政罚款或刑事罚金后已经没有财产或者剩余的财产不足以赔偿投资者的全部损失。这种公法性质的前置程序导致民事责任优先的法律规定形同虚设。①

2. 大量的案例中民事责任优先难以实现

民事责任解决的是私人之间的利益纷争,缺乏公权力的震慑。我国大量刑事附带民事诉讼的案例表明,民事责任优先实现的处境尴尬,被"悬空"的现象时有发生。典型的如"三鹿奶粉案"。2009年1月22日,石家庄市中级人民法院一审宣判三鹿集团构成生产、销售伪劣产品罪,被判处罚金4937万元。此时众多民事受害人提起的诉讼尚未立案或者尚未审理完毕,而三鹿集团的责任财产显然已经不足。如果罚金刑执行完毕,罚金就会收归国库,在这种情况下,没有法律规定民事受害人应按照何种途径或程序请求将已经执行的罚金按照民事责任优先原则予以返还。

在涉及行政处罚的交叉案件中,情况可能更为糟糕。与诉讼程序相比,行政处罚的特点是注重效率,按照《行政处罚法》的规定,行政机关会在非常短的时间内对行政当事人作出处罚,而且没有缓冲期限,须立即执行,即使当事人对行政处罚决定不服申请行政复议或者提起行政诉讼的,行政处罚也不中止执行。如"长春长生假疫苗事件"发生后,相关监管部门立即对长春长生生物科技公司开出了94亿元的天价罚单。此时,假疫苗事件的民事受害人以及长春长生生物科技公司的其他民事债权人的权利如何优先实现,民事赔偿责任如何优先显然无法获得保障。

更为现实的是,出于对行政机关的畏惧,受到行政处罚的当事人一般也会积极配合地主动缴纳行政罚款。如在一起案例中,一家

---

① 参见肖宇、黄辉:《证券市场先行赔付:法理辨析与制度构建》,载《法学》2019年第8期。

旅行社的导游在行程的最后以威胁的手段强迫消费者在旅游地购买了一条标价 5 万元的珍珠项链，回家后经鉴定实际价值为 1 万元。该消费者先去当地旅游行政管理机关投诉，当地行政管理机关接到投诉后很快对旅行社处以了 4 万元罚款的行政处罚。消费者投诉后去法院提起民事诉讼，要求旅行社赔偿其 4 万元的经济损失并胜诉。但是民事判决下达时，该旅行社已经没有财产可供执行，濒临倒闭。消费者如果要求行政机关将旅行社已经缴纳的 4 万元罚款返还给自己，在这种情况下，作为民事赔偿权利人的消费者应通过何种程序实现民事赔偿优先呢？是去行政机关申诉，还是提起诉讼程序呢？如果提起诉讼程序，因为行政机关和消费者之间并没有发生民事法律关系，这种诉讼不属于民事诉讼的受案范围，但是行政机关和消费者之间也不是行政管理关系，而且没有相关的行政法律规范可以依据，在司法实践中肯定会遭遇障碍和困难。

与快速的行政处罚相比，财产性刑事责任的判罚相对较慢，虽然其与民事诉讼程序的耗时相当，但是如果出现群体性的人身伤害事件，单个侵权受害人获得民事赔偿判决可能需要更长的时间。因为人身损害结果的确定需要一定的时间，最终的结果往往是刑事责任和行政责任早已执行完毕且罚没财产已经上缴国库后，民事赔偿责任才得以确定，而此时责任人已经没有足够财产承担民事赔偿责任了。

3. 刑事执行程序中的缺陷

第一，将民事责任优先由实体性权利变为程序性规则。由于立法的缺位，关于民事责任优先比较具有可操作性的规定集中于最高人民法院关于刑事诉讼执行程序的司法解释中，主要包括《关于适用财产刑若干问题的规定》第 7 条、《关于适用〈中华人民共和国刑事诉讼法〉的解释》第 527 条和《关于刑事裁判涉财产部分执行的若干规定》第 13 条。刑事执行程序的相关司法解释直接把民事债权优先受偿作为执行程序规则加以规定，导致民事责任优先成为一种执行规则。[①] 这些规定导致有观点错误地认为，适用民事优先的要件是刑事责任和民事责任存在"执行中"，且刑事责任和民事责任要同时存在，如果财产刑已经执行完毕，再出现民事执行案件，则不能适用民事优先的规定。[②] 若将民事责任优先限定在执行程序中，则无法在刑事责任已经执行完毕的情况下进行纠错，这将无法真正实现民事责任优先所体现的私权优先，公权劣后的价值理念。

第二，将适用民事责任优先的债权限定为已经获得生效判决的债权。由于民事责任优先的法律规定过于简单，没有为可以适用民事责任优先的债权划定合理的范围和时间界限，在实践中，很多法院要求"对于人身损害赔偿和其他民事债务，权利人要求从执行财产中受偿的，参照民事执行参与分配的有关规定，应当要求取得生效裁判作为执行依据"[③]。这样的话，尚未起诉、已经起诉但未判决和判决未生效的民事债权被统统排除在民事责任优先之外。按照这个逻辑进行推理，在同一个附带诉讼程序中审理的刑民交叉案件，民事赔偿也有可能无法优先于财产刑获得实现。因为会出现一审宣判后，刑事判决因未上诉而生效，而民事判决上诉了还未生效的情况。以没有取得生效裁判作为执行依据从而不能优先受偿的做法，与上述将民事责任优先限定为执行中的程序规则如出一辙，也与"判处财产刑之前被执行人所负正当债务"的法律规定不符[④]，不适当地限缩了民事责任优先的适用范围。

---

① 如最高人民法院《关于适用〈中华人民共和国刑事诉讼法〉的解释》第527条规定："被判处财产刑，同时又承担附带民事赔偿责任的被执行人，应当先履行民事赔偿责任。"最高人民法院《关于刑事裁判涉财产部分执行的若干规定》第13条规定："被执行人在执行中同时承担刑事责任、民事责任，其财产不足以支付的，按照下列顺序执行：(一)人身损害赔偿中的医疗费用；(二)退赔被害人的损失；(三)其他民事债务；(四)罚金；(五)没收财产。债权人对执行标的依法享有优先受偿权，其主张优先受偿的，人民法院应当在前款第(一)项规定的医疗费用受偿后，予以支持。"

② 参见范加庆：《执行中民事优先规定的适用——以民事责任执行结案后财产刑的执行为视角》，载《人民司法(应用)》2016年第10期。

③ 刘贵祥、闫燕：《〈关于刑事裁判涉财产部分执行的若干规定〉的理解与适用》，载《人民司法》2015年第1期。

④ 参见最高人民法院《关于适用财产刑若干问题的规定》第7条规定："刑法第六十条规定的'没收财产以前犯罪分子所负的正当债务'，是指犯罪分子在判决生效前所负他人的合法债务。"

第三，重新分配民事债权的清偿顺序与民法原理相背离。《关于刑事裁判涉财产部分执行的若干规定》第13条对民事债权内部的清偿顺序进行了排列。物权具有优先性，物权的效力优先于债权。人身损害的医疗费用和被害人的其他财产损失同属于债权，彼此之间不具有优先性。其他民事债权也不应该劣后于因犯罪行为产生的债权。如果某个债权人比其他债权人享有优先受偿权，只能是因为他就特定的物享有担保物权。人身损害赔偿只是一种普通债权，当然也不能优先于担保物权。除享有担保物权的债权外，普通债权之间不具有优先性，债务人的财产不足以清偿全部债权时，应按债权总额进行比例清偿。①

《关于刑事裁判涉财产部分执行的若干规定》没有依照民法上的债权清偿顺序和规则，而是将债权清偿顺序进行了二次排序。导致的结果是："如果债务人没有被判处财产刑，对执行标的享有优先受偿权的债权人最先受偿，普通债权人申请参与分配时，按照民事参与分配的规定按比例平等受偿，而一旦债务人被判处财产刑、适用刑事参与分配的规定时，普通债权人和对执行标的享有优先受偿权的债权人均受差别对待。"②民事责任优先中的"优先"是民事责任优先于财产性刑事责任。刑事司法解释无权重新划定民事责任内部的清偿顺序。在民事责任内部，当债务人的财产不足以清偿全部债务时，应当遵循民法原理和民事法律规范予以解决。

### （三）民事责任的"优先真意"

#### 1. 民事责任优先不限于"同一行为"下的法律责任聚合

对于民事赔偿责任优先的适用条件，民法学者的讨论多基于《侵权责任法》（已失效）第4条第2款的规定而展开，因此得出民事责任优先的适用条件主要有三：一是财产性责任；二是行为人的

---

①　参见最高人民法院《关于适用〈中华人民共和国民事诉讼法〉的解释》第508条规定："对于普通债权，原则上按照其占全部申请参与分配债权数额的比例受偿。"

②　部名扬：《我国财产刑案件民事债权优先受偿制度的缺陷及根治——从〈最高人民法院关于刑事裁判涉财产部分执行的若干规定〉第13条谈起》，载《哈尔滨工业大学学报（社会科学版）》2017年第5期。

财产不足以支付不同性质的财产责任;三是行为具有同一性。实践中,适用前两个条件应无异议,而对于适用条件之三则有待商榷。

因同一行为产生的法律责任聚合也称责任重合,指行为人的同一行为同时违反两个或者两个以上不同性质的法律规范,符合两个或者两个以上不同性质的法律责任之构成要件,依法应当承担多种不同性质的法律责任之制度。[①]

虽然2009年《侵权责任法》只规定了"同一行为"下的责任聚合,2017年《民法总则》第187条、《民法典》第187条也只规定了"同一行为"下的责任聚合,但民事责任优先不应局限于同一行为引起的民事责任、刑事责任、行政责任三种法律责任聚合的案件。在刑事犯罪人还有其他债务没有履行时,债权人也应享有优先受偿权。也就是说,民事责任优先不仅要解决责任聚合的问题,还要解决民事责任、刑事财产责任、行政罚款责任三种不同种类和性质的责任的顺位问题。换句话说,法律责任聚合不是适用民事责任优先绝对且必要的条件。民事责任优先的合理性源于公平正义的法律价值判断,源于私人权利优先、"国不与民争利"的理念。因此,民事主体的私权需要一体保护,同一行为产生的私权优先,不同行为产生的私权也应优先。无论是同一责任主体因"同一行为"的法律责任聚合,还是同一责任主体因"不同行为"需要承担多种不同性质的法律责任,民事责任都应优先于行政责任和刑事责任。

就民事赔偿责任优先的适用条件来说,只要责任人的财产不足以承担全部的财产责任即可,无须满足"同一行为"的要求。非因同一行为而承担民事责任、刑事责任、行政责任时,也有适用该规则的空间。民事责任优先适用的条件不是责任聚合,而是同一责任人的财产不足以承担全部财产性责任。

上述做法贯彻了民事责任优先所体现的私权救济优先理念,并最大限度地体现了公平正义。执行财产刑和行政罚款所获得的财

① 参见张新宝:《侵权责任法》(第2版),中国人民大学出版社2010年版,第60页。

产都要上缴国库,具有公共性和惩罚性,与民事责任的私人性和救济性相对应存在。财产性公法责任还具有无偿性,而民事责任的产生,是基于债权人支付了对价或权利遭受了侵害,具有对价性。在道义上,民事责任更具有优先受偿的道德优势。因“不同行为”产生的民事责任同样具有私人性和救济性,债权人也付出了相应的对价,应受到同等的优先保护。

2. 财产性刑事责任和行政责任已经执行完毕的案件仍应坚持民事责任优先

如果是同一刑民交叉案件,一般适用的是刑事附带民事诉讼程序,会由同一法院的执行机关负责民事赔偿责任和刑事财产责任的执行,根据《刑法》和相关司法解释,民事判决部分要先于刑事判决执行,一般不会出现什么问题。但是因各种原因已经执行完毕财产性刑事责任和行政责任、财产不足的债务人还有其他已经判决的民事赔偿尚未获得满足,出现这种情况应该怎么处理,法律没有明确的规定。很多人认为,此时财产已经上缴国库,民事责任优先无法实现。作为私权优先实现的最后屏障,民事责任优先必然要求民事责任的执行优先。如何实现这种优先需要有程序性的规定,尤其对已经执行完毕的罚款、罚金和没收财产?为了民事责任优先的实现,充分保护私人合法权益,应该设立必要的纠错和救济措施。

另外,应将民事责任优先贯彻始终。当民事责任和刑事责任都因被执行人没有财产可供执行而结案,而后被执行人又有可供执行的财产时,应先执行民事责任部分,因为只要民事赔偿部分没有获得实现,就应按照民事责任优先的规定进行。

3. 民事责任优先中的“责任”不限于侵权损害赔偿责任

民事责任优先的基础是私权优先,因此,凡是私人权益都是优先保护的对象。民事责任是第二性义务,凡是违反法定或约定义务的行为都将产生民事责任。“从权利人方面说,民事责任是对权利的救济方式。民事责任也就是保护民事法律关系中的义务。”①从

① 郭明瑞、房绍坤主编:《民法》(第3版),高等教育出版社2010年版,第31页。

这个意义上看,民事责任优先应理解为财产性民事债务优先,除侵权损害赔偿责任外,还应包括金钱履行责任、违约赔偿责任、原物返还责任等。凡是犯罪人所负的正当民事债务都属于民事责任优先的“责任范围”。凡是合法的债务都应优先受偿也已经得到了我国法律的认可。如《刑法》第 60 条已经规定“犯罪分子所负的正当债务”优先于财产刑进行偿还。

(四)民事责任优先的完善建议

对于民事责任优先,首先应当肯定的是,这是法律赋予民事受害人的一种实体权利,这一实体权利的内容就是在多种财产性法律责任并存时,私人的债权请求权应当优先于刑事财产责任、行政罚款等获得实现。此时要解决的是法律责任发生重合时的责任顺位问题。民事责任优先均规定在实体法规范中,也证明了民事责任优先应是私人实体权利,其性质为优先权。为了方便理解,可以将这种权利称为“民事责任优先权”。[①] 民事责任优先的法律规范也应从原则性规定,变为具有可操作性的具体制度和规则,以保证具有私权性质的“民事责任优先权”的实现。

1. 明确民事责任优先的时间界限

民事责任优先应有时间上的限制。《刑法》第 60 条将时间限制表述为“没收财产以前”,但是没有明确是判决以前还是判决生效以前。最高人民法院《关于适用财产刑若干问题的规定》第 7 条解释为“在判决生效前”。

本书认为,将民事责任优先的时间限定在“判决生效前”更为合理。另外,虽然《刑法》第 60 条没有明确规定民事正当债务优先于刑事罚金的时间界限。按照通常的理解,民事正当债务优先于刑事罚金的时间也应限定为判决生效前。凡是在犯罪人被判处财产

---

① 杨立新教授认为,《侵权责任法》第 4 条第 2 款确立的是一种保障侵权请求权的优先权,“是被侵权人依法享有的,就造成其损害的侵权人的总财产承担侵权责任,优先于侵权人应当承担的财产性质的行政责任或者刑事责任而优先受清偿的担保物权”。参见杨立新:《论侵权请求权的优先权保障》,载《法学家》2010 年第 2 期。本书赞同将民事责任优先作为一种实体法上的优先权,但不认为民事责任优先属于担保物权,因为它已经超出了民法权利体系和范围,其特点和性质也不同于担保物权。

刑的判决生效前,对其享有合法债权,并因犯罪人的财产不足,需要优先受偿的债权人,均可行使民事责任优先权。

在侵权与犯罪交叉案件中,罚金和没收财产两种财产刑的“可执行财产”应是扣除犯罪人所负合法债务后剩余的财产。在犯罪人的财产不足时,违法所得也应当被纳入犯罪人的责任财产范围,用于优先赔偿刑事被害人的损失,而不是一律予以没收。无论是适用刑事附带民事诉讼程序,还是刑事被害人另行提起单独的民事诉讼,均应保证民事赔偿优先的实现。

2. 增设债权人参与财产分配的公告制度

财产刑的执行是法院依职权主动进行的,而民事主体参与执行分配要自己申请后才能启动执行程序,尤其是刑事受害人以外的合法债权人可能无从知晓债务人已经被判处财产刑的事实。

为了保证民事责任优先的顺利实现,对于适用刑事附带民事诉讼程序由同一法庭审理的侵权与犯罪交叉案件,应当先启动民事执行程序,待民事执行程序完结后,再启动财产刑执行程序。对于刑事案件和民事案件由不同法院分别审理的情形,可通过法院信息化建设、案外人异议制度达到民事赔偿优先实现的目的,这样才能形成良好的程序衔接机制。对于刑事被害人以外的其他债权人应预留一定的法定期间或者公告期间再执行财产刑。“执行公告制度对于非法律责任聚合情形下的民事责任优先原则的实现起着基础性作用,没有民事权利人对执行信息的了解,民事责任的优先实现无从谈起。”①在财产刑执行以前,法院的执行机关应当将执行犯罪人财产的裁定进行公告,对犯罪人享有合法债权的债权人,才能够通过公共途径了解财产刑的执行信息,才有机会申报债权,实现优先受偿。

3. 以民事诉讼的方式保证民事责任的优先实现

对于财产性刑事责任和行政责任已经执行完毕的案件,民事债权人应该如何实现自己的合法权益呢？对此,有学者提出采取行政

---

①　陆野:《论民事责任优先原则的适用范围》,载《广西政法管理干部学院学报》2019 年第 3 期。

罚款和刑事罚金、没收的财产暂缓入库的办法予以解决。[①] 也有学者提出应暂缓执行行政罚款和财产刑。[②] 还有学者提出了以下三种改造办法：一是将依法应当承担的民事赔偿责任纳入行政罚款责任及刑事财产刑责任的确定范围。二是将民事赔偿能力纳入行政罚款和刑事财产责任缓、减、免的适用事由中。三是将民事赔偿权利人纳入行政罚款责任及刑事财产刑的责任执行程序的案外人中，赋予其申请执行异议权利。[③] 虽然这些办法都有助于缓解民事责任优先适用的实践难题，但对于债权人来说都不是最根本和最有利的解决办法。

既然将民事责任优先作为一种民事实体权利，权利人的民事责任优先权利就应因获得清偿而消灭，而不因执行程序的完结而消灭。在行政罚款或者罚金、没收财产等因多种原因已经优先于民事责任实现的情况下，债权人可以提起民事诉讼，要求已经执行完毕的行政罚款或财产刑，甚至是已经上缴国库的财产，在自己应获得的赔偿范围内予以返还，重新分配。[④] 既然是对民事权利的保护，《民事诉讼法》中应有体现民事责任优先可以进行诉讼的规定，并由《刑事诉讼法》和《行政诉讼法》予以程序上的衔接。

---

① 陆野：《论民事责任优先原则的适用范围》，载《广西政法管理干部学院学报》2019 年第 3 期。

② 参见邓蕊：《食品安全事故中民事责任优先原则的实现障碍与对策分析》，载《广西社会科学》2016 年第 6 期。

③ 参见李明发：《论民事赔偿责任优先原则的适用——我国〈侵权责任法〉第 4 条第 2 款规定之解读》，载《南京大学学报（哲学·人文科学·社会科学）》2015 年第 2 期。

④ 中国人民大学民商事法律科学研究中心“侵权责任法司法解释研究”课题组拟定的《中华人民共和国侵权责任法司法解释草案建议稿》第 8 条曾建议：侵权人的财产不足以承担侵权责任与行政责任，应当先承担侵权责任的，应当先执行民事判决所确定的侵权责任。行政机关已经先执行了行政责任的，在被侵权人起诉的民事判决中，可以将行政机关列为第三人，同时确定侵权责任优先执行，也可以另行起诉该行政机关主张行使优先权，人民法院应当予以支持。这一规定非常有建设性和可操作性。

# 第五章 关于侵权与犯罪交叉案件私权救济优先未尽的思考

## 第一节 尸体侵权与犯罪案件的交叉性思考

### 一、司法大数据下围绕尸体展开的民事纠纷和刑事犯罪的实证分析

尸体是自然人丧失生命后的物质实体，是人们按照殡葬制度或传统丧葬、祭祀风俗，采取不同方式保留下来的，能够代表和祭奠死者的人体遗留物。由于自然人死亡后，尸体会因自然腐蚀或人为处理发生变形，因此广义上的尸体不仅指遗体，还应包括遗骨、骨灰等尸体的变形物。

俗话说“人过留名，雁过留声”，作为一个自然人死后的物质遗留，尸体应当受到尊重和妥善的处理是千古流传的善良风俗。明确尸体的性质和权益归属是对每一个自然人具有重要意义的本体问题。对尸体的尊重和妥善处理是告慰死者，安慰生者，维护良好社会秩序的基本要求。

现实中，围绕尸体展开的民事纠纷和以尸体为犯罪对象的犯罪时有发生，在民法理论上，尸体的

属性和权利归属尚存在争议。在刑法上，对盗窃、侮辱、故意毁坏尸体罪的犯罪客体及是否应将该罪定位为亲告罪等问题，也尚有探讨的余地。

本书从“北大法宝”案例库中选取民事、刑事共计40多个真实案例作为研究样本，[①]归纳出实践中因尸体而产生的侵权纠纷和刑事犯罪行为的表现形式。

（一）围绕尸体展开的民事纠纷的具体表现形式

其一，尸体安置纠纷。

这类案件主要是死者的近亲属间就安葬死者的地点、安葬方式、死者应与谁合葬等问题发生的侵权纠纷。在未与其他近亲属商量或未取得其他近亲属同意的情况下，擅自迁移骨灰或者擅自安葬引发的侵权纠纷中，法院多以行为人侵犯了其他近亲属对骨灰的安置、管理、祭祀权为由进行判决。[②]

在死者生前立有遗嘱的情况下，如果遗嘱中有关于尸体处置的内容，应采取尊重死者遗愿，遗嘱优先的原则。在死者生前未立遗嘱时，则由近亲属共同处置，意见不一致时，采取少数服从多数原则。尸体已经处分的，按照善良风俗和对死者的尊敬应保持原状，不应私自转移。给其他近亲属造成精神痛苦的，应承担精神损害赔偿责任。[③]

在司法实践中，有的法院将死者近亲属享有的对尸体的祭奠、安葬、管理等权益，归结为祭奠权利。有的法院则认为是合法利益。民事权利应由法律直接规定，祭奠权、安葬权在没有上升为法定权利之前，只能是法律保护的民事利益。死者近亲属对尸体享有的合法利益主要包括两个方面：一是参加葬礼和祭祀活动；二是决定遗体和骨灰的安葬方案。参加葬礼是死者近亲属的同等权利，但有权决定死者安葬方案的只能是死者的父母、子女或配偶。

---

① 注释中出现的只是作为研究样本的部分判决和案例，重复的、类似的判决和案例本书予以省略。

② 参见上海市第一中级人民法院民事判决书，（2015）沪一中民一（民）终字第3434号。

③ 参见江苏省徐州市贾汪区人民法院民事判决书，（2006）贾民一初字第604号。

在“黄某与王某甲侵权责任纠纷案”中，法院认为被告不给原告骨灰存放证和骨灰存放格的钥匙，并不影响原告的祭奠，理由是祭奠是一种情感，属主观范畴，一旦产生他人无法剥夺。[①] 此观点是值得商榷的，因为祭奠不是一种情感，而是一种抒发思念之情的形式，包含了哀思、怀念的精神利益。情感虽然无法被阻挡，但是抒发情感的外在形式是可以被侵犯的。既然承认祭奠是民法保护的一种利益，就应该承认其有被侵犯的可能性，否则“不可能被侵犯的利益”民法根本没有予以保护的必要。

其二，死者近亲属出卖尸体导致的纠纷。

在“王某某等诉张某甲继承纠纷案”中，死者的祖父母起诉死者母亲，要求分得死者与他人配阴亲获得的 3 万元。法院审理认为，死者与他人配阴亲所得费用，系买卖尸体行为所得，我国法律明确禁止尸体买卖行为，因此这 3 万元并非合法财产，原告要求适当分得亦不符合法律规定，依法不予支持。[②]

在“邢某娥等四人诉邢某旺一般人格权纠纷案”中，四原告在回乡给祖母上坟时，发现坟墓被盗，祖母的尸骨不知去向，之后知道是被告（死者丈夫与第一任妻子的直系重孙）将祖母的尸骨出卖给他人。法院判决将被告的非法所得收缴，并判决被告赔偿四原告的精神损失。[③]

《民法典》重申了买卖尸体行为的无效性。根据《民法典》第 1007 条的规定，在民法上，买卖尸体的行为因违反法律的禁止性（效力性/强制性）规定属无效的民事法律行为，在效力上是绝对无效的行为。

其三，医疗、殡仪馆等机构与死者近亲属因尸体发生的纠纷。

在“唐某等诉广西壮族自治区灌阳县人民医院人格权纠纷案”中，一名女婴刚出生就死亡，尸体放在医院的太平间，因医院管理不善，死者女婴的尸体不知去向。一审和二审法院都判决死者家属败

---

① 参见安徽省合肥市中级人民法院民事判决书，（2015）合民一终字第 04584 号。

② 参见山西省平原县人民法院民事判决书，（2014）平民初字第 923 号。

③ 参见河北省尚义县人民法院民事判决书，（2016）冀 0725 民初字第 565 号。

诉，再审法院认为，医院应成立未履行尸体保管义务的不作为侵权。尸体的特殊性和唯一性决定了尸体是一种不可替代物，一旦丢失，无法返还。医院的不作为侵犯了死者近亲属对尸体的处置权，这种处置权虽不具有财产利益，但具有精神利益，应给予精神损害赔偿。①

尸体的处置权归属于死者的近亲属，除保管不当导致尸体丢失构成侵权外，未经死者近亲属的同意，解剖尸体或以火化等方式处理尸体的，也构成侵权行为。在“高某某诉重庆教育学院其他人格利益纠纷案”中，重庆市第五中级人民法院的终审判决认为，死者朱某某跳楼后，他的工作单位重庆教育学院没有及时通知家属，第二天就将尸体火化，侵害了其母亲高某某向遗体告别的权利。审理法官在判决书中写道：“在我们国家几千年的传统文化和善良风俗中，生者对死者的吊唁和缅怀是一种约定俗成的习惯，这种习惯应当受到尊重。”②将死者近亲属的遗体告别权作为一种习惯权利予以保护。

此外，司法实践中还出现了一些殡仪馆错误火化尸体、错误发送骨灰和遗失骨灰的侵权案例。

其四，非法利用尸体导致的侵权纠纷。

随着医疗科学技术的迅猛发展，器官移植成为一种常见和有效的医疗手段。尸体上的器官有了新的用途。未经死者近亲属的同意，非法摘取尸体上的器官进行器官移植是比较常见的一种侵权行为。非法利用尸体的侵权行为还包括非法利用尸体制作标本、非法利用尸体进行教学、非法举办尸体展览等。③ 虽然我国《尸体出入境和尸体处理的管理规定》第8条明确规定了严禁利用尸体进行商业活动，但是类似的案件还是时有发生。

### （二）以尸体为犯罪对象的犯罪行为

侵害尸体的特定行为会构成犯罪，我国《刑法》原来只规定了

---

① 参见广西壮族自治区高级人民法院民事判决书，(2015)桂民提字第67号。

② 参见重庆市第五中级人民法院民事判决书，(2006)渝五中民终字第225号。

③ 参见新疆维吾尔自治区乌鲁木齐市中级人民法院民事判决书，(1993)乌中民终字第403号。

盗窃、侮辱尸体的犯罪行为。2015年《刑法修正案(九)》第34条扩大了盗窃、侮辱尸体罪的犯罪对象和犯罪手段,将犯罪对象由尸体扩大到尸骨和骨灰,将犯罪手段由盗窃、侮辱扩大到故意毁坏。[①]

盗窃尸体是以非法占有为目的,秘密窃取尸体的行为。侮辱尸体是侵犯死者尊严,严重伤害社会风化、扰乱社会秩序的行为。侮辱尸体的行为包括非法出卖尸体,猥亵、强奸女性尸体,将尸体上的衣物脱光等行为。犯罪人侮辱尸体的动机也各不相同,有的是为了掩盖杀人罪行,有的是为了非法牟利,有的是为了泄愤报复。侮辱尸体是一个独立的罪名,例如,故意杀人后,又脱光被害人的衣服将尸体弃于荒野,侮辱尸体的,构成故意杀人罪和侮辱尸体罪两个罪名,实行数罪并罚。[②] 在一起案件中,死者与被告人发生亲密行为时,突发冠心病死亡,被告人为避免其与死者的同性恋关系被他人知晓,将死者的尸体抛入湖内,也被判处侮辱尸体罪。[③]

故意毁坏尸体的行为主要有肢解、碾压、踢打、鞭挞等行为。毁坏尸体的犯罪行为限于故意,如果是过失导致尸体毁损的,不构成犯罪,只承担民事侵权责任。[④] 另外,在交通事故中的死者,因车祸导致尸体被毁损严重的,不属于单独的尸体毁损。可以作为提高死者近亲属精神抚慰金的考虑因素。在2015年《刑法修正案(九)》颁布实施前,故意毁坏尸体不是独立的罪名,实施故意毁坏尸体行为的,成立的是侮辱尸体罪。在一起案件中,死者因在工作过程中意外死亡,被告人即死者的雇主因害怕承担赔偿责任,将尸体的头颅与尸体躯干分离以隐匿尸体。法院认定“采用隐匿、毁损的方式侮辱尸体的,构成侮辱尸体罪”。[⑤] 在另一起故意杀人案件中,犯罪人为毁尸灭迹而肢解尸体,法院在刑事判决中只认定犯罪人成立故意杀人罪,而没有认定犯罪人成立故意毁坏尸体罪或侮辱尸体罪。[⑥]

---

① 《刑法》第302条规定:“盗窃、侮辱、故意毁坏尸体、尸骨、骨灰的,处三年以下有期徒刑、拘役或者管制。”

② 参见广东省高级人民法院刑事裁定书,(2017)粤刑核46534714号。

③ 参见湖南省沅江市人民法院刑事判决书,(2018)湘0981刑初21号。

④ 参见鞍山市铁西区人民法院民事判决书,(2015)鞍西民二初字第00898号。

⑤ 参见安徽省旌德县人民法院刑事判决书,(2014)旌刑初字第00018号。

⑥ 参见天津市第一中级人民法院刑事判决书,(2013)一中刑初字第108号。

在以尸体为行为对象的犯罪中,侮辱尸体罪所占的比重最大。因为直到21世纪,在我国的一些地方,民间还保留着买卖尸体为死去的亲属配阴婚的陈规陋习,为买卖尸体提供了市场。如“安某等侮辱尸体案”中,被告人安某伙同其丈夫,通过被告人刘某甲、陈某甲、陈某乙等6人介绍,冒充死者家属,于2012年4月5日将曲阳县晓林乡店头村李某甲之亡妻陈某的尸体从医院太平间拉走,并以6万元的价格卖给河北省平县台峪乡白石台村齐家庄李某乙及其前妻刘某乙,由二人为他们死去的儿子配阴亲。[①] 类似的买卖尸体案件非常多。在刑事案件中,出卖尸体的行为是以侮辱尸体罪定罪量刑的,即非法出卖尸体,侵犯尸体尊严的行为构成侮辱尸体罪。《刑法》第302条将尸骨单列为犯罪对象,如果买卖的是尸骨,则构成侮辱尸骨罪,[②]人民法院的判决中指出:“被告人违背公序良俗,买卖尸骨,亵渎死者人格尊严,构成侮辱尸骨罪。”[③]

盗窃尸体、侮辱尸体是两个独立的违法犯罪行为。如果只实施了其中一个行为,则只成立盗窃尸体罪、侮辱尸体罪二者中的一个。虽然盗窃尸体的目的也是出卖,但是在盗窃过程中即被抓获的,则构成盗窃尸体罪。在一起案件中,被告人侯某某了解到阳城镇石道村妇女冯某于2014年自杀后被埋在自家地里,遂产生了盗取冯某尸体,然后卖给他人配阴婚赚钱的念头。2015年10月,他打电话让熟人韩某联系买家,韩某联系好买家后,被告人侯某某负责准备相关证件,联系买家和运尸体,在进行盗窃时被当场抓获。法院判处侯某某构成盗窃尸体罪。[④] 如果是已经盗窃尸体成功,但一直没有找到买家卖掉的情况,也只构成盗窃尸体罪。[⑤] 如果盗窃尸体后已经卖给他人的,则构成盗窃、侮辱尸体罪。[⑥]

刑法只处罚为获得利益而出卖尸体的人,对为亲属配阴婚购买

---

① 参见河北省保定市中级人民法院刑事裁定书,(2015)保刑终字第146号。

② 参见山西省临汾市中级人民法院刑事判决书,(2016)晋10刑终334号。

③ 参见山西省洪洞县人民法院刑事判决书,(2016)晋1024刑初78号。

④ 参见山西省芮城县人民法院刑事判决书,(2016)晋0830刑初13号。

⑤ 参见陕西省白水县人民法院刑事判决书,(2017)陕0527刑初4号。

⑥ 参见山东省巨野县人民法院刑事判决书,(2015)巨刑初字第33号。

尸体的人则不进行刑事处罚。如果出卖尸体的人是死者的近亲属，也仅涉及出卖尸体者对其他近亲属的民事侵权责任，一般不追究出卖尸体者的刑事责任。如果是死者的某个近亲属未经其他近亲属的同意将已经安葬的尸骨擅自移出另行安葬的，也不会构成盗窃尸体罪。① 因为行为人不以非法占有和牟利为目的，属于家事纠纷，仅构成民事侵权。行为人侵犯的是其他近亲属对尸骨的共同处置权，给其他近亲属造成严重精神痛苦的，应承担损害赔偿责任。刑法上对盗窃自己家里或近亲属财物的行为，一般也不按犯罪处理，与此同出一理。即使是盗窃尸体的行为与死者的近亲属有关，也不对死者的近亲属进行刑事处罚。在"林某某盗窃尸体案"中，林某潮的父亲逝世，林某潮想避免父亲的尸体被火化，实行土葬。林某潮和被告人林某某聊天时提及此事，林某某说他有办法解决。于是二人约定，由林某潮出资10万元打点，其他具体事项由被告人林某某操办。林某某用偷来的尸体顶替林某潮父亲尸体火化时，被殡仪馆工作人员发现。林某某被判处盗窃尸体罪，林某潮则没有被追究刑事责任。②

## 二、以私权救济的视角对尸体犯罪的思考

### （一）被犯罪行为侵犯的私人利益没有获得救济

在盗窃、侮辱、故意毁坏尸体罪的刑事判决中，我们不难发现，这类案件全是单纯的刑事案件，一律没有附带民事诉讼，当然也不会涉及死者近亲属即刑事被害人的损害赔偿问题。在涉及犯罪的尸体侵权案件中，犯罪人只需承担刑事责任，虽然构成侵权却无须承担损害赔偿责任。

---

① 具体案情是：刘某的父亲原姓王，入赘改姓到刘家生活，后因病去世。刘某打算将其父亲与其先前去世的母亲合葬，刘父的侄子王某却要求在原籍安葬刘父，双方因此发生纠纷，王某愤而拒绝参加刘父的葬礼。刘某将其父与其母合葬的当天晚上，王某竟到该坟地扒坟，撕毁盖棺布，将刘父的骨灰挖出并带回家供放，把棺材和陪葬的衣物置于墓地周围，刘某闻讯后痛不欲生，多方打听方得知系王某所为，且该骨灰现在王某家供放。对王某的行为是单纯的民事侵权还是同时构成盗窃、侮辱尸体罪存在较大的争议。

② 参见广东省陆丰市人民法院刑事判决书，(2017)粤1581刑初139号。

事实上,在以尸体为犯罪对象的案件中,侵害尸体的行为损害了社会公共利益,也损害了死者近亲属的利益。犯罪人盗窃、侮辱、故意毁坏尸体的违法行为严重侵害了死者近亲属对于尸体的处置权和人格利益,当然也构成侵权行为。同一违法行为同时符合犯罪构成要件和侵权构成要件,属于侵权行为与犯罪行为交叉的案件。

死者近亲属的精神损害赔偿请求权具有明确的法律依据①,在绝大多数的侵害尸体的刑事案件中,死者的身份都是确定的,死者近亲属对尸体被盗窃、被出卖、被毁坏的事实都是知情的。有明确的原告、被告、事实理由和诉讼请求,符合我国《民事诉讼法》规定的起诉条件。为什么没有人提出附带民事诉讼或另行提起单独的民事诉讼呢?原因当然是《刑事诉讼法》和司法解释规定的涉及刑事案件的被害人的精神损害赔偿请求一律予以排除规则。侵害尸体的侵权行为属于一般侵权行为,应适用过错责任原则,要求侵权人具有主观上的故意或者过失。尸体侵权行为的损害后果主要是给死者近亲属造成的精神痛苦,因此侵权责任承担方式主要是精神损害赔偿。当然侵权行为给死者近亲属造成的不必要的财产损失,如寻找尸体而支出的必要费用,也应一并进行赔偿。但是在涉嫌犯罪的盗窃、侮辱、毁损尸体的案件中,只有刑事处罚,没有民事赔偿,再一次印证了侵权与犯罪交叉案件处理机制未重视对私人利益保护的限制。

---

① 早在2001年最高人民法院《关于确定民事侵权精神损害赔偿责任若干问题的解释》(已被修改)第3条就明确规定:"自然人死亡后,其近亲属因下列侵权行为遭受精神痛苦,向人民法院起诉请求赔偿精神损害的,人民法院应当依法予以受理:(一)以侮辱、诽谤、贬损、丑化或者违反社会公共利益、社会公德的其他方式,侵害死者姓名、肖像、名誉、荣誉;(二)非法披露、利用死者隐私,或者以违反社会公共利益、社会公德的其他方式侵害死者隐私;(三)非法利用、损害遗体、遗骨,或者以违反社会公共利益、社会公德的其他方式侵害遗体、遗骨。"2020年《民法典》再次予以明确,其中第994条规定:"死者的姓名、肖像、名誉、荣誉、隐私、遗体等受到侵害的,其配偶、子女、父母有权依法请求行为人承担民事责任;死者没有配偶、子女且父母已经死亡的,其他近亲属有权依法请求行为人承担民事责任。"2020年修订后的《关于确定民事侵权精神损害赔偿责任若干问题的解释》第3条进一步规定:"死者的姓名、肖像、名誉、荣誉、隐私、遗体、遗骨等受到侵害,其近亲属向人民法院提起诉讼请求精神损害赔偿的,人民法院应当依法予以支持。"

### (二)侮辱尸体罪应设立为亲告罪

侮辱尸体罪规定在我国《刑法》分则第六章"妨害社会管理秩序罪"的"扰乱公共秩序罪"一节,刑事立法者显然认为,侮辱尸体的行为扰乱了公共秩序。但是,仅从维护社会管理秩序的角度出发设立该罪名,没有兼顾侵犯尸体法益本身是对私人权利的侵害这一客观事实。

《刑法》把侮辱尸体的行为定性为妨害社会管理秩序罪是不尽合理的。侮辱尸体罪的犯罪对象虽然是死者的尸体,但是承受损害后果的只能是死者活着的近亲属。与尸体上承载的人格利益有密切关系的,并不是一般的社会公众,而是具体的死者的近亲属。"生养死葬"是传承千年的传统孝道,在现实生活中,侮辱尸体的犯罪行为既侵犯了死者的尊严,使其"死后不得安宁",也破坏了死者近亲属对死者尸体的处置权和祭奠利益。当人们谈起被侮辱的尸体时,必然会联想到死者的近亲属。死者的近亲属会因为死者尸体遭受的侮辱产生严重的精神痛苦。侮辱尸体罪的犯罪客体首先是死者近亲属的私人利益。因此,从这个角度出发,应将侮辱尸体罪归入《刑法》分则第四章规定的"侵犯公民人身权利、民主权利罪"中。有学者甚至提出,侮辱尸体的行为不应构成犯罪,而应非犯罪化,通过民法上的精神损害赔偿等方法对私人权益进行救济即可,无须对行为人进行刑事处罚。①

侮辱尸体罪应该与侮辱罪是相同种类的犯罪。侮辱罪侵犯了生者的名誉和尊严,侮辱尸体罪通过尸体这一媒介侵犯的同样是生者的名誉和尊严。事实上,《刑法》第 302 条规定的侮辱尸体罪与《刑法》第 246 条规定的侮辱罪非常地接近,司法实践中也出现了将这两个罪名混同的现象。在一起刑事案件中,被告人为泄私愤,实施报复,将别人家的祖坟挖平,并将其中 5 座坟中的水泥骨灰盒挖出,弃置于坟坑边。法院认为被告人以挖掘他人祖坟的方式公然贬低他人人格,破坏他人声誉,情节严重,其行为应成立《刑法》第 246

---

① 参见张璘:《论侮辱尸体罪的非犯罪化》,载《湖南公安高等专科学校学报》2009 年第 3 期。

条规定的侮辱罪。①

《刑法》第 246 条规定的侮辱罪还有一个重要特点，就是它属于一种刑事自诉案件。根据《刑法》关于自诉案件的规定②，侮辱罪是一种亲告罪，即受害人告诉才予以处理的刑事案件。如果将侮辱尸体罪也设立为亲告罪，更有利于实现死者近亲属对自己权利的保护，有利于死者的近亲属在我国现行的刑民交叉案件处理模式下，按照自己的选择放弃对行为人的刑事追究，以民事诉讼实现侵权损害赔偿请求权。当然死者的近亲属也可以选择放弃民事损害赔偿，提起刑事诉讼要求行为人接受刑事处罚。这样做可以充分尊重私人对自己权益的合法处分，体现刑罚的谦抑性和补充性。

另外，从上述对刑事案例的实证研究中可以看出，在以尸体为犯罪对象的刑事案件中，为买卖尸体非法牟利而构成盗窃、侮辱、故意毁坏尸体罪所占的比例最大，考虑到很多的刑事案件都是犯罪人为了获取非法利益而偷盗尸体并出卖的行为，出卖尸体的行为与侮辱尸体的行为的表现和犯罪动机并不完全相同，应对买卖尸体的违法犯罪行为单列罪名，加大对非法买卖尸体行为的打击力度，维护良好的社会秩序和善良风俗。

## 三、关于尸体的民法思考

通过尸体侵权的相关司法案例，我们发现，民法对于尸体进行保护的请求权基础并不稳定，我国并没有法律明确规定死者近亲属对于尸体享有何种具体的权利及权利内容。实践中出现的祭奠权、祭祀权、管理权、处置权、处分权等类似叫法并没有直接的法律依据，相当一部分案例是法院援引法条进行扩大解释而作出的判决，或者依据公序良俗、适用习惯、民事权益保护一般条款等进行的判决。这与尸体在民法中没有明确的定性和权利归属有关。因此，我

① 参见江苏省溧水县人民法院刑事判决书，(2005)溧刑初第 141 号。

② 我国《刑法》规定的自诉案件包括三类：第一，告诉才处理的案件即亲告罪案件。第二，被害人有证据证明的轻微刑事案件。第三，被害人有证据证明对被告人侵犯自己人身、财产权利的行为应当依法追究刑事责任，而公安机关或者人民检察院已作出不予追究的书面决定的案件。

们提出三个值得思考的问题:第一,尸体是不是民法上的物?第二,尸体之上应设立什么权利?第三,尸体上的权利人是谁?

(一)尸体是不是民法上的物

如前所述,尸体是自然人死亡后的物质遗留,广义的尸体还包括尸体的变形物如遗骨和骨灰。人的身体在生前是权利的主体,在死后是否应为权利的客体,民法上不无争议。《民法典》没有专设民事权利客体一章。学者热议的一些"特殊物"如尸体、人体组织和器官、冷冻胚胎、冷冻精子和卵子没有定性。利益相关者对这些特殊的物享有何种权利或权益也仍有探讨的余地。

1. 对尸体进行定性的各种观点

《哲学大辞典》将物定义为:"与意识相对的一切可感知的客观实在东西,一切主体活动的客观对象。"①从客观性上看,尸体也占有一定的空间,具有质量和体积,是能被感知的客观实在,是哲学意义上的物。但尸体是不是民法上的物,则存在许多不同的观点。

观点一:尸体是非私人所有的物。

罗马法已经有物的概念。人法、物法、诉讼法是罗马私法的三大架构。罗马法上的物最初泛指除自由人之外存在于自然界的一切东西,后发展为人力可以支配,对人有用,并且能构成财产组成部分的事物。

与现代民法上的物的外延不同,罗马法上的物泛指财产,除了有形体的物外,还包括无形体的物。盖尤斯认为,土地、奴隶、金子等可以通过触摸感觉到的物是有形物;反之,那些不能通过触摸感觉到的物品就是无形物,罗马法上的无形物就是财产权利,如遗产继承权、用益权和债权。② 可见,只有可以用金钱评价和估价的权利才是无形物。人法中的权利,如自由权、家长权、监护权这些与金钱无关的权利不是财产即不是无形物。罗马法将物等同于财产,财产权利是物而人身权利不是物。

---

① 金炳华:《哲学大辞典》(修订本),上海辞书出版社 2001 年版,第 1573 页。

② 参见[古罗马]盖尤斯:《盖尤斯法学阶梯》,黄风译,中国政法大学出版社 2008 年版,第 58 页。

根据物的特性,罗马法将物划分为可有物和不可有物。前者是可以被私人所有的物,后者是私人不能所有的物。私人不能所有的物包括四种类型:第一种,是按自然法则归所有人共同使用的不可有物,如空气、阳光。第二种,是由罗马国家所有的公有物,如河流、港口。第三种,是由罗马各级地方政府所有的公共物品,如剧场、竞技场。第四种,是用来祭祀的神法物,如神庙、坟墓等。按照古罗马的习俗,人死后必须埋葬于土地之内,而且埋葬死者是活人的义务,违反这一义务的人将受到严惩,如果抛尸水中会被处以极刑。埋葬死者的土地叫作安魂地,土地成为安魂地后该地变为神法物,不属于任何人所有。从罗马人将尸体安葬于土地之内可以推论出墓地之内的尸体也是神法物,不属于任何人所有。可见,罗马法认为尸体是物,但不能为私人所有,尸体是私法范围之外的物。

观点二:尸体不是物。

对于尸体的性质,德国学者一般认为尸体不是物。汉斯和沃尔夫认为,人的尸体不是物,家属对尸体不享有所有权,只享有习惯法上的后事料理权。死者家属可以遵循死者的意愿安葬尸体并防止他人对尸体的不法侵犯。[①] 梅迪库斯认为,有关物的一般规则无论如何不能适用于尸体,因此,死者家属对尸体不享有所有权。[②] 卡尔·拉伦茨认为,死者的家属可以对尸体予以处理,这时尸体可以作为权利的客体。但是,尸体总是会回到人本身而不是物的范围,尸体显然不属于死者的遗产,而且出于孝顺,尸体从来不进入一般的权利转让过程。[③]

按照德国学者的观点,物必须是能作为所有权客体的物。物必须能够一般地被权利人占有、使用、收益和处分。因尸体的特殊性,死者家属不能对物享有所有权,尸体不是所有权的客体,所以尸体

---

① 参见[德]汉斯·布洛克斯、[德]沃尔夫·迪特里希·瓦尔克:《德国民法总论》,张艳译,中国人民大学出版社 2012 年版,第 457 页。

② 参见[德]迪特尔·梅迪库斯:《德国民法总论》,邵建东译,法律出版社 2001 年版,第 876 页。

③ 参见[德]卡尔·拉伦茨:《德国民法通论》(上册),王晓晔等译,法律出版社 2003 年版,第 380 页。

不是物。尸体上的权利始终与人身有关,而与财产无关,不能转让,也不发生继承。尸体可以作为权利的客体,但这种权利绝对不是所有权。

大陆法系近代民法从开始之时,即将物与财产紧密联系,将物限定为物权的客体,德国民法更是将物局限于作为物权客体的有体物。德国学者严守大陆法系民法中关于物的定义,将尸体排除在民法物的范围之外,在否定尸体财产性质的同时,肯定尸体的人身性质。民法上的物与哲学、物理学上的物既相互联系又存在区别。民法上的物不仅具有自然的、客观的物理属性,还具有特定的、主观的法律属性。民法上的物是物权的客体,是作为一个具有特定内涵和特征的法律概念存在于民法物权体系中的,从这个意义上也可以说尸体不是民法上的物。

观点三:尸体是作为所有权客体的特殊物。

日本学者依据《日本民法典》第 897 条关于祭祀者的继承规定,认为尸体是物,可以被所有和继承。近江幸治认为,物必须为外界的一部分,从人体中切除的部分和尸体也是物。尸体作为特殊的物,其所有权归举办丧葬的主人所有,且不得放弃。① 我妻荣认为,虽然尸体在处理上须有特别的限制,但尸体还是物,因此当然能成立所有权。②

根据日本通说,尸体是一种特殊的物,尸体之上可以成立所有权,尸体是死者遗产的一部分,可以由继承人继承。只是对这种所有权有一些特殊的约束和限制。以尸体为客体的所有权是一种具有特殊性的所有权。

2. 尸体不是一般的财产物

从广义上来讲,民法上的物包括有体物和无体物。无体物即智力成果,是知识产权的客体。因知识产权具有相对独立性,因此,狭义的民法上的物,仅指有体物。民法教科书要么对物不予

---

① 参见[日]近江幸治:《民法讲义Ⅰ:民法总则》,渠涛等译,北京大学出版社 2015 年版,第 140 页。

② 参见[日]我妻荣:《新订民法总则》,日本评论社 1968 年版,第 205 页。

论述,要么将物统一界定为独立于人的身体之外,能为人力所支配和控制,能满足人们生活需要的有体物。而问题是,这些都是物权法上的财产物才具有的特征。在财产物之外,民法上是否还有其他的物呢?除了作为物权客体的物,民法上还有作为其他权利客体的物吗?"民法之物"的概念其实不易界定,至今没有令人信服的定义。学界的认识虽无实质分歧,但不等于找到了问题的答案。①

虽然关于尸体是不是物还没有定性,但有一点是明确的,因为尸体与死者人格的密切联系,不能简单地将尸体归结为物权的客体,即财产物。虽然死者不再拥有法律上的人格,但作为一种人格法益的延续,尸体不可否认地带有人格的印记,其伦理性大于财产性。尸体不是财产物,或者说伦理道德不允许其成为一种财产物。在生活中不会有哪一个人指着一具尸体宣称:"这是我的财产,这是我的所有物。"在尸体上设立所有权,是十分荒谬的。在任何的法律语境下,买卖尸体都是不被允许的,尸体不具有一般财产物的使用价值和交换价值。只能按照习惯进行安葬或者用于公共利益的治病救人。法律不允许私人因尸体而谋取物质利益,只允许死者的近亲属履行对尸体的照顾义务,并因此获得精神上的慰藉。

在大多数的情况下,尸体本身已经失去实际的利用价值,民法之所以保护尸体,是对死者的尊重和对死者近亲属精神和情感利益的保护,凝结的是一种情感利益。针对尸体的侵权行为侵犯的并不是死者近亲属对尸体的所有权和由此造成的财产损失,而是其因尸体遭到侵犯而产生的精神痛苦,即使获得金钱赔偿,也是一种精神损害赔偿。这与侵犯所有权应承担的财产性质的赔偿责任是完全不同的。

3. 尸体是特殊的非财产物

民法必须尊重现实生活。作为一种客观的物质存在,以及所表征的人格利益,尸体承载的利益是私人利益,围绕尸体进行的活动

① 参见李锡鹤:《民法"物格"说引起的思考》,载《法学》2010 年第 8 期。

是民事活动,尸体应当作为民事法律关系的客体,民法应对尸体上的合法利益进行保护,因为我们不能像罗马法那样将尸体的法律关系交由神和神法去调整。

传统民法理论将物统归为财产,由物权法进行规范。这种凡是物就是物权保护客体的观点已经不能适应现代社会对物的分类要求。应当根据物的不同特性,将民法上的物分为财产物和非财产物。尸体这种"特殊的物"不是一般的财产物,尸体承载的合法利益主要是具有人格性质的伦理和精神利益。虽然关于权利的本质没有统一的认识,但利益作为权利的核心要素之一已得到认可。物体现的是纯粹的财产利益,而尸体更多承载着精神利益。尸体的特殊性在于它与人格的密切关系。尸体是自然人死后的物质性遗留,作为曾经的人格,是人格延续的精神象征。尸体与权利主体之间更多的是道德伦理关系,具有强烈的道德属性。

尸体、遗骨、骨灰作为死者遗留的物质实体和人格利益的载体确实存在特殊性。因为尸体、遗骨、骨灰具有客观的物质形态,与死者的姓名、肖像、名誉、荣誉、隐私等无形的人格利益不同。尸体是有形、有体的物,但具有特殊性,因此,尸体应是民法世界中的"非财产物"或"人格伦理物"。

### (二)尸体之上应设立什么权利

按照风俗习惯和道德伦理的要求,尸体不能流通、转让、自由使用和抛弃。尸体作为一种特殊的物,游离于物权甚至财产权的世界,不能被谁所有,当然也不能被谁继承。因此,不能被现有的财产性民事权利类型所涵盖。作为特殊的非财产物,尸体可以成为权利的客体,但是这种权利应是什么权利呢?

#### 1. 尸体之上不能设立所有权

从类型划分的层级上看,民事权利首先分为人身权和财产权。传统民法理论对于民事权利的研究往往采取绝对化的二元研究范式,即根据权利所体现的利益性质,将民事权利划分为财产权和人身权。人身权以自然人的人格利益和身份利益为客体,必须是已经出生且活着的自然人才能享有人身权。财产权以财产利益为客体,而物是财产的主要形态。因而,自然形成的逻辑是:凡是物都是财产,是财产权利的客体。尸体是人死后的物质遗存。自然人的尸体显然不属于人身权的调整范围。那只能在财产权范围内为其寻找权利配置。既然尸体是物,那与其最为接近的权利配置只能是所有权。这也是我国学者将尸体归属于所有权的推理依据。①

实际上,我们在人身权和财产权的二元划分体系下,无法为尸体找到合适的权利配置。将尸体上的权利定性为所有权,看似合理,实则违背了所有权的根本性质和权利内容。持尸体所有权说的学者,也不得不承认这种所有权具有特殊性,和普通所有权并不相同。② 我国刑法单列盗窃尸体罪区别于一般的财产性犯罪也是出于这一原因。

民法上的所有权,是权利主体对财产物的支配和利用。而尸体上的权利主体与作为权利客体的尸体之间并不是支配与被支配、利用与被利用的关系。与他物权相比,所有权是一种全面而完整的物权,具有积极行使和消极保护两个方面的权能。所有权的占有、使用、收益和处分四项积极权能对于尸体都无法适用:第一,死者家属对尸体直接的长期占有是不被允许的。尸体长期放在家中保存,不进行处置和安葬的行为是法律和公共秩序所禁止的。第二,权利人不能自由使用尸体,对尸体的使用限于安葬和祭祀,或者法律允许范围内的器官移植。不允许对尸体进行其他方式的使用,如非法陈列、展览尸体。第三,尸体不能买卖、出租、转让。例如,我国《人体器官移植条例》规定,禁止任何形式的人体器官买卖,人体器官捐献应当遵循自愿、无偿的原则。第四,尸体无法分割,不可以抛弃。死者家属不能将尸体抛弃在医院、殡仪馆或其他任何地方。

与一般财产性权利是为权利人的财产利益所设的属性不同,尸体上的利益更多体现为亲人祭奠、追思的一种需要,是以安葬和祭祀为主要内容的职责性权利。在尸体上设定的权利具有强烈的道

---

① 参见王艳梅、谢谦:《论尸体的所有权及其行使》,载《武汉理工大学学报(社会科学版)》2013 年第 5 期。

② 参见杨立新、曹艳春:《论尸体的法律属性及其处置规则》,载《法学家》2005 年第 4 期。

德义务性,是一种道义性权利。权利人被禁止利用尸体获得物质上的满足,只能得到精神上的安慰。对死者尸体的尊重和保护是维护良好社会风俗的需要。以所有权或者继承权为尸体设定权利,与尸体上的核心利益因素背道而驰,不仅无法很好地解决因此而产生的纠纷和诉求,而且容易引发道德风险。

2. 尸体上的权利类似于监护权

在现有的民事权利体系中进行搜寻,我们发现尸体上的权利与监护权非常相似。与其他民事权利为权利人的利益设置不同,监护权是为了弥补民事行为能力的不足,保护行为能力欠缺的被监护人的利益而设置的,是一种义务和责任。“监护是拥有这种权利和能力的人,他们从这一事实本身得名。因此,他们被称作监护人,近于保护人和保卫人,如同保管神庙的人被看成是看守神庙的人。”①因此有学者认为,监护本质上是一种职责,而非民事权利。② 监护人的权利是保护和管理被监护人的人身和财产。这与死者近亲属对尸体享有的也是一种保护和管理的权利非常相似。

在英美法系,监护的对象除了自然人外也可以是物品或事物。《美国法律百科全书》将监护人界定为:“指一个有监护能力或者看管权的人;一个实施监护行为的人;一个被信托关照和占有一个事物……当适用于事物时,监护意指管理或者保持安全……以及对监护的事物有保护和保管的责任。”③

但是在大陆法系,从监护制度产生时,作为监护对象的只能是行为能力欠缺的自然人。查士丁尼在《法学阶梯》中就已经指出,不能在某一物品或事物上指定监护人,因为监护人是对于人而不是对于物或事物指定的。④ 在尸体上设立监护权具有适用对象上的障碍,也容易破坏监护权作为法定权利的稳定性。

---

① 徐国栋:《优士丁尼〈法学阶梯〉评注》,北京大学出版社 2011 年版,第 110 页。

② 参见梁慧星:《民法总论》(第 2 版),法律出版社 2001 年版,第 116 页。

③ [美]卡尔·威尔曼:《真正的权利》,刘振宇等译,商务印书馆 2015 年版,第 170 页。

④ 参见[古罗马]查士丁尼:《法学总论——法学阶梯》,张企泰译,商务印书馆 1989 年版,第 31 页。

3. 尸体上权利的确定应以习惯为基础

按照权利的存在形态,权利分为应有权利和实有权利。法律在应有权利向实有权利的转化过程中发挥着重要作用。习惯权利本质上即属于一种应有权利。习惯权利是人们在长期的社会生活中形成的或从先前的社会传承下来的,或由人们约定俗成的、存在于人们的意识和社会习惯中,并表现为群体性、重复性自由行动的一种权利。[①] 习惯权利的依据不是国家强制力的认可,而是在社会生活中形成"必要的确信",即"人们是否普遍认为它是正确的"[②]。习惯权利的内容是由善良风俗和社会习惯予以确认的。当习惯权利被侵犯和违反时,同样需要保护和救济。

习惯权利具有三个特征:第一,习惯权利的适用范围是特定的。因为习惯本身是在特定地域内形成的。习惯权利生成于特定的地域,只有生活在特定的国家和地区的人们才会形成同样的习惯,并普遍认可它的正确性。第二,习惯权利的适用时间是长久的。习惯本身是能够世代相传的,体现的精神和价值判断基本固定不变。社会的变动、时代的更迭不会对它产生太大的影响。第三,习惯权利具有广泛的社会认同性。

有生即有死,生老病死作为一种自然规律,是社会日常生活中每个家庭和自然人需要面对的问题。亲人逝去后所遗留下来的物质实体需要进行妥善处理。人们在长期的生活中,自然形成了尸体上承载的权利和义务的具体内容:"这种权利与义务呈现出一体两面的关系,以相合形式统一于一组关系之中,其根源并不在于法律规定之中,而在于长期的社会生活过程中形成的重复性的行动。"[③]

我国疆土广阔,民族众多,在尸体的安葬上,就有土葬、火葬、水葬等不同习俗和惯例。在祭奠上也有不同的风俗和仪式。随着医学的进步,将尸体上的器官捐献给需要者用于治病救人也成

① 参见张文显:《法哲学范畴研究》(修订版),中国政法大学出版社 2001 年版,第 313 页。

② 参见[德]卡尔·拉伦茨:《德国民法通论》(上册),王晓晔等译,法律出版社 2003 年版,第 17 页。

③ 张文显主编:《法理学》(第 2 版),高等教育出版社 2003 年版,第 111 页。

了一种新的社会风尚和善良风俗，且被越来越多的人所接受和认可。在这些问题上，国家实际上也越来越倾向于尊重民事主体的自由选择。

我国《刑法》规定的盗窃、侮辱、故意毁坏尸体罪，通常认为其犯罪客体是对公共秩序和善良风俗的破坏。该罪名规定在"妨害社会管理秩序罪"一章的"扰乱公共秩序罪"一节中，也说明了我国的刑事立法是从公共秩序和善良风俗的角度来保护尸体的。最高人民法院的相关司法解释也将尸体侵权界定为"以违反社会公共利益、社会公德的方式侵害遗体、遗骨"的行为。是否构成尸体侵权行为应按照社会的风俗习惯进行判断。

在"权利本位"的现代民法中，习惯权利为开放性民事权利体系的构建提供了路径，也为法定权利之外合法利益的救济提供了依据：其一，可以很好地遵从人们长期形成的习惯，更有利于维护公共秩序和善良风俗。其二，法定权利不可避免地具有不周延性和封闭性，习惯权利对民事权利体系具有一定的补充和完善作用。随着社会生活的发展变化，习惯权利具有更大的包容性。其三，当发生纠纷时，习惯权利可以很好地得到救济，因为"有权利就有救济"。近年来，围绕尸体而产生的"悼念权""祭奠权"都是在法定权利之外的司法救济。法官在法定权利没有规定的前提下，维护了当事人的合法权益。其四，习惯作为民事权益纠纷的处理依据也为我国法律所确认。① 习惯是确定尸体上权利的具体内容的依据，也是尸体上权利保护的界限和维度。对于尸体上的权利内容应依人们长期形成的习惯予以衡量。

4. 尸体之上应设立一种独立的权利：尸体照护权

现有的法定民事权利：一是对财产物的权利，如所有权、继承权；二是对人的权利，如监护权。尸体不是人，也不是财产物。尸体上的权利既不是人身权也不是财产权。尸体的特殊性使其处于法定民事权利类型之外，将其归入既有的任何一种民事权利类型都存

① 如《民法典》第10条规定："处理民事纠纷，应当依照法律；法律没有规定的，可以适用习惯，但是不得违背公序良俗。"

在一定的障碍,应在现有的民事权利之外为其寻找权利配置。如前所述,权利人不得对尸体进行自由使用、收益和处分,尸体上的权利应以尸体的安葬、祭祀以及防止他人的不法侵害为内容。因此,尸体上的权利实际上是一种管理和保护的权利。本书将其称为“尸体照护权”。

尸体照护权是指尸体的近亲属对尸体享有的管理、处分并防止他人非法侵害的权利。这种权利是围绕尸体这个有形物质展开的,具体包括合理处置尸体的权利、祭奠尸体的权利、阻止他人非法利用尸体和侵犯尸体的权利。第一,合理处置尸体的权利。权利人有权选择安葬尸体的方式以及是否进行器官的捐赠等。第二,祭奠的权利。作为与死者具有近亲属关系的权利人,享有与遗体进行告别和定期祭祀的权利。第三人不得以任何理由剥夺、禁止和妨碍权利人行使此项权利。第三,防止他人非法利用和侵害尸体的权利。当他人非法利用和侵害尸体时,权利人有权要求停止侵害、返还尸体和要求损害赔偿。

尸体上的照护权可以进一步划分为意定照护权和法定照护权。意定照护权是尊重死者意愿的制度设计。死者生前可以以立遗嘱或签订协议的方式为自己死后的物质遗存选择照护人。在死者没有选定意定照护人的情况下,则依法定照护权处理尸体事宜。“生养死葬”是人的自然生理属性和社会伦理要求,民法为民事行为能力欠缺的生者设立监护人,照顾其人身和财产,也应为死者的尸体设立照护人,管理和保护自然人延续的人身利益,使“生死皆有依靠”。

### (三)尸体上的权利人是谁

一般情况下,无论是意定的尸体照护权还是法定的尸体照护权,权利人都应是死者的近亲属。但根据司法案例,很多围绕尸体产生的侵权纠纷是发生在死者的近亲属之间的。因此仅规定尸体照护权的权利人范围过于笼统,不利于纠纷的顺利解决。还应规定存在多个权利人时权利行使的顺位和权利行使的规则。具体来说,尸体照护权的权利人顺位可以参照和准用《民法典》中关于法定继承人顺位的规定。具体来说,作为第一顺序继承人的父母、配偶和子女是第一顺序的照护权人。作为第二顺序继承人的祖父母、外祖父母、孙子女、外孙子女、兄弟姐妹是第二顺序的照护权人。有第一顺序的照护权人时,第二顺序的照护权人不享有尸体照护权。同一顺序的近亲属有多人时,任何一个人不能擅自处置尸体,可以共同推举一名权利人作为尸体照护权的执行人。对尸体的处置存在争议的,应协商解决,协商不成交由法院裁判解决。法院应按照少数服从多数的规则,结合当地的殡葬风俗进行裁判。对无人认领的尸体,或者近亲属无力安葬和保护的,国家应作为处置和保护尸体的权利人。

有学者认为死者本人也是尸体的权利人。这一观点显然是不能成立的。自然人死亡后,民事权利能力终止,不再是民事主体也就不再享有民事权利,当然也不能享有尸体上的照护权。虽然允许自然人以遗嘱的方式处分自己死后的遗体,但那是生前行为,须由其近亲属来执行。近亲属在行使尸体照护权的同时,有义务遵从死者生前的愿望。尸体上照护权的权利人只能是活着的人而不能是死者本人。

## 第二节 关于侵权与犯罪交叉案件引入第三人惊吓损害赔偿的思考

### 一、第三人惊吓损害的含义

#### (一)何为"第三人"

侵权法上不乏"第三人"的称谓,我国《民法典》侵权责任编中多次出现了"第三人"这一概念,《民法典》侵权责任编中的"第三人"出现在以下几种情境中:其一,侵权责任免责事由中的第三人,体现为《民法典》第1175条的规定。其二,补充责任中的第三人,如《民法典》第1198条第2款的规定。其三,不真正连带责任中的第三人,如《民法典》第1204条的规定,类似的规定还有《民法典》第1233、1250条等。在以上情境中,第三人都是造成损害的直接侵权人和最终的责任承担人。只不过,侵权法上的"第三人"是一个相对而言的称呼，是一个从特定法律关系出发的定义，换一个角度，第三人就成了“第一人”。例如，运输者是消费者和产品生产者之间法律关系的第三人，又是造成侵权损害后果的“第一人”。这是因为侵权损害赔偿关系是建立在双边法律关系基础上的一种制度构造。《民法典》侵权责任编中的“第三人”都是侵权人，并没有规定第三人是受害人的情形。而第三人惊吓损害中的“第三人”指的是侵权案件中的受害人，是因目睹直接受害人的人身损害而遭受惊吓的人。

“林某诉张某等人身损害赔偿纠纷案”是一起第三人惊吓损害的典型案例。[①] 原告林某在进入儿子曾某的办公室时，恰好看见儿子曾某被张某等人用铁棍打得跌倒在地、鲜血直流。原告林某受到精神刺激后当场昏厥，与儿子曾某一起被紧急送去医院治疗。在这一案件中，原告林某的儿子曾某是被告张某直接殴打的对象，是殴打行为的直接受害人，原告林某并没有遭受殴打，她的损害是目睹了儿子被打后的惨状受到惊吓造成的，是张某等殴打曾某引起的间接损害后果，林某是张某等伤人案件的间接受害人。因此，第三人惊吓损害的“第三人”指的是侵权行为人和直接受害人这一双边法律关系以外的侵权受害人。[②]

### （二）何为“惊吓损害”

惊吓损害是一种什么性质的损害，是健康权损害，还是精神损害？一直以来，我国民法规定的健康权是与生命权、身体权并列的一种物质性人格权。物质性人格权以物质性人格利益为客体，具有一定物质载体的人格权利。健康权是自然人以其人体生理机能的正常运作和功能的完善发挥为内容的人格权。对健康权的侵害给

---

① “林某诉张某等人身损害赔偿纠纷案”，是刊登在《人民法院案例选》中的一起第三人惊吓损害典型案例。参见最高人民法院中国应用法学研究所编：《人民法院案例选》（第70辑），人民法院出版社2011年版，第146页。

② 司法实践中的惊吓损害案件包括直接受害人本身的惊吓损害与第三人惊吓损害。如电梯突然失控坠落，导致原告受到惊吓而流产就是直接受害人的惊吓损害案件。直接受害人本身的惊吓损害与第三人惊吓损害的区别在于：直接受害人的惊吓损害无须以他人的人身损害为基础，而第三人惊吓损害须以直接受害人遭受人身损害为基础。

受害人造成的是一种有形的身体伤害。与健康权受到侵害相对应的损害赔偿是一种财产性质的赔偿,是对受害人为了恢复身体机能而支出的各项必要医疗费用的赔偿。因此,惊吓损害不是一般意义上的身体健康权的损害。

健康包括身体健康和心理健康。学者们多将侵权法上的惊吓损害定性为一种心理健康的损害,即精神损害。“惊吓是一种突然对个人产生影响,与心理有关的外界实践造成的心理故障或心理刺激。”①惊吓损害是一种:“介于死者近亲属丧失生活乐趣、歇斯底里反应和严重情况下甚至是精神病之间的一种突然、剧烈的情绪震动。”②“惊吓损害是一种纯粹的精神损害,该种损害不同于主体传统人格权受到侵害时所遭受的附随性精神损害,对受害人的伤害往往具有突发性,其强度亦较一般精神损害为甚。”③从上述对于惊吓损害的定义不难发现,侵权法上探讨的第三人惊吓中的“损害”主要是精神性质的。第三人惊吓损害属于第三人精神损害的一种。第三人精神损害是指当直接受害人遭遇人身侵害时,由于各种因素的存在(如第三人与直接受害人存在亲密关系,或者直接受害人的损害情形过于令人惊悚等),第三人也因遭受严重的精神打击,产生了精神上的各种不良反应。④ 在司法实践中,大多数的第三人惊吓损害案件,侵害直接受害人的行为一般不会造成第三人机体健康的损害,而是心理健康的损害,第三人惊吓损害在性质上是一种精神损害。因此,侵权行为只要造成受害人精神痛苦的损害后果即可成立第三人惊吓损害,并不同时要求身体健康的损害后果。在侵权法实践中认可的第三人惊吓损害也基本体现了这一要求。

当然也有少数学者从广义上理解“惊吓损害”,首先,从惊吓的来源上,惊吓损害的来源不限于造成严重人身伤亡的侵权行为,可

---

① 朱晓喆:《第三人惊吓损害的法教义学分析——基于德国民法理论与实务的比较法考察》,载《华东政法大学学报》2012 年第 3 期。

② [德]克雷斯蒂安·冯·巴尔:《欧洲比较侵权行为法》(下卷),焦美华译,法律出版社 2001 年版,第 83 页。

③ 谭吉:《惊吓损害侵权司法救济困境及其突破》,载《当代法学》2019 年第 3 期。

④ 参见陈春:《第三人精神损害赔偿制度研究》,武汉大学 2010 年博士学位论文,第 1 页。

以是各类侵权行为，甚至是财产侵权行为。其次，从惊吓的损害后果上，惊吓损害基本上是精神损害，但也可能是身体健康损害，甚至是财产权损害。[①] 但目前为止，国内外获得支持的第三人惊吓损害都是建立在直接受害人遭受人身伤害的基础之上，对于财产毁损而导致的第三人惊吓损害尚没有相关的案例。

国外也有将身体伤害作为第三人惊吓损害特殊要求的做法。例如，美国侵权法上的第三人惊吓损害中的"损害"就因受害人身份不同而有不同的要求。如果第三人与直接受害人之间有亲属关系，则无论精神痛苦是否造成第三人身体上伤害，侵权人都须承担损害赔偿责任。如果第三人与直接受害人没有亲属关系，则只有精神痛苦导致第三人身体伤害时，侵权人才需要承担赔偿责任。[②]

还有就是惊吓损害是否包括第三人已经患有的疾病。如果原告在遭受惊吓前就患有某种疾病，惊吓只是引起了旧病复发，应如何处理，不无疑问。如"林某诉张某等人身损害赔偿纠纷案"中，原告林某因受到惊吓而引起了高脂血症等旧病复发，法院对于她用于治疗旧病的医疗费、护理费等部分的损害赔偿请求只支持了 20%，另外支持了原告 2000 元的精神损害赔偿。可见，旧病复发并不属于惊吓损害的范围，第三人惊吓损害仅指第三人全部损害中的精神损害，不包括物质性损失。

## 二、第三人惊吓损害的请求权基础

### （一）直接的请求权

1. 第三人是"自己被侵害"

在第三人因直接受害人的人身伤害而遭受精神损害时，第三人提出侵权损害赔偿请求的理由不外乎两个：一是以直接受害人

---

① 参见谢鸿飞：《惊吓损害、健康损害与精神损害——以奥地利和瑞士的司法实践为素材》，载《华东政法大学学报》2012 年第 3 期。

② 《美国侵权行为法重述》第 46 条第 2 项规定："前项行为致第三人产生严重精神上损害时，且行为人有使该第三人产生精神上损害之故意或几近故意之鲁莽意思，如符合下列要件者，亦应负赔偿责任。第一，该第三人在现场且与直接被害人有亲属关系，而不论其精神上痛苦是否造成身体上之伤害。第二，若在现场第三人与直接受害人无亲属关系，则于精神上之痛苦引起身体上伤害时，负赔偿责任。"

被侵权为理由,要求侵权人进行赔偿。二是以自己被侵权为理由要求损害赔偿。[①] 第三人惊吓损害要解决的是后一个救济途径,即第三人作为原告起诉侵权人要求精神损害赔偿的理由是“自己被侵害”。因此第三人惊吓损害与死者近亲属因死者的死亡而派生出来的损害赔偿请求权不同,因为死者近亲属作为原告起诉侵权人要求精神损害赔偿的理由是“他人被侵害”。可见,第三人惊吓损害案件的原告是以自己的损害提起诉讼,是直接的损害赔偿请求。

2. 原告遭受的是直接损害

由于受害人并非侵权行为直接指向的对象,因此第三人惊吓损害通常会被认为是一种间接损害。早期的法院也多以第三人惊吓损害属于间接损害为由,不支持原告的赔偿请求。第三人惊吓损害究竟是直接损害还是间接损害呢?如前所述,第三人惊吓损害在性质上是一种精神损害,而精神损害的特殊性决定了不应对其再作直接损害和间接损害的划分。正如曾世雄教授所言:“损害,原亦可分为直接损害和间接损害……财产上损害用此分类,已够混淆……非财产上之损害无作直接损害与间接损害之必要,亦无作此区分之可能。如勉强借用此分类,则非财产上之损害全为直接损害。”[②]如此,第三人精神损害应是直接损害。

3. “一因多果”的直接因果关系

从因果关系的角度分析,侵权行为人的行为是因,惊吓损害是果。第三人惊吓损害与直接受害人的人身损害是同时发生的,第三人惊吓损害与侵权行为具有时间和空间上的一致性。第三人惊吓损害的因果关系属于“一因多果”的直接因果关系形态,即侵权人的一个侵权行为同时导致了直接受害人的人身损害和第三人的惊吓损害两个损害后果。第三人惊吓损害不同于属于“一因一果”的在侵权行为发生后导致的反射性损害后果。反射性损害后果是两

---

① 参见孙维飞:《英美法上第三人精神受刺激案型的处理及其借鉴意义——以第三人派生的请求权与独立的请求权及其关系为视角》,载《华东政法大学学报》2012 年第 3 期。

② 曾世雄:《损害赔偿法原理》,中国政法大学出版社 2001 年版,第 304 ~ 305 页。

个当事人之间基于特定身份关系或者一定程度的自然联系而产生的,一个当事人权益受损而导致另一个当事人遭受的利益损失,其中前者为直接受害人,后者为次级受害人。[①] 反射性损害不仅包括精神损害,还包括财产损失。纯粹经济损失即为反射性财产损失。反射性损害后果与侵权人的侵权行为在时间和空间上是分离的,是在侵权行为已经侵害了直接受害人的利益,并导致了直接受害人的损害后果发生后,直接受害人的损害结果又反射至次级受害人,导致次级受害人的利益受损。[②] 直接受害人的损害和次级受害人的反射性损害之间具有引起与被引起的关系,反射性损害是直接受害人的损害引起的,因此侵权人的侵权行为与反射性损害之间只具有间接的因果关系。

### (二)我国民法中第三人惊吓损害的规范基础

我国民法没有明确第三人精神损害赔偿。司法实践中,第三人精神损害赔偿的适用范围非常狭窄,除直接受害人死亡的人身伤害案件外,即使在直接受害人重度残疾的情况下,重残者的近亲属也不能获得第三人精神损害赔偿。

将第三人精神损害赔偿限定在直接受害人死亡的情形下,是值得商榷的。尤其是在致人重度残疾的情形下,重残者的近亲属不能获得精神损害赔偿是非常不合理的。因为致人重度残疾的侵害行为,必然给重残者的近亲属造成巨大的精神痛苦和精神压力。从现实的角度出发,这种巨大的精神压力将是长期的、无法消除的,只要

---

① 参见吴国喆、陈婕:《论反射性利益损失的民法保护》,载《甘肃政法学院学报》2017 年第 4 期。

② 在一起交通事故中,王女士的丈夫林某开车与一辆客车发生碰撞,致林某受伤。经认定,林某因交通事故致颈部活动受限构成八级伤残,严重影响阴茎勃起功能构成九级伤残。后林某诉至法院,历经一审、二审后,林某获赔医疗费、误工费、残疾赔偿金等各项赔偿约 16 万元。尽管丈夫已经获得了赔偿,但王女士认为因为客车司机的侵权行为导致丈夫阴茎勃起功能障碍,身为妻子,其性权利受到了严重伤害。据此,王女士将客车司机及其所在单位诉至法院要求赔偿。法院认为:夫妻性权利是公民健康权的一个方面,王女士作为已婚妇女,与丈夫正常的性行为是其应有的权利,林某性利益受到侵害,则必然侵害到作为配偶的王女士的性权益。因此,法院判定交通事故的责任人应赔偿王女士精神损害赔偿金 4000 元。

重残者还活着,其近亲属就要承受这种痛苦和压力,其严重程度绝不亚于给死者近亲属造成的精神痛苦。

第三人惊吓损害赔偿在我国现行的侵权法中并没有直接的规范基础。与第三人精神损害赔偿有关的规定只有死者近亲属的第三人精神损害赔偿,因此,在"林某诉张某等人身损害赔偿纠纷案"中,法官通过扩张解释适用的规定,支持了原告的精神损害赔偿请求。审理法官认为:"林某的损害与死者近亲属的损害有一定的相似之处,即二者存在三角关系,皆为第三人受到损害。"①

第三人惊吓损害赔偿与死者近亲属的第三人精神损害赔偿确实有相似之处,但如前所述,第三人惊吓损害中的第三人是以"自己受侵害"为由提起的诉讼,与死者近亲属因死者的死亡而派生出来的精神损害赔偿请求权并不相同。通过扩大解释死者近亲属的精神损害赔偿请求权不能体现第三人惊吓损害赔偿的"损害和因果关系的直接性"的特征。同样,有的法院通过对身体健康权作扩大解释,来确定第三人惊吓损害赔偿请求权基础的做法在逻辑上也是不可取的。因为第三人惊吓损害主要是一种精神损害,并不是物质性人格权受到伤害而导致的物质损失。从实在法的角度出发,在现行立法中寻找第三人惊吓损害赔偿的规范基础,《民法典》第 1183 条第 1 款是更为合适的选择。② 作为精神损害赔偿的侵权法一般条款,第 1183 条第 1 款只规定了"严重"一个要件,显然是立法者给精神损害赔偿的发展预留了空间,具有很大的包容性和前瞻性。《民法典》第 1183 条第 1 款虽然可以作为第三人惊吓损害赔偿的规范基础,但在此规范基础上,对第三人惊吓损害赔偿责任的构成要件要进行严格限制。

## 三、第三人惊吓损害赔偿责任的构成要件应相对严格

对第三人惊吓损害赔偿,"绝对予以肯定,难免增重加害人之负

① 参见福建省厦门市思明区人民法院民事判决书,(2006)思民初第 5968 号。

② 《民法典》第 1183 条第 1 款规定:"侵害自然人人身权益造成严重精神损害的,被侵权人有权请求精神损害赔偿。"

担，而全部加以否定，对受害之人则殊为不利”。[①] 相较于直接受害人的人身损害赔偿，第三人惊吓损害赔偿责任的构成要件要相对严格，以防止侵权损害赔偿责任的不当泛化。在认定第三人惊吓损害赔偿责任的成立时，应当考虑的要素包括：

第一，第三人须因惊吓遭受严重的精神痛苦。轻微的精神损害侵权法不予保护，可以获得赔偿的仅是那些达到一定程度并持续一定时间的严重的精神损害。

精神损害的核心是精神痛苦，主要表现为受害人出现恐惧、绝望、焦虑、抑郁等情绪。第三人精神痛苦的严重程度可以从以下两个方面进行考量：一方面，考量直接受害人遭受人身损害的严重程度。如果直接受害人只是遭受了轻微的人身损害，则第三人无从产生严重的精神痛苦。通常只有在直接受害人当场死亡、重度残疾或遭受其他严重人身伤害的情况下，依生活的常识判断，第三人才有可能遭受严重的精神痛苦。另一方面，考量第三人是否已经因惊吓患上了精神性疾病。惊吓损害，在英美法系中被称为“nervous shock”，是指行为人的故意或过失行为导致直接受害人或者第三人遭受医学上可确认的“精神性疾病”或“精神打击”。[②] 第三人因惊吓患上精神疾病，如神经性休克、应激性精神障碍、抑郁症等，更容易证明其遭受了严重的精神损害。另外，虽然精神损害并不要求有身体上损害的证明，但如果第三人在受到惊吓后伴有严重的身体疾病，也更容易证明精神损害的严重性。如果第三人虽然没有患上精神疾病，但程度非常严重且处于长时间的持续状态，也可以认定为严重的精神损害。

第二，侵权行为人对第三人惊吓损害存在主观上的过错。这种过错应区别于侵权行为人主观上对造成直接受害人的人身损害存在故意或者过失。因为直接受害人的人身损害与第三人的精神损害是两个不同的损害后果，侵权人对两个损害后果是否都具有主观

---

① 参见王泽鉴：《第三人与有过失》，载《民法学说与判例研究》（第 1 册），中国政法大学出版社 1998 年版，第 83 页。

② 参见张新宝主编：《精神损害赔偿制度研究》，法律出版社 2012 年版，第 485 页。

过错应分别判断。

在判断侵权行为人对第三人的惊吓损害是否存在过错时,应以侵权行为人在实施行为时是否明知或者是否可以合理预见到第三人会遭受惊吓为判断标准。在美国的一起案件中,一个男孩躲在衣柜里目睹了持刀入室抢劫的凶犯杀死了自己的父亲,因此受到极大的精神刺激。但法院并没有支持他的精神损害赔偿请求,理由是男孩在案发时躲在衣柜里,杀人的凶犯并不知道男孩的存在,因而对男孩的惊吓损害不存在过错。在另一起发生在澳大利亚的案件中,凶犯在原告及其子女都在场的情况下,残忍地将原告的丈夫杀害,法院支持了原告的精神损害赔偿请求。如果侵权行为人明知受害人的近亲属在场仍实施侵害行为,其对第三人的精神损害具有主观过错是显而易见的,因其已经预见到精神损害后果的发生,并希望或放任了这种损害后果的发生。

第三,侵权行为与第三人的惊吓损害存在因果关系。此种因果关系应就侵权人的行为与第三人精神损害之间的关系进行独立判断。在交通事故案件中,一般情况下,因驾驶人对于第三人惊吓损害无法预见且不应负有广泛的注意义务,因此不成立相当因果关系。德国杜宾根地方法院 1967 年的一份判决中记载:一名 16 岁的女孩与好友同行,同行的好友因突如其来的车祸死亡,女孩目睹好友死亡的惨状并受到惊吓,产生了严重的精神障碍,因此起诉请求精神损害赔偿。法院就以不成立相当因果关系而驳回了原告的精神损害赔偿请求。①

在司法实践中,我国法院在审理第三人惊吓损害案件时经常采用直接因果关系和间接因果关系的判断方法,此种做法有失妥当。对于侵权人的行为是否是第三人惊吓损害的原因,不应采用直接因果关系和间接因果关系的判断规则。因为直接因果关系说相当于必然因果关系说,对于因果关系的判断过于严格,会不适当地限制第三人损害赔偿的范围。在判断侵权行为与第三人惊吓损害是否存在因果关系时,仍应采用大陆法系因果关系判断理论的通说即相

---

① 参见曾世雄:《损害赔偿法原理》,中国政法大学出版社 2001 年版,第 344 页。

当因果关系说。除德国法院外，日本司法实践也采用此种判断方法，对间接受害人的损害，“在该损害与加害行为存在相当因果关系的基础上，根据是否进入应该赔偿的损害范围来决定赔偿请求的恰当与否”①。

运用相当因果关系规则来判断第三人惊吓损害赔偿的因果关系，就是根据社会常识判断侵权人的加害行为是否会产生第三人的惊吓损害。当直接受害人的近亲属在场时，加害人仍故意对他实施严重的人身伤害行为，当然会引起直接受害人近亲属的精神痛苦。

第四，有权提起惊吓损害赔偿请求权的第三人应当限于与直接受害人有密切关系的近亲属。德国学者施密特将第三人惊吓损害的违法性区分为三种情况：“第三人因陌生人受侵害产生的惊吓损害，不具有违法性，属于一般生活风险；救援事故的第三人发生惊吓损害，也不具有违法性；与直接受害人有密切联系的近亲属，因受惊吓而发生损害，由该损害后果指示出行为的违法性。”②实际上也是将有权提起惊吓损害的第三人限定为与直接受害人有密切关系的近亲属。对于与直接受害人不存在近亲属关系的第三人一般不予赔偿。③ 将第三人限定为与直接受害人具有密切关系的近亲属，起到了防止侵权责任不适当扩大的“阀门”作用。“原告和受害人之间必须具有紧密的亲属关系这一要求反映了一种实用主义的考量：必须为可救济性判断寻找到评价规则，而通常情况下，目睹具有紧

① ［日］吉村良一：《日本侵权行为法》（第4版），张挺译，中国人民大学出版社2013年版，第91页。

② 朱晓喆：《第三人惊吓损害的法教义学分析——基于德国民法理论与实务的比较法考察》，载《华东政法大学学报》2012年第3期。

③ 直接受害人近亲属以外的第三人一般情况下不能要求惊吓损害赔偿，这主要是因为近亲属以外的第三人范围过大，如一起交通事故发生时，在现场围观的人可能成百上千，如果都要求第三人惊吓损害赔偿则法无宁日。但社会生活复杂多变，直接受害人近亲属之外的第三人在特定情况下，如果因侵权人的故意侵权行为，且侵权人的行为性质恶劣或手段残忍，并且侵权行为人明知第三人在现场，侵权行为会使第三人遭受惊吓，此时，侵权行为人对第三人的精神损害可以预见，具有主观过错，并成立相当因果关系。第三人可以就其遭受的严重精神痛苦要求精神损害赔偿。但是如果侵权行为人对直接受害人的损害仅具有过失，则不具有近亲属关系的第三人的惊吓损害赔偿不应予以支持。

密关系的人遭受伤害的原告,将比那些目睹不具有紧密的亲属关系的原告受到更严重的精神震撼。”①

首先,第三人应是直接受害人的近亲属。关于近亲属的具体范围,应限于直接受害人的配偶、父母、子女、兄弟姐妹、祖父母、外祖父母、孙子女、外孙子女。配偶是指具有合法婚姻关系的男女,司法实践中法院对有同居关系的男女也支持了第三人惊吓损害赔偿的做法会不适当扩大第三人惊吓损害赔偿的范围。第三人的范围不宜扩大到直接受害人近亲属之外的其他关系人。其次,第三人应与直接受害人具有紧密的情感联系。如父母应限定为直接受害人的亲生父母或养父母,未与直接受害人共同生活的继父母应被排除在外。

对于与直接受害人不存在近亲属关系的第三人不予赔偿,同样也不应予以补偿。在与直接受害人没有近亲属关系的第三人惊吓损害赔偿案件中适用公平责任,不符合谨慎适用公平责任条款的立法初衷及学理意旨,亦与公平责任不能适用于精神损害赔偿的法理不符。

第五,第三人应在现场目睹直接受害人遭受人身伤害。自然人的精神利益是通过精神活动来维护的,而精神活动往往不是孤立的,大多是在与他人的各种关系或联系中发生的。人与人之间的情感联系是自然人精神活动最重要的一个部分。近亲属之间存在最为密切的情感联系。直接受害人死亡、残疾的,其近亲属尤其是配偶、父母、子女必会受到巨大的精神打击。有关科学研究结果显示,受害人死亡或者残疾,其近亲属恢复心理创伤需要一定的时间和经济支持。直接受害人遭受严重人身伤害时,其父母、子女、配偶等近亲属本来就会产生严重的精神痛苦。如果近亲属恰好在凶案现场,目睹直接受害人的惨状,这种视觉冲击会使精神痛苦成倍增加和放大。如果第三人没有目睹而是事后得知,则不构成第三人惊吓损害。

---

① 邓冰宁:《第三人精神损害赔偿诉讼中适格原告的认定》,载《江西社会科学》2013 年第 12 期。

### 四、第三人惊吓损害赔偿在侵权与犯罪交叉案件中的作用

第三人惊吓损害在侵权与犯罪交叉案件中也并不少见。前文列举的第三人惊吓损害侵权案件中,很多都涉及犯罪。在侵害人身权利的刑事案件中,尤其是故意杀人案件和故意伤害案件中,刑事受害人的近亲属如果在凶案现场,目睹刑事受害人的悲惨遭遇,必然会因受到刺激而心神崩溃,遭受严重的精神痛苦。

侵权法上的精神损害赔偿制度是一个不断发展的制度,精神损害赔偿也超出了直接受害人的范围,在一定条件下第三人也可以请求精神损害赔偿。第三人惊吓损害赔偿在各国侵权法上均有案例予以支持,我国近年来也出现了一些支持第三人惊吓损害赔偿请求的司法案例。但是在我国现行的侵权与犯罪交叉案件处理模式和制度框架下,直接受害人的精神损害赔偿都无法获得支持,刑事案件中第三人精神损害赔偿的诉讼请求亦无法获得支持。应当将刑事案件中的损害赔偿部分归侵权法调整,让受害人及其家属获得足额赔偿,在一定程度上减少"案结事未了"的情况发生。

## 第三节　关于罗马法私犯之债与公犯之罪交叉的历史思考

### 一、罗马法上私犯与公犯的划分

民法与刑法的关系,首先是私法与公法的关系。私法以个人与个人之间的平等自决(私法自治)为基础,规定个人与个人之间的关系。公法规定国家同其他被赋予公权的团体相互之间、它们同它们的成员之间的关系以及这些团体的组织机构。[①] 众所周知,公法和私法的划分始于罗马法,罗马法学家乌尔比安最先将法律划分为

---

① 参见[德]卡尔·拉伦茨:《德国民法通论》(上册),王晓晔等译,法律出版社2003年版,第3页。

公法和私法。乌尔比安根据保护利益的不同将法律划分为公法和私法，公法保护国家利益，私法保护私人利益。

对于罗马法，人们更为熟知的是其中的私法部分，罗马私法是近代大陆法系民法的起源，大陆法系因此又被称为罗马法系。除私法外，公法也是罗马法的重要内容，只是罗马公法被罗马私法的光芒所掩盖。罗马私法比罗马公法更为发达，内容更为丰富，因此后世多研究罗马私法。实际上，罗马公法，如刑法，也具有非常悠久的历史，其发展出了诸如罪刑法定、无罪推定等刑法的基本原则。

在罗马王政时期，法学家将违法行为分为公犯和私犯。公法上的违法行为叫作公犯，私法上的违法行为叫作私犯。公犯是指通敌、叛国等侵犯国家利益的罪行，由国家直接进行刑事惩罚。私犯是指侵害私人财产和人身的行为，由受害人自己提起诉讼，责任承担的方式主要是惩罚性损害赔偿。公犯相当于现在的犯罪，私犯相当于现在的侵权行为。罗马法对私犯与公犯的划分，标志着侵权与犯罪开始分离，至近代，犯罪从侵权行为中脱离出来，成为独立的法律部门。

私犯与公犯的分离也促使了诉讼程序的分离。私犯诉讼程序和公犯诉讼程序是分开进行的。罗马法的诉讼分为公诉和私诉两种。公诉是对损害国家利益案件的审理。私诉是根据个人的申诉，对有关私人利益案件的审理。私诉是保护私权的法律手段，相当于后世的民事诉讼。

## 二、罗马私犯之债的历史功绩

罗马法上的债是物法的一部分，分为契约之债和私犯之债，其中的私犯之债为现代大陆法系侵权行为法奠定了理论体系和制度格局。罗马法上的私犯之债又分为各种具体的类型，并主要通过对侵权人主观“不法”的考察来确定责任的成立。私犯以惩罚性赔偿为主，兼采主观和客观两种损害赔偿额计算方法。现代侵权法中的许多概念和制度都能在私犯法中寻找到踪影。

现代大陆法系侵权法建立在以归责原则为核心，以构成要件和损害赔偿为“两翼”，包括违法、过错、因果关系、免责事由、共同侵权、特殊侵权等基本概念和制度在内的体系结构。罗马私犯法基本形成了现代大陆法系侵权法的理论体系和制度格局，奠定了现代侵权行为法的理论基石。[①] 罗马法上的私犯以主观过错为归责原则；以不法、损害后果、因果关系为构成要件；以正当防卫、意外事变和不可抗力为免责事由；建立了包括以惩罚性赔偿为原则，损害赔偿的范围、计算方式、责任形式等在内的损害赔偿制度。

罗马法学家关于私犯之债的著述已经触及侵权行为法的各个领域。在因果关系领域，虽然罗马私犯法将因果关系局限于直接因果关系，但已经考察了多因一果、因果关系不明、继起性因果关系等情形。在共同侵权领域，已经规定了帮助、教唆侵权，受害人不仅可以对实施打人行为的人，而且可对恶意怂恿或唆使打人嘴巴的人提起侵害之诉。在连带责任领域，论述了一个损害上存在多个责任人时数个责任人之间连带责任的认定和承担。在侵权行为法的权利主体和义务主体领域，基本确立了求偿权利人和赔偿义务人的范围。在特殊侵权领域，确立了监护责任、雇主责任、饲养动物致害责任、物件损害责任。以上种种，为后世提供了丰富的借鉴和参考。罗马私犯之债制度从一个方面力证了罗马私法在大陆法系民法中无可替代的位置，而答案本身正是："我们授予罗马法学一个永恒的功绩——将过错观念贯彻于整个民法。"[②]

## 三、罗马私犯之债与公犯之罪尚未实现完全分离

被恩格斯赞誉"以私有制为基础的法律的最完备形式"的罗马法成果异常丰富，从公元前450年第一部成文法典《十二表法》到公元565年的《国法大全》，经历了一千多年的发展和积累，罗马法达至辉煌。《国法大全》是东罗马帝国拜占庭皇帝查士丁尼（或译为优士丁尼）在位时组织进行的大规模的法典编纂活动，包括《查士丁尼法典》《学说汇纂》《法学阶梯》《新律》四个部分，反映了查士丁

---

① 参见谢邦宇：《罗马法文稿》，法律出版社2008年版，第161页。

② [德]鲁道夫·冯·耶林：《罗马私法中的过错要素》，柯伟才译，中国法制出版社2009年版，第35页。

尼皇帝和罗马法全盛时期法律与法学的全貌,是罗马法的精华所在,它的问世,标志着罗马法已经发展到完备和成熟阶段,也标志着罗马法发展的终结,①它是后世研习罗马法最重要的文献。

其中,《法学阶梯》相当于一部民法教科书。在拉丁语中,“法学阶梯”一词的含义是通向法学殿堂的路,即法学入门之意。在罗马帝国的鼎盛时期,著名五大法学家中的盖尤斯、保罗、乌尔比安、佛洛伦丁都写过同名的著作。其中盖尤斯的《法学阶梯》对后世影响最大。查士丁尼的《法学阶梯》②就是以盖尤斯的《法学阶梯》为蓝本,除部分内容有所删改外,其体例全面仿照了盖尤斯的《法学阶梯》。《法学阶梯》通过四卷的论述将罗马私法分为人法、物法、诉讼法三个部分。《法学阶梯》中的物法不仅包括物权法,还有继承、契约之债和私犯之债(或称侵权行为之债)。由此可见,《法学阶梯》中的物法相当于现代民法中的财产法。债分为契约之债和私犯之债,还有与之相类似的准契约之债和准私犯之债。私犯之债是罗马私法的古老制度,《十二表法》“第八表”即为私犯之债。罗马的私犯与近现代民法上的侵权行为虽然在范围上有所不同,但性质上并无区别。③

### (一)私犯之债的类型概观

盖尤斯《法学阶梯》和查士丁尼《法学阶梯》都列举了盗窃、抢劫、非法损害、侵辱四种类型的私犯之债。这些债统称为私犯是因为“这些债务是从一种事物产生的,即侵权行为”。④ 罗马法上的私犯之债还包括现代已经作为犯罪行为的盗窃和抢劫,这一方面是因为古代法律还没有明确区分侵权和犯罪,另一方面是因为罗马法以侵犯利益的公共性和私人性作为公犯和私犯的划分标准。盗窃和

---

① 参见蒙振祥、陈涛、律璞主编:《罗马法》(第2版),中国政法大学出版社2011年版,第37页。

② 本书使用的版本是由张企泰先生翻译,商务印书馆1989年出版的查士丁尼《法学总论——法学阶梯》,在行文中如无特殊说明,《法学阶梯》即指查士丁尼《法学阶梯》。

③ 参见周枏:《罗马法原论》(下册),商务印书馆2002年版,第843页。

④ 参见[古罗马]查士丁尼:《法学总论——法学阶梯》,张企泰译,商务印书馆1989年版,第190页。

抢劫侵犯的是私人财产，当然也是对私人利益的侵害，因而理所当然地被归为私犯之债。

1. 私犯之盗窃

盗窃，拉丁语的意思是“黑暗中取走”。作为私犯之债的盗窃和现代刑法中的盗窃罪在概念和范围上都有所区别。盗窃之债分为物件盗窃、使用盗窃和占有盗窃。盗窃之债既包括秘密窃取他人财物据为己有，也包括违背物的所有人的意志占有和使用他人的物。也就是说，作为私犯之债的盗窃不仅包含刑法上的盗窃罪，还包括无权使用和占有他人之物的侵权行为。“盗窃不仅出现在为窃取他人物品而将其拿走的情况中，而且也出现在违背所有主的意愿染指其物品的情况中。”①如果他人将物放在保管人处保管，保管人却擅自使用他人寄存的物时，保管人是一种盗窃行为，成立盗窃之债；质权人如果擅自使用他人质押给自己的物时，质权人是一种盗窃行为；借用人擅自改变借用物的用途时，如为了耕田借用他人的马，却骑着马出国旅游，其行为是一种盗窃行为。另外，作为盗窃对象的物不仅是他人的财产还可以是自己的物。还有拐盗自由人（如他人的子女）也是一种盗窃。由此可见，判断是否构成盗窃的唯一标准是“所有人的内心真实意愿”，即明知违背所有人的真实意愿，占有和使用他人的物就构成盗窃。如果所有人事实上（内心）会同意这一行为，即使没有事先获得他的同意，也不构成盗窃。

盗窃之债可细化为现行盗窃和非现行盗窃。非现行盗窃又分为查获盗窃、转移盗窃和拒认盗窃等不同情形。盗窃时被当场抓获的是现行盗窃，相当于“现行犯”。“非现行犯”包括查获盗窃、转移盗窃和拒认盗窃。盗窃物在窃贼的住处被搜查发现的，是查获盗窃；窃贼将盗窃物转移至他人之处，并在他人之处被查获时，是转移盗窃；任何人阻止有证人在场进行的盗窃物搜查或拒不交出盗窃物即构成拒认盗窃。

盗窃的类型不同，相应的责任轻重也不同。《十二表法》甚至

---

①　［古罗马］盖尤斯：《盖尤斯法学阶梯》，黄风译，中国政法大学出版社 2008 年版，第 196 页。

规定,如果盗窃者夜间行窃,被当场抓获,杀死他是合法的。盖尤斯《法学阶梯》记载,对现行盗窃处以四倍罚金,对查获盗窃和转移盗窃处以三倍罚金,对拒认盗窃处以四倍罚金。[①] 查士丁尼《法学阶梯》记载,现行盗窃的罚金仍是被盗窃物价值的四倍,非现行盗窃统一为二倍罚金。除可以诉请罚金外,被盗窃者还可以提起原物返还之诉。

2. 私犯之抢劫

与现代刑法中的概念一致,抢劫就是暴力夺取他人之物的行为,但是罗马法的被抢劫物限于私人的财物,对罗马国家财物的抢劫不属于私犯。从违背所有人意志夺取他人之物的意义上理解,抢劫也是一种盗窃,因为,“还有谁比强夺他人之物更是违背所有人的意思夺取其物呢”[②]? 但在行为方式上,公开暴力抢夺与秘密窃取是不同的,罗马的裁判官为这种违法行为规定了一种专门的诉讼——暴力抢劫财产之诉。抢劫因此成为一种独立于盗窃的私犯类型。

抢劫之诉最早由外务裁判官路库路斯创设于公元前76年,[③]起初仅适用于结队持械抢劫者,后来扩大到一切使用暴力夺取他人财物的情形。抢劫之诉没有现行与非现行之分,一律处以被抢劫物价值四倍的罚金。被抢劫者仅可以提起罚金之诉,不能提起原物返还之诉。四倍之数并非全部是罚金,还包括原物在内,因此罚金实际上是三倍。抢劫之诉的赔偿范围受时间的限制,受害人须在一年内提起诉讼,才可以获得四倍赔偿,如果在一年后提起诉讼,仅能要求一倍赔偿。

在现代刑法中,罚金是一种附加刑。盗窃罪、抢劫罪、抢夺罪等财产犯罪案件中,通常也会对犯罪人判处罚金。如我国《刑法》第

---

① 参见[古罗马]盖尤斯:《盖尤斯法学阶梯》,黄风译,中国政法大学出版社2008年版,第195页。

② [古罗马]查士丁尼:《法学总论——法学阶梯》,张企泰译,商务印书馆1989年版,第195页。

③ 参见蒙振祥、陈涛、律璞主编:《罗马法》(第2版),中国政法大学出版社2011年版,第227页。

263 条规定对抢劫犯判处 3 年以上 10 年以下有期徒刑，并处罚金。私犯之债的罚金与财产刑罚金具有不同的法律性质，私犯的罚金是违法行为人赔偿给受害人的，刑罚的罚金是上缴给国家的。罗马法将对违法行为进行惩罚的超出实际损失数额的赔偿交由受害人而不是罗马国家。

3. 私犯之非法损害

罗马法将私犯之债分为对财产的私犯和对人身的私犯。非法损害是对他人财产的损害。非法损害包括不法杀害（奴隶和动物）和其他形式的财产损害，如伤害奴隶和动物或折断、毁损其他财产。《阿奎利亚法》取代了之前所有涉及非法损害的法律，因此，在罗马法中，《阿奎利亚法》是可以与非法损害互换的词语。《法学阶梯》在论述非法损害之债时的标题即为“阿奎利亚法”。相较于《法学阶梯》，《学说汇纂》第九卷“私犯、准私犯与不法行为之诉”对非法损害有更为详尽的论述和介绍。

《阿奎利亚法》第一章规定：“凡不法杀害属于他人的男奴隶或他人的女奴隶或他人的四足牲畜或一头家畜者，须依被害人当年的最高价值向其所有主以金钱赔偿。”《阿奎利亚法》第三章规定：“除了奴隶和家畜被杀害以外，如果某人通过不法焚烧、折断或伤害造成其他物的损失，那么他有义务就该损害物过去 30 日内的价值给所有权人以金钱赔偿。”[①]按现代法的理解，《阿奎利亚法》中规定的对奴隶的非法损害应是对人身的伤害，但是当时的罗马是一个奴隶制社会，奴隶虽然是生物学意义上的人，却并不是法律意义上的人，奴隶不具有法律上的人格和主体地位，只是法律关系的客体，作为“会说话的工具”归属于奴隶主所有，因此，针对奴隶的伤害应是财产损失而非人身伤害。

构成非法损害的关键性要件是“不法”，按罗马法学家的解释，不法是指违法做出的行为，包括故意和过失。“不法”被解释为一种人的主观过错行为所导致的损害。因此，动物的单独行为导致的

---

① 该法第二章被废弃。［古罗马］优士丁尼：《学说汇纂（第九卷）私犯、准私犯与不法行为之诉》，米健、李钧译，中国政法大学出版社 2012 年版，第 45 页。

损害被排除在非法损害之外。罗马法规定，有权或合法实施的行为可以阻却和排除“不法”。例如，杀死作为强盗的奴隶“有权”杀人，不承担责任，享有这种防卫权利的前提条件是“不能以任何其他方式避免危险”。乌尔比安《论告示》第18卷记载：“如果杀死拿着剑攻击自己的人，则排除了违法性，不被视作不法杀害。在盗贼想杀死自己的情况下将其杀死也是合法的。但是，如果他可以将其抓获，但是却将其杀死，这时他是不法的。”①由此可见，在罗马法上，正当防卫是有限度的，防卫以必要为限，过度防卫要承担责任。同样，在意外事故中杀人也不构成不法，只要他的行为没有任何过失。

盖尤斯《法学阶梯》记载，关于奴隶被杀死的非法损害，奴隶的主人可以选择对侵权人提起公诉，也可以依照《阿奎利亚法》要求损害赔偿。“其奴隶被杀死的人有权对杀人者处以公犯规定的极刑，或者依照该法律追究所造成的损害。”②查士丁尼《法学阶梯》中有相同的记载：“奴隶被杀害，他的主人除得根据《阿奎利亚法》提起私人诉讼，请求损害赔偿外，对杀人犯可以提起刑事诉讼。”③

4. 私犯之侵辱

罗马法中的侵辱是针对人身的侵权行为，与非法损害是侵害财产的侵权行为相对应。侵辱是对身体和人格的侵害，因此，侵辱的对象须是具有法律人格的自由人。侵害行为不仅包括暴力殴打、性侵，也包括用文字和语言对人格进行侮辱和诽谤，主要是名誉侵权。罗马社会非常重视名誉，对人身权的保护也超越了生命、身体、健康等物质性人格权的范畴，对精神性人格权尤其是名誉权给予特殊保护，对名誉侵权施以重责。《十二表法》规定，如果有人编造或歌唱含有诽谤或侮辱他人的歌词，则必须被执行死刑。

---

① ［古罗马］优士丁尼：《学说汇纂（第九卷）私犯、准私犯与不法行为之诉》，米健、李钧译，中国政法大学出版社2013年版，第17页。

② ［古罗马］盖尤斯：《盖尤斯法学阶梯》，黄风译，中国政法大学出版社2008年版，第202页。

③ ［古罗马］查士丁尼：《法学总论——法学阶梯》，张企泰译，商务印书馆1989年版，第199页。

查士丁尼《法学阶梯》记载，对于侵辱，被害人可以提起民事诉讼，也可以提起刑事诉讼。在民事诉讼中，应根据损害后果估计一个数额，对行为人处以罚金。在刑事诉讼中，审判员应依职权对行为人另外判处刑罚。[①] 由此可见，罗马法的民事诉讼与刑事诉讼是分开进行的，彼此独立。私犯和公犯保护的利益不同，侵权责任与刑事责任彼此独立，不会以刑罚代替赔偿，或者以赔偿代替刑罚。

5. 准私犯之债

私犯之外，还有被后世称为准私犯的一些侵权行为。《法学阶梯》中记载的准私犯主要包括：第一，审判员误判导致的损害；第二，楼房的投掷物、倾倒物导致的损害；第三，公共通道的悬挂物、搁置物脱落、坠落导致的损害；第四，经营者对自己管控范围内的雇员造成损害的责任。

对于准私犯之债的出现究竟是一种偶然还是精心设计，学者给出了不同的解释，至今也没能找到一个令人满意的答案。周枏先生认为，准私犯是继私犯之后产生的，只是由于时间先后不同，所以才没有被纳入私犯之中："罗马法将私犯分为私犯和准私犯两类。二者之间并没有性质的区别，这种区分纯粹是由历史原因造成的。"[②]而根据《法学阶梯》对准私犯行为的解释可以看出，准私犯和私犯至少存在以下两方面的区别：一方面，实际责任人对损害进行赔偿往往不是依据其行为的不法性。"根据侵权行为负责是不确切的，因为这种情况往往是他就他人，例如子女或奴隶的过错而负责。"[③]另一方面，准私犯的赔偿标准和计算方法也不同于私犯。例如，公共通道的悬挂物、搁置物脱落、坠落导致的损害，一律处以 10 个金币的罚金，楼房的投掷物、倾倒物在造成自由人死亡的情况下处以 50 个金币的罚金，采取的都是定额赔偿原则，如果是一般伤害，则由法官根据公平原则按个案情况自由裁量。

---

① 参见[古罗马]查士丁尼：《法学总论——法学阶梯》，张企泰译，商务印书馆 1989 年版，第 203 页。

② 周枏：《罗马法原论》（下册），商务印书馆 2002 年版，第 846 页。

③ [古罗马]查士丁尼：《法学总论——法学阶梯》，张企泰译，商务印书馆 1989 年版，第 204 页。

对于《法学阶梯》列举的后三种准私犯之债，罗马人似乎认为准私犯之债的责任人并没有进行积极的不法行为，而是因为和实际实施侵权行为的行为人存在某种特殊的关系而应承担赔偿责任，也就是现代侵权法上的转承责任；而第一种审判员误判的责任也是在其执行公务时产生的。这种执行公务导致的损害，在现代法上是由国家进行赔偿而非具体执行职务的公务员个人。

（二）私犯之债的赔偿责任概观

1. 以惩罚性赔偿为主

罗马法早期也曾采取过定额赔偿，《十二表法》规定的即定额赔偿。例如，砍伐他人树木一律赔偿 25 阿司，折伤自由人一骨处 300 阿司罚金，等等，但因过于僵化而被废弃不用。

罗马法采取以罚金为主的损害赔偿，对侵权人进行惩罚性赔偿。现代侵权法的功能主要是填补损害，以被侵权人的实际损害为限进行赔偿。与现代侵权法的补偿性赔偿相反，惩罚性赔偿是古代侵权法的常态，在古代法典中随处可见的是惩罚性赔偿。罗马私犯之债的损害赔偿也以惩罚为目的，以罚金形式的惩罚性损害赔偿对侵权人进行惩罚而不只是填补损害。即使原告遭受的财产损失已经得到赔偿，仍可以通过罚金之诉对被告的违法行为进行惩罚。罗马私法的惩罚性赔偿以四倍为最高限额。“一切诉讼，其标的或是单价，或是加倍、三倍、四倍，但从不超过四倍。”①

在古代法典中，如《汉穆拉比法典》《萨利克法典》《赫梯法典》对盗窃、抢劫、人身伤害，甚至杀人行为规定的都是罚金制度，即财产制裁而非人身制裁。由此可见，对于被害人的救济，古人即认为赔偿损失的重要性要大于对侵权人的人身制裁。在现代法律制度中，刑罚以人身制裁为主，民事责任以财产赔偿为主，各自的责任形态存在重大区别。这种责任形态的区别，也体现了民事责任应当优先的应然性。民事责任相对于刑事责任而言是第一顺序的，是基础性的责任形式。

---

① ［古罗马］查士丁尼：《法学总论——法学阶梯》，张企泰译，商务印书馆 1989 年版，第 211 页。

2. 兼采主观和客观的赔偿标准及计算方法

针对侵辱之诉,由于人身没有市场价值,无法明码标价,大法官准许受害人自己估价,估价的依据主要是受害人的地位和身份。在受害人估价之后,大法官有权适当减少赔偿额。罗马法上甚至允许侵权人自己决定损害赔偿的数额,如在审判员误判导致损害时,由导致损害的审判员自己凭其良心估算出公平的数额进行赔偿。

针对财产的非法损害之诉,根据《阿奎利亚法》的规定,凡不法杀害奴隶或四足家畜者,须依当年(一年中)的最高价值向其所有主进行金钱赔偿。造成奴隶和四足家畜受伤时,是按奴隶或四足家畜过去30日内所值的最高价计算赔偿额。按最高价值计算赔偿,也就是说,即使被杀死的奴隶在被杀时已经残疾,但只要在侵权行为发生前的一年内,这个奴隶曾是健康的,则应按健康奴隶的价值进行赔偿。财产损害赔偿的范围也非常宽泛,不以该物本身的价值为限,如被杀死的马是马戏团的一员,因马的死亡而暂停表演的营业损失,也可以诉请赔偿。

上述规定虽然已经采取了"市场价值"这一客观标准,但以一定时间内的"最高价"为赔偿标准与现代侵权法的赔偿标准是不同的。现代侵权法多以"损害发生时"的市场价值作为赔偿标准来计算赔偿额。①

3. 可用损害投偿代替赔偿

按照罗马法,家长可以采取损害投偿的方式以消灭私犯之债。所谓损害投偿,是指当奴隶或家子造成他人损害时,奴隶主或者家父可以将该奴隶或家子交给受害人处置,代替赔偿的制度。损害投偿对于家长而言是一种可以选择的制度:要么交出不法行为人,要么给付罚金。损害投偿与支付罚金是相互替代的,不能同时适用,两者都是私犯之债的消灭方式。②

奴隶作为侵权行为人时,无论是实施了盗窃行为、抢劫行为、非

---

① 如我国《民法典》第1184条规定:"侵害他人财产的,财产损失按照损失发生时的市场价格或者其他合理方式计算。"

② 参见费安玲主编:《罗马私法学》,中国政法大学出版社2009年版,第378页。

法侵害还是侵辱行为,都产生交出加害人之诉。奴隶主可以选择支付罚金或者将奴隶交给受害人用以赔偿。罗马早期,损害投偿的方法也同样适用于处在父权下的家子。但因为这种办法太过残忍,违背人伦道德而被后世所废止。《法学阶梯》论述道:"因为谁能忍受把自己的儿子,尤其女儿,作为加害人而向他人交出呢?因为父亲由于儿子的遭遇,比儿子本人更加感觉痛苦,至于廉耻观念更不容许以这种方法对待女儿。"①

损害投偿同样适用于动物侵权的场合。《十二表法》规定:"动物的主人把造成损害的动物交出用来赔偿损害。主人即可免除责任。"

除损害赔偿外,私犯之诉还能引起其他的法律后果,如盗窃者和抢劫者本人会被判令为不名誉。按罗马法的规定,法官宣告某人为不名誉后,该人就不能再做证人或请其他人为自己作证。罗马法非常注重形式,凡是重要财产一般都是要式物,而要式物的买卖必须有证人在场。不名誉是一种人格减等,实际上起到了限制主体的民事行为能力的作用。

(三)私犯之债的归责依据概观

现代侵权法是建立在过错责任原则基础上的,在一般情况下,让侵权人承担责任的最终理由是其主观上具有过错。正如法学鸿儒耶林所言:"使人负损害赔偿的,不是因为有损害,而是因为有过失,其道理如同化学上的原则,使蜡烛燃烧的,不是光,而是氧气一般的浅显明白。"②罗马私犯法之所以被认为是现代侵权法的起源,是因为其建立了以加害人主观过错为归责依据的一般原则,从而改变了以客观结果为归责依据的原始状态,也扩大了侵权法的适用范围,使侵权行为从古代法典的个别列举发展为具有抽象性的高度概括。"所有形式的私犯都要求有非法意图的存在。不法被等同为故

---

① [古罗马]查士丁尼:《法学总论——法学阶梯》,张企泰译,商务印书馆 1989 年版,第 223 页。

② 王泽鉴:《侵权行为法》(第 1 册),中国政法大学出版社 2001 年版,第 14 页。

意或者过失,原告应当证明存在这二者中的一者。"①

在侵权法的历史中,罗马法的《阿奎利亚法》无疑占有重要地位。《阿奎利亚法》中的"不法"一词,被认为兼具《法国民法典》中的"过错"和《德国民法典》中"违法性"的双重含义,奠定了侵权法的理论基石,也引发了后世大陆法系关于过错与违法性关系的无休争论。

1. 由客观归责向主观归责的转变

古代法律基本上采取客观归责,以单纯的结果为责任的承担依据,罗马早期也采取这种归责原则。罗马法上的主观归责最早出现在契约领域,罗马法契约责任的归责原则以拉贝奥抗辩为标志分为两个发展阶段:客观责任时期和主观责任时期。② 从客观责任到主观责任的过渡时期,正是罗马法的大发展时期,即"法学昌明时代"或"古典时代"。

2. 侵权人需要具有过错能力

判断过错,是以行为人有过错能力即侵权责任能力为前提的。例如,精神病人没有过错能力,因此一个精神病人造成损害时,是不能向其提起阿奎利亚诉讼的。当有人问及未成熟者(未适婚人,罗马男子 14 周岁为适婚人,女子 12 周岁为适婚人)是否能构成盗窃时,盖尤斯《法学阶梯》和查士丁尼《法学阶梯》给出的答案都是否定的。因为他们还没有足够的识别能力来判断自己行为的性质和违法性。过错能力是判断行为人有无过错的前提,也是一些转承责任的理论基础,如监护人责任等。

3. 过错被区分为故意和过失两种形态

罗马法清晰地将故意和过失区分为两种不同的主观状态,而故意和过失的区分在侵权法上具有重要的意义:首先,故意比过失更能轻易地判断出行为与损害后果之间的因果关系。其次,一些侵权行为的成立必须是故意,如盗窃和抢劫的成立要求侵权行为人的主观故意,"无恶意就无盗窃"。最后,判定责任的轻重和范围具有重要意

---

① [英]巴里・尼古拉斯:《罗马法概论》,黄风译,法律出版社 2000 年版,第 232 页。

② 参见丁玫:《罗马法契约责任》,中国政法大学出版社 1998 年版,第 9 页。

义。《十二表法》规定:“烧毁房屋或堆放在房屋附近的谷物堆的,如属故意,则捆绑而鞭打之,然后将其烧死;如为过失,则责令赔偿损失,如无力赔偿,则从轻处罚。”侵权行为结束后的恶意也会在非法损害之诉中被考虑,如果加害人抵赖,要处以双倍的罚金。

4. 采取列举式的过失判断标准

《法学阶梯》和《学说汇纂》中尚没有形成抽象的过失判断标准,但“注意义务”这一过失判断的核心概念已经形成,并由后世法学家在此基础上归纳、发展出过失判断的一般规则。

罗马法学家主要依据损害发生的地点和侵权人的职业特点等,以列举的方式说明侵权人主观上是否具有过失。例如,从事危险行为的行为人主观上是否具有过失需要考量的因素包括:第一,是否进行了警示。如果在修整树枝、砍伐树木时没有对过路的人进行警示,就有过失;进行了警示则没有过失。第二,进行危险行为的场所是否适当。如果士兵在军事场所进行练习时,投标枪扎死了一个路过的奴隶,则士兵没有过失,因为被扎死的奴隶不应从此处经过。如果士兵在非军事场所进行练习,则有过失。如果几个人打球,球落在了理发师的手上,而理发师正在给一个奴隶剃须,该奴隶的喉咙被剃须刀割开,奴隶死亡,则过失在理发师方面,因为理发师不应当在游戏或交通频繁的地方剃须。

在罗马法上,缺乏技巧一直被认为是一种过失。职业行为以是否具有专业的技术来判断过失的有无。如果医生给病人做了手术,但是没有后续的保护性治疗或者医术拙劣、错误用药,则医生具有过失。赶骡人是否有主观过失取决于他是否具有足够的力气、驾驶的技巧和经验。因缺乏经验、力弱、不谙骑术而不能驾驭骡子时,赶骡人被认为有过失。在执行职务时,不能超过必要的限度,超过了必要限度的职务行为也是有过失的。例如,教师在对学生进行教育和惩戒时需要保持一个合理的限度。教师过分严厉,采用不恰当的方式被视为过失。[①] 教师在惩戒学生时造成严重的人身伤害应承担

---

① 参见保罗《论告示》第22卷。转引自[古罗马]优士丁尼:《学说汇纂(第九卷)私犯、准私犯与不法行为之诉》,米健、李钧译,中国政法大学出版社2013年版,第17页。

侵权责任。

（四）罗马法公犯之罪概观

与罗马私法相比，罗马刑法往往被民法的光辉所掩盖。事实上，罗马刑法在西方法律史上同样具有重要的地位，如《法国刑法典》与《法国民法典》都深受罗马法的影响。罗马的第一部成文法是公元前450年的《十二表法》，《十二表法》第八表为“私犯”，其后的第九表就是“公法”。在《十二表法》之后，还有《苏拉法》《恺撒法》《奥古斯都法》等刑事法典和教会刑法。

罗马早期的刑法带有浓厚的宗教色彩。“最初的刑法，一方面表现为一种根深蒂固的并且含有宗教成分的诉讼；另一方面也向我们展示着公与私之间的区分，由此产生出罗马法的一项基本区别——公犯和私犯。”①

1. 罗马法公犯的罪名

第一，宗教犯罪。有输入异教罪②、侵占祭物罪等。

第二，针对罗马国家、公共秩序和公共行政管理的犯罪。具体罪名有叛逆罪、煽敌罪、出卖市民交予敌人罪，③还有索贿罪、搜刮钱财罪、侵占公款罪、伪造货币罪、暴力罪等。索贿罪是罗马法的重要罪名之一，罗马颁布了专门的《索贿罪法》以惩治官员的违法行为。

第三，扰乱婚姻和道德的犯罪。如乱伦罪、强奸罪、通奸罪等。罗马刑法规定对乱伦者和强奸者一律处以死刑。罗马刑法还专门规定了通奸罪，并于公元前18年通过了《惩治通奸罪的优流斯法》，现代国家的刑法一般都没有通奸罪，通奸不是一种法律上的违法行为，而是道德领域应受谴责的行为。但是罗马的最高统治者奥古斯都认为，通奸导致了罗马社会世风日下的局面，影响了社会公共秩序和善良风俗，因而增加了通奸罪。在罗马，通奸是一种重罪。这

① ［意］朱塞佩·格罗索：《罗马法史》，黄风译，中国政法大学出版社2018年版，第104页。

② 古罗马以基督教为国教，对基督教以外的宗教信仰一律予以排斥、禁止，甚至规定为犯罪。

③ 如《十二表法》第九表第5条规定：“凡煽动敌人反对自己的国家，或把市民献给敌人的，处死刑。”

不仅表现在该罪属于公诉罪行，更表现在对它的处罚方面，通奸犯既要被流放荒岛，又要被没收财产。若是女性还要遭受丧廉耻、无法再婚等惩罚。[①]

第四，针对人身的犯罪。针对人身的严重犯罪有杀人罪、弑长亲罪、严重侵辱罪（如阉割行为）等。

2. 罗马法的刑罚类型

罗马刑法对犯罪人判处的刑罚有三种类型，分别是人身刑、财产刑和荣誉刑。人身性质的刑罚主要是死刑。罗马法对于宗教犯罪的惩罚带有浓厚的宗教色彩，对触犯神明的犯罪行为人要适用具有宗教色彩的死刑——献祭刑。[②] 作为牺牲品献祭的除了犯罪人的人身外，还可以是他的财产。报复刑也是罗马法的死刑之一，罗马法区分了故意杀人和过失杀人，并对两者判处不同的刑罚。对故意杀死自由人的行为处以报复性的死刑，如果是疏忽杀人，则需奉献公绵羊。[③] 人身刑的种类还有流放刑、鞭刑等。财产性质的刑罚主要是没收财产。荣誉刑是一种附加刑，主要是对犯罪人进行民事能力的限制，在刑事处罚的基础上附加私法上的各种不利后果，如判处犯罪人丧廉耻。

### （五）罗马公犯诉讼的历史及特点

1. 常设刑事法庭时期

因为公犯行为直接侵害了国家利益，所以根据罗马法的规定，凡是罗马国家市民皆可“告诉”。公犯的审判机关由最初的“国民议会”改为专门的“常设刑事法庭”，刑事诉讼经历了简单的民众审判到专业化的司法审判的发展过程。

常设刑事法庭的特点是“一法一庭、一庭一罪”，针对每一种犯

---

① 参见马海峰：《罗马刑法中因通奸的激情杀人及其流变》，载《苏州大学学报》2017年第2期。

② 献祭刑就是将犯罪人开除出共同体，让他在被遗弃中赎罪，或者让他接受神的报复。直接作为牺牲品献祭的处罚方式是将罪犯悬挂在绞刑架上、被乱棒打死或沉入水底。让他接受神的报复就是任何人都可以将其白白打死。

③ 杀人行为已经超出了私犯之债侵辱的调整范围，被认为是触及了共同体的普遍利益，是犯罪，因此必须有公权力的介入，必须有杀人罪审判官的参加。报复刑也要在库里亚会议或民众会议上当众进行。

罪设立专门的刑事法庭,由专门的法律设置固定的法庭来惩治犯罪。“它是由法律设置的,并由一名执法官主持。”[①]每个常设刑事法庭都根据一部已经颁布的刑事法律设立,只审理涉及该罪名的案件,不审理其他案件。

在《关于公共审判的尤利法》里面,常设刑事法庭得以确立和制度化,并详细规范了审判资格的条件、审判员职位的分配、辩护人的数量、起诉权的限制范围、提交证据的禁令等内容。

第一个常设刑事法庭是公元前149年设立的,用来审理搜刮钱财罪案件。罗马共设立了11个常设刑事法庭,分别是:谋逆罪法庭、搜刮钱财罪法庭、选举舞弊罪法庭、侵占公款罪法庭、暴力罪法庭、谋杀罪法庭、弑长亲罪法庭、作假伪造罪法庭、严重侵辱罪法庭、通奸罪法庭和妨碍粮食供应罪法庭。

与常设刑事法庭制度相伴而生的是公诉制度的建立。提起公诉的控告者可以是任何一个罗马市民。已经提出公诉进行控告的罗马市民是国家共同利益的代言人。“这种做法是关于索贿罪诉讼中代言人制度发展的结果。裁判官可以根据控诉者的要求,允许代表受侵害的罗马市民共同利益的代言人参加诉讼,而且他们在诉讼中处于显要的地位。”[②]

2. 非常审判程序时期

后来,随着罗马国家权力的扩张,公犯罪名的增多,“非常审判程序”模式取代了常设刑事法庭模式,开始全面实行。这意味着不再实行“一法一庭、一庭一罪”制,而是一个法院民刑案件皆审。[③]

常设刑事法庭式微之后,控告者的存在不再是发起一场刑事审判程序不可或缺的前提条件,各种罪行都可以由国家机构的职员来追诉。[④] 在常设刑事法庭时期,罗马市民可以作为各种犯罪的控告

---

① ［意］马里奥·塔拉曼卡主编:《罗马法史纲》(上卷),周杰译,北京大学出版社2019年版,第325页。

② 汪海燕:《古罗马刑事诉讼制度与模式探微》,载《现代法学》2003年第10期。

③ 参见徐国栋:《罗马刑法中的死刑及其控制》,载《暨南学报(哲学社会科学版)》2014年第4期。

④ 参见［意］马里奥·塔拉曼卡主编:《罗马法史纲》(下卷),周杰译,北京大学出版社2019年版,第680页。

人;但在非常审判程序时期,这一制度受到了严格的限制,罗马市民的诉讼地位已经大大降低。在罗马帝国晚期,更是在极为例外的情况下,市民才可以对犯罪行为进行控告,因犯罪行为直接受到损害的个人只能进行提议。在非常审判程序中,刑事审判也从弹劾式转化为纠问式的审理程序。裁判官在诉讼中的地位大大提高。在非常审判程序中,他们从皇帝处接受指示与指导,自行适用法律,有权认定犯罪、减轻情节或加重情节。①

## 四、私犯与公犯的划分意义及启示

### (一)私人利益与公共利益需要分别加以保护

考察罗马法的私犯与公犯制度,我们不难发现,侵权和犯罪的界限本来就有一定的模糊性。罗马法的侵权行为与犯罪行为还没有达到完全分离的程度,罗马私犯之债的类型,还保留了现代刑法中的罪名。但是罗马法做到了私人利益与国家公共利益的划分,做到了对两种不同性质的利益保护的区分,并因利益纠纷性质的不同,适用了不同的诉讼程序。国家利益与个人利益是两种性质不同的利益。因违法行为构成公犯而被定罪量刑时,并不影响私犯之债的损害赔偿。罗马法将侵害私人利益的盗窃、抢劫归入私犯之债进行调整也体现了私人利益优先、国家管理在后的价值理念。它没有做到制度的完全分离,却做到了利益的分离,其先进意义正在于此。

### (二)私犯审判与公犯审判是独立的诉讼程序

在私犯与公犯划分的基础上,罗马法将审判也分为私人审判和公共审判,分别制定了《关于私人审判的尤利法》和《关于公共审判的尤利法》,适用不同的诉讼程序。私犯是个人之间的纠纷,只有利益受到损害的私人才可以提起诉讼。涉及盗窃、诽谤以及非法损害等私犯之债的案件,被侵害人作为原告一方启动市民法诉讼程序。在罗马法上,即使是私犯之债与犯罪行为发生交叉的案件,私犯之诉和公犯诉讼也是分开审理,做到了审判程序的高度分离。

---

① 参见汪海燕:《古罗马刑事诉讼制度与模式探微》,载《现代法学》2003 年第 10 期。

### (三)诉讼的目标是获得公正的裁决

民事诉讼是为了确认和保护私人权益而设置。罗马法学家因此将诉讼定义为"通过审判要求获得自己应得之物的权利"[①],即诉权。在罗马法上,程序法与实体法并没有完全分离,实体权利还以各种有名的诉讼形式存在和被保护。罗马私法上的每一种权利都有与之相对应的诉讼类型。诉讼与权利的特殊关系表现为程序性权利与实体性权利的相互对应。[②]

罗马法民事诉讼制度的历史表明诉讼的目的是获得公正的判决。"罗马民事诉讼的历史发展方向,包括在早期法时代,也确实表现为主要以实际执行为目标的活动向主要以获得司法裁决为目标的活动转变的进程。"[③]判决与执行不是同一个概念,不能以无法获得执行而制约和改变裁判结果,那完全是本末倒置的做法。

罗马法这些先进的做法,为我们今天正确对待侵权法与刑法的关系,正确区分刑罚与民事损害赔偿,正确认识刑事诉讼和民事诉讼的不同性质,选择合适的侵权与犯罪交叉案件诉讼模式和审理模式,提供了有益的借鉴和参考,也与本书所要阐述的理念和观点不谋而合。

---

① 参见[古罗马]查士丁尼:《法学总论——法学阶梯》,张企泰译,商务印书馆1989年版,第6页。

② 参见黄风:《罗马法》,中国政法大学出版社2019年版,第13页。

③ 黄风:《罗马法》,中国政法大学出版社2019年版,第14页。

# 结　语

在民法慈母般的眼里,每一个个人就是整个的国家。[①] 一个法治的国家必然是一个充分尊重私权的国家,在侵权与犯罪交叉案件中,对刑事受害人的私权进行及时、充分、优先救济是私权保护的一个重要组成部分。私权救济优先的含义是私人利益应优先于国家利益获得实现,对私人的赔偿应是充分的,而不应当是限制性的。

现实生活的要求和社会的进步决定了法律的发展方向,当代侵权法面临前所未有的挑战:一方面是科学技术的发展,如人工智能、人工生殖等新技术使得一些不可能成了可能,并引发了各种各样的法律问题;另一方面是人类对自身"完美化"的要求因社会的进步达到了前所未有的高度。社会越进步,就会对人本身更为关注,正是对人本身的关注决定了私权救济的优先性和重要性。如果一种制度设计阻碍了私权的救济,则应当予以纠正、进行变革。针对刑事附带民事诉讼制度在私权救济方面暴露的种种缺陷,司法实践也在逐步改进。在一些案例中,法院已经对人身损害死亡赔偿金和残

---

① 参见[法]孟德斯鸠:《论法的精神》(下册),张雁深译,商务印书馆1959年版,第214页。

疾赔偿金予以支持，在财产损害赔偿的范围上也有了新的突破。

私权保护的理念在于尊重，如果我们从尊重私权的角度出发去进行制度设计，那么未来一定是可期的。赋予私人对自己权利充分的处分权和选择权，是侵权与犯罪交叉案件妥善解决的根本路径。现实的困难并不必然是我们的牵绊，而应成为实现理想的动力。

学科的跨越研究是艰辛的，侵权与犯罪交叉问题是一个侵权法、刑法、刑事附带民事诉讼程序、民事诉讼程序交织在一起的，“实体不实体、程序不程序”的问题。幸而，理论研究的意义也许重在过程而不全在于获得结果。本书最大的收获是通过思考刑法问题，重新研究侵权法的基本概念和制度，加深了对这些概念和制度的理解。比较法不仅是古今、中外法律制度的比较，也应是部门法之间的比较。侵权和犯罪的关系问题确实是一个值得交叉思考的课题，这对于侵权法和刑法各自领域内理论的深化、丰富，司法案件的合理化解决都具有重要意义。

# 参考文献

## 一、中文著作

1. 张文显:《法哲学范畴研究》(修订版),中国政法大学出版社 2001 年版。

2. 王泽鉴:《侵权行为法》(第一册:基本理论 一般侵权行为),中国政法大学出版社 2001 年版。

3. 杨立新:《侵权法论》(第 4 版),人民法院出版社 2011 年版。

4. 王利明:《侵权行为法研究》(上册),中国人民大学出版社 2004 年版。

5. 张新宝:《侵权责任构成要件研究》,中国法制出版社 2007 年版。

6. 马俊驹、余延满:《民法原论》(上、下),法律出版社 1998 年版。

7. 何勤华、李秀清:《外国法制史》,复旦大学出版社 2002 年版。

8. 陈灿平:《刑民实体法关系初探》,法律出版社 2009 年版。

9. 朱铁军:《刑民实体关系论》,上海人民出版社 2012 年版。

10. 周雪梅:《刑事犯罪与民事侵权比较研究》,西南财经大学出版社 2013 年版。

11. 陈光中:《刑事诉讼法》,北京大学出版社

2012 年版。

12. 张小虎:《刑事法律关系的构造与价值》,中国方正出版社 1999 年版。

13. 梁慧星:《民法总论》(第 2 版),法律出版社 2001 年版。

14. 何帆:《刑民交叉案件审理的基本思路》,中国法制出版社 2007 年版。

15. 王利明主编:《人格权法新论》,吉林人民出版社 1994 年版。

16. 周光权:《刑法总论》(第 3 版),中国人民大学出版社 2016 年版。

17. 赵秉志:《刑法总论》(第 3 版),中国人民大学出版社 2016 年版。

18. 程啸:《侵权责任法教程》,中国人民大学出版社 2011 年版。

19. 王利明主编:《民法 · 侵权行为法》,中国人民大学出版社 1993 年版。

20. 张新宝:《侵权责任法》(第 2 版),中国人民大学出版社 2010 年版。

21. 杨立新:《人身权法论》(第 3 版),人民法院出版社 2006 年版。

22. 李中原:《多数人侵权责任分担机制研究》,北京大学出版社 2014 年版。

23. 杨立新:《侵权法论》(上册),吉林人民出版社 1998 年版。

24. 童伟华:《犯罪构成原理》,知识产权出版社 2006 年版。

25. 杨兴培:《犯罪构成原论》,中国检察出版社 2004 年版。

26. 王政勋:《正当行为论》,法律出版社 2000 年版。

27. 张文显主编:《法理学》(第 2 版),高等教育出版社 2003 年版。

28. 王泽鉴:《民法学说与判例研究》(第 3 册),北京大学出版社 2009 年版。

29. 王泽鉴:《民法总则》,中国政法大学出版社 2001 年版。

30. 高金桂:《利益衡量与刑法之犯罪判断》,台北,元照出版有限公司 2003 年版。

31. 田宏杰:《刑法中的正当化行为》,中国检察出版社 2004 年版。

32. 张明楷:《刑法分则的解释原理》,中国人民大学出版社 2011 年版。

33. 陈聪富:《因果关系与损害赔偿》,北京大学出版社 2006 年版。

34. 曾世雄:《损害赔偿法原理》,中国政法大学出版社 2001 年版。

35. 于敏:《日本侵权行为法》(第 2 版),法律出版社 2006 年版。

36. 张明楷:《法益初论》,中国政法大学出版社 2000 年版。

37. 张民安:《过错侵权责任制度研究》,中国政法大学出版社 2002 年版。

38. 范进学:《法律与道德》,北京大学出版社、上海交通大学出版社 2012 年版。

39. 邓建鹏:《财产权利的贫困:中国传统民事法研究》,法律出版社 2006 年版。

40. 梁治平:《寻求自然秩序中的和谐:中国传统法律文化研究》,中国政法大学出版社 2002 年版。

41. 王竹主编:《民法典·侵权责任编(编纂建议稿)》,清华大学出版社 2019 年版。

42. 严励主编:《刑法分论理论·实务·案例》(第 2 版),中国政法大学出版社 2017 年版。

43. 杨良胜主编:《刑事附带民事诉讼理论与实践探索》,人民法院出版社 2015 年版。

44. 郭明瑞、房绍坤主编:《民法》(第 3 版),高等教育出版社 2010 年版。

45. 金炳华:《哲学大辞典》(修订本),上海辞书出版社 2001 年版。

46. 徐国栋:《优士丁尼〈法学阶梯〉评注》,北京大学出版社 2011 年版。

47. 张新宝:《精神损害赔偿制度研究》,法律出版社 2012 年版。

48. 黄风:《罗马法》,中国政法大学出版社 2019 年版。

49. 谢邦宇:《罗马法文稿》,法律出版社 2008 年版。

50. 蒙振祥、陈涛、律璞主编:《罗马法》(第 2 版),中国政法大学出版社 2011 年版。

51. 周枏:《罗马法原论》(下册),商务印书馆 1994 年版。

52. 费安玲主编:《罗马私法学》,中国政法大学出版社 2009 年版。

53. 杨兴培:《犯罪的二次性违法理论与实践——兼以刑民交叉类案例为实践对象》,北京大学出版社 2018 年版。

## 二、外文译著

1. [日]佐伯仁志、[日]道垣内弘人:《刑法与民法的对话》,于改之、张小宁译,北京大学出版社 2012 年版。

2. [美]乔尔·范伯格:《刑法的道德界限(第一卷):对他人的损害》,方泉译,商务印书馆 2013 年版。

3. 欧洲侵权法小组编著:《欧洲侵权法原则:文本与评注》,于敏、谢鸿飞译,法律出版社 2009 年版。

4. [德]鲁道夫·冯·耶林:《罗马私法中的过错要素》,柯伟才译,中国法制出版社 2009 年版。

5. [德]克雷斯蒂安·冯·巴尔:《欧洲比较侵权行为法》(上卷),张新宝译,法律出版社 2001 年版。

6. [德]克雷斯蒂安·冯·巴尔:《欧洲比较侵权行为法》(下卷),焦美华译,法律出版社 2001 年版。

7. [奥地利]海尔姆特·库齐奥:《侵权责任法的基本问题(第一卷):德语国家的视角》,朱岩译,北京大学出版社 2017 年版。

8. [美]格瑞尔德·J. 波斯特马主编:《哲学与侵权行为法》,陈敏、云建芳译,北京大学出版社 2005 年版。

9. [荷]J. 施皮尔主编:《侵权法的统一:因果关系》,易继明等译,法律出版社 2009 年版。

10. [美]赞恩:《法律的故事》,于庆生译,中国法制出版社 2014

年版。

11. [美]哈罗德·伯曼编:《美国法律讲话》,陈若桓译,生活·读书·新知三联书店 1988 年版。

12. [英]梅因:《古代法》,沈景一译,商务印书馆 1996 年版。

13. [德]卡尔·拉伦茨:《德国民法通论》(上册),王晓晔等译,法律出版社 2003 年版。

14. [德]卡尔·拉伦茨:《法学方法论》,陈爱娥译,商务印书馆 2003 年版。

15. [日]圆谷峻:《判例形成的日本新侵权行为法》,赵莉译,法律出版社 2008 年版。

16. [德]乌尔斯·金德霍伊泽尔:《刑法总论教科书》(第 6 版),蔡桂生译,北京大学出版社 2015 年版。

17. [德]马克西米利安·福克斯:《侵权行为法》,齐晓琨译,法律出版社 2006 年版。

18. [日]吉村良一:《日本侵权行为法》(第 4 版),张挺译,中国人民大学出版社 2013 年版。

19. [法]卢梭:《社会契约论》,何兆武译,商务印书馆 1962 年版。

20. [法]卡斯东·斯特法尼等:《法国刑事诉讼法精义》(上),罗结珍译,中国政法大学出版社 1998 年版。

21. [日]松宫孝明:《刑法总论讲义》(第 4 版补正版),钱叶六译,中国人民大学出版社 2013 年版。

22. [意]杜里奥·帕多瓦尼:《意大利刑法学原理》(注评版),陈忠林译评,中国人民大学出版社 2004 年版。

23. [意]彼得罗·彭梵得:《罗马法教科书》,黄风译,中国政法大学出版社 2005 年版。

24. [德]U. 马格努斯、[西]M. 马丁－卡萨尔斯主编:《侵权法的统一:共同过失》,叶名怡、陈鑫译,法律出版社 2009 年版。

25. [德]汉斯·布洛克斯、[德]沃尔夫·迪特里希·瓦尔克:《德国民法总论》,张艳译,中国人民大学出版社 2012 年版。

26. [德]迪特尔·梅迪库斯:《德国民法总论》,邵建东译,法律出版社 2001 年版。

27. [日]近江幸治:《民法讲义Ⅰ:民法总则》,渠涛等译,北京大学出版社 2015 年版。

28. [日]我妻荣:《新订民法总则》,于敏译,中国法制出版社 2008 年版。

29. [古罗马]盖尤斯:《盖尤斯法学阶梯》,黄风译,中国政法大学出版社 2008 年版。

30. [古罗马]查士丁尼:《法学总论——法学阶梯》,张企泰译,商务印书馆 1989 年版。

31. [古罗马]优士丁尼:《学说汇纂(第九卷)私犯、准私犯与不法行为之诉》,米健、李钧译,中国政法大学出版社 2012 年版。

32. [意]朱塞佩·格罗索:《罗马法史》,黄风译,中国政法大学出版社 2018 年版。

33. [意]马里奥·塔拉曼卡主编:《罗马法史纲》(下卷),周杰译,北京大学出版社 2019 年版。

## 三、期刊论文

1. 王骏:《违法性判断必须一元吗?——以刑民实体关系为视角》,载《法学家》2013 年第 5 期。

2. 廖焕国、曾祥生:《民刑互动:侵权责任法与刑法的冲突与协调》,载《武汉大学学报(哲学社会科学版)》2010 年第 2 期。

3. 江伟、范跃如:《刑民交叉案件处理机制研究》,载《法商研究》2005 年第 4 期。

4. 陈兴良:《刑民交叉案件的刑法适用》,载《法律科学(西北政法大学学报)》2019 年第 2 期。

5. 姚建龙:《论刑法的民法化》,载《华东政法学院学报》2001 年第 4 期。

6. 童可兴:《刑民交错案件的司法界定》,载《人民检察》2004 年第 6 期。

7. 肖建国、黄忠顺:《数人侵权责任诉讼模式研究》,载《国家检察官学院学报》2012 年第 4 期。

8. 程啸:《侵权行为法中的过错与违法性问题之梳理》,载《中外法学》2004 年第 2 期。

9. 叶金强:《侵权构成中违法性要件的定位》,载《法律科学(西北政法学院学报)》2007 年第 1 期。

10. 徐爱国:《探求紧急避险的法理理由——道德可谴责性、经济效益和社会公平》,载《私法》2013 年第 1 期。

11. 田宏杰:《立法扩张与司法限缩:刑法谦抑性的展开》,载《中国法学》2020 年第 1 期。

12. 李文胜:《论法律的多元及和谐》,载《江西社会科学》2006 年第 7 期。

13. 汪明亮:《治理侵犯公民个人信息犯罪之刑罚替代措施》,载《东方法学》2019 年第 2 期。

14. 毛立新:《刑民交叉案件的概念、类型及处理原则》,载《北京人民警察学院学报》2010 年第 5 期。

15. 杨兴培:《刑民交叉案件的类型分析和破解方法》,载《东方法学》2014 年第 4 期。

16. 李全锁、杜博:《刑民交叉案件法律规制路径之反思与重构——以涉嫌刑事犯罪的民间借贷案件为例》,载《法律适用》2013 年第 7 期。

17. 廖钰、张璇:《民刑交叉案件处理机制之探索——以统一法秩序的司法立场为视角》,载《法律适用》2015 年第 1 期。

18. 付立庆:《论刑法介入财产权保护时的考量要点》,载《中国法学》2011 年第 6 期。

19. 郑泽善:《法秩序的统一性与违法的相对性》,载《甘肃政法学院学报》2011 年第 4 期。

20. 时延安:《论刑事违法性判断与民事不法判断的关系》,载《法学杂志》2010 年第 1 期。

21. 纪格非:《论刑民交叉案件的审理顺序》,载《法学家》2018 年第 6 期。

22. 简爱:《从刑民实体判断看交叉案件的诉讼处理机制》,载《法学家》2020 年第 1 期。

23. 孔祥俊、杨丽:《侵权责任要件研究》(下),载《政法论坛》1993 年第 2 期。

24. 包俊:《论〈侵权责任法〉上的共同过失》,载《江海学刊》2013 年第 3 期。

25. 周光权:《行为无价值与结果无价值的关系》,载《政治与法律》2015 年第 1 期。

26. 刘伟:《民刑交叉案件中表见代理行为的刑事法律判断》,载《中国刑事法杂志》2014 年第 1 期。

27. 叶金强:《相当因果关系理论的展开》,载《中国法学》2008 年第 1 期。

28. 朱晓喆:《第三人惊吓损害的法教义学分析——基于德国民法理论与实务的比较法考察》,载《华东政法大学学报》2012 年第 3 期。

29. 冯亚东:《犯罪概念与犯罪客体之功能辨析　以司法客观过程为视角的分析》,载《中外法学》2008 年第 4 期。

30. 关涛:《救助他人行为的私法构造》,载《法学》2017 年第 9 期。

31. 程啸:《论共同危险行为的构成要件——以〈侵权责任法〉第 10 条为中心》,载《法律科学(西北政法大学学报)》2010 年第 2 期。

32. 汪海洋:《论侵犯公民个人信息罪之“情节严重”》,载《法律适用》2018 年第 17 期。

33. 王成:《个人信息民法保护的模式选择》,载《中国社会科学》2019 年第 6 期。

34. 于冲:《侵犯公民个人信息罪中“公民个人信息”的法益属性与入罪边界》,载《政治与法律》2018 年第 4 期。

35. 喻海松:《侵犯公民个人信息罪的司法适用态势与争议焦点探析》,载《法律适用》2018 年第 7 期。

36. 陈希:《大数据时代公民个人信息民法保护的制度构建——兼评〈民法总则〉第 111 条》,载《河南师范大学学报(哲学社会科学版)》2019 年第 3 期。

37. 王秀哲:《大数据时代个人信息法律保护制度之重构》,载《法学论坛》2018 年第 6 期。

38. 张新宝:《〈民法总则〉个人信息保护条文研究》,载《中外法学》2019 年第 1 期。

39. 方乐坤:《安宁利益的类型和权利化》,载《法学评论》2018 年第 6 期。

40. 叶名怡:《论个人信息权的基本范畴》,载《清华法学》2018 年第 5 期。

41. 余筱兰:《信息权在我国民法典编纂中的立法遵从》,载《法学杂志》2017 年第 4 期。

42. 李伟民:《"个人信息权"性质之辨与立法模式研究——以互联网新型权利为视角》,载《上海师范大学学报(哲学社会科学版)》2018 年第 3 期。

43. 张新宝:《从隐私到个人信息:利益再衡量的理论与制度安排》,载《中国法学》2015 年第 3 期。

44. 叶名怡:《个人信息的侵权法保护》,载《法学研究》2018 年第 4 期。

45. 陈璐:《个人信息刑法保护之界限研究》,载《河南大学学报(社会科学版)》2018 年第 3 期。

46. 范加庆:《执行中民事优先规定的适用——以民事责任执行结案后财产刑的执行为视角》,载《人民司法(应用)》2016 年第 10 期。

47. 刘贵祥、闫燕:《〈关于刑事裁判涉财产部分执行的若干规定〉的理解与适用》,载《人民司法》2015 年第 1 期。

48. 杨立新:《论侵权请求权的优先权保障》,载《法学家》2010 年第 2 期。

49. 陆野:《论民事责任优先原则的适用范围》,载《广西政法管理干部学院学报》2019 年第 3 期。

50. 肖宇、黄辉:《证券市场先行赔付:法理辨析与制度构建》,载《法学》2019 年第 8 期。

51. 邓蕊:《食品安全事故中民事责任优先原则的实现障碍与对

策分析》,载《广西社会科学》2016 年第 6 期。

52. 李明发:《论民事赔偿责任优先原则的适用——我国〈侵权责任法〉第 4 条第 2 款规定之解读》,载《南京大学学报(哲学·人文科学·社会科学)》2015 年第 2 期。

53. 李锡鹤:《民法"物格"说引起的思考》,载《法学》2010 年第 8 期。

54. 王艳梅、谢谦:《论尸体的所有权及其行使》,载《武汉理工大学学报(社会科学版)》2013 年第 5 期。

55. 杨立新、曹艳春:《论尸体的法律属性及其处置规则》,载《法学家》2005 年第 4 期。

56. 谭吉:《惊吓损害侵权司法救济困境及其突破》,载《当代法学》2019 年第 3 期。

57. 谢鸿飞:《惊吓损害、健康损害与精神损害——以奥地利和瑞士的司法实践为素材》,载《华东政法大学学报》2012 年第 3 期。

58. 孙维飞:《英美法上第三人精神受刺激案型的处理其借鉴意义——以第三人派生的请求权与独立的请求权及其关系为视角》,载《华东政法大学学报》2012 年第 3 期。

59. 吴国喆、陈婕:《论反射性利益损失的民法保护》,载《甘肃政法学院学报》2017 年第 4 期。

60. 邓冰宁:《第三人精神损害赔偿诉讼中适格原告的认定》,载《江西社会科学》2013 年第 12 期。

61. 马海峰:《罗马刑法中因通奸的激情杀人及其流变》,载《苏州大学学报(法学版)》2017 年第 2 期。

62. 汪海燕:《古罗马刑事诉讼制度与模式探微》,载《现代法学》2003 年第 5 期。

63. 徐国栋:《罗马刑法中的死刑及其控制》,载《暨南学报(哲学社会科学版)》2014 年第 4 期。